A grande narrativa

Dados Internacionais de Catalogação na Publicação (CIP)
(Câmara Brasileira do Livro, SP, Brasil)

Chapoutot, Johann
 A grande narrativa : introdução à história do nosso tempo / Johann Chapoutot ; tradução de Gentil Avelino Titton. – Petrópolis : Vozes, 2023.

 Título original: Le grand récit
 ISBN 978-85-326-6526-3

 1. História – Filosofia 2. História moderna – Século 20 3. História moderna – Século 21 I. Título.

 23-166264   CDD–909.08

Índices para catálogo sistemático:
1. História moderna 909.08

Aline Graziele Benitez – Bibliotecária – CRB-1/3129

A grande narrativa

Introdução
à história do
nosso tempo

Johann Chapoutot

Tradução de Gentil Avelino Titton

EDITORA
VOZES

Petrópolis

© Presses Universitaires de France/Humensis, 2021.

Tradução do original em francês intitulado *Le grand récit – Introduction à l'histoire de notre temps*

Direitos de publicação em língua portuguesa – Brasil:
2023, Editora Vozes Ltda.
Rua Frei Luís, 100
25689-900 Petrópolis, RJ
www.vozes.com.br
Brasil

Todos os direitos reservados. Nenhuma parte desta obra poderá ser reproduzida ou transmitida por qualquer forma e/ou quaisquer meios (eletrônico ou mecânico, incluindo fotocópia e gravação) ou arquivada em qualquer sistema ou banco de dados sem permissão escrita da editora.

CONSELHO EDITORIAL

Diretor
Volney J. Berkenbrock

Editores
Aline dos Santos Carneiro
Edrian Josué Pasini
Marilac Loraine Oleniki
Welder Lancieri Marchini

Conselheiros
Elói Dionísio Piva
Francisco Morás
Gilberto Gonçalves Garcia
Ludovico Garmus
Teobaldo Heidemann

Secretário executivo
Leonardo A.R.T. dos Santos

Diagramação: Raquel Nascimento
Revisão gráfica: Alessandra Karl
Capa: Nathália Figueiredo

ISBN 978-85-326-6526-3 (Brasil)
ISBN 978-2-13-082536-4 (França)

Este livro foi composto e impresso pela Editora Vozes Ltda.

A Louise, que é, por si só,
uma grande narrativa.

Sumário

Introdução, 9
I – O esgotamento do providencialismo, 37
II – O Pós-Guerra – Fim da história, fracasso da narrativa?, 71
III – História e esperança – A escatologia marxista, 109
IV – Nazismo e fascismo – A busca de uma epopeia milenar, 153
V – Com uma voz apagada, 189
VI – Razões secretas e causalidade diabólica – A conspiração, 229
VII – Falência das grandes narrativas e desintegração, 257
VIII – Os istmos do contemporâneo, 289
    Ilimitismo, 292
    Ignorantismo (ou obscurantismo), 295
    Messianismo, 302
    Declinismo, 310
    Jihadismo, 322
IX – Ler e viver o tempo, 331
Conclusão – As letras, ou a bela fuga, 373
Índice dos nomes, 409

Introdução

O questionamento da realidade do mundo não é novo. É, inclusive, um dos fundamentos da filosofia – pensemos em Platão – e inerva grande parte do nosso patrimônio literário. Na época do Barroco, perguntava-se: Seria a vida um sonho (Calderón) ou uma ilusão cômica (Corneille)?

Na época das telas, das realidades virtuais, dos avatares, dos filmes, das séries e dos jogos, entendemos mais ainda do que no século XVIII este questionamento, sua seriedade, suas implicações. Um escritor como Fabrice Humbert, que entendeu totalmente o real (aquilo com o qual esbarramos) como professor de Letras nos subúrbios e como boxeador, um escritor que, além disso, enfrentou toda a violência do século visitando um campo de concentração[1], diz sem rodeios, pela boca de seu herói: "O mundo não existe". Uma frase para persuadir-se e tranquilizar-se, certamente, porque o personagem é frágil e vive e revive um traumatismo que ele tenta domesticar raciocinando

---

1. F. HUMBERT. *L'Origine de la violence*. Paris: Le Passage, 2009.

9

consigo mesmo, "fazendo longos discursos"[2] de análise, de distanciamento. Uma frase, também, para expressar a realidade irreal de um tempo, a do bruxuleio vertiginoso das telas, "uma geração de gerações, uma narrativa em abismo permanente, como espelhos cujos reflexos se multiplicam"[3]. Nos Estados Unidos, país onde ele vive, país de narrativas e de ficções, de *dreams* e de *stories*, país que nos é tão estranhamente familiar que não podemos abster-nos de pensar, ao perambular por suas ruas, que nós próprios estamos aprisionados num filme, o narrador assiste ao indiciamento de um de seus amigos de adolescência, acusado de um crime atroz. Chocado e ao mesmo tempo cético, este jornalista de profissão decide levar adiante a investigação retornando à cidade da qual fugiu, a de sua adolescência e de seu sofrimento, Drysden:

> Eu finjo que tudo o que aquilo que vivemos é um livro ou um filme. Em todo caso, uma ficção, refeita ou não. O filme em curso se intitulava *Retour à Drysden*. Eu estava hospedado num cenário de filme policial. A estrada que serpenteava nas montanhas era a de *Shining*. Como no filme de Kubrick, uma câmera num helicóptero havia filmado o trajeto da viatura. Drysden não existia. O mundo não existe[4].

---

2. F. HUMBERT. *Le monde n'existe pas*. Paris: Gallimard, 2020, p. 110.
3. Ibid., p. 83.
4. Ibid., p. 66.

Se o cinema americano é rico em *déjà vu* – em francês no texto – e em questionamento da realidade do real, de *Groundhog Day* (1993) ao *Truman Show* (1998), era sem dúvida porque a conformação do real pela ficção cinematográfica é ali tão forte que a indústria que a produziu se tornou um vetor de poder, este *soft power* que faz ver, pensar e falar à moda americana praticamente em todo o mundo – ao ponto de, portanto, desnortear um pouco o visitante embaçado por seu fuso horário num *dejà vu* insistente.

Tudo isso remonta a um tempo mais antigo: os pais peregrinos (*pilgrim fathers*) do *Mayflower*, que falavam a língua do Antigo Testamento, não faziam uma simples travessia do Atlântico: viviam uma segunda saída do Egito. Oprimidos pelo Faraó, o rei da Inglaterra, se dirigiam à Terra de Canaã para edificar sua nova Sião, a *city upon a hill*.

A importância da narrativa pode surpreender neste país, tão brutalmente materialista e tão odiosamente pragmático, mas isso não é senão uma das múltiplas contradições, ou compensações, que ali constatamos – como a mania de abraçar-se, no sentido literal de tomar nos braços, quando as relações sociais ali são tão violentas. A importância da narrativa doravante é tal, praticamente em todo o mundo, que temos às vezes a sensação de que o interesse principal daquilo que vivemos é que possa ser contado – e não a importância desta encenação de si nas redes ditas sociais, invenção americana, que nos desmentirá.

Uma narrativa, ou uma "história", é a linguagem que se apodera do "real" e que o informa, lhe dá forma, a ponto de se poder duvidar que o real exista fora dele, a tal ponto o vivemos e o pensamos através das categorias da linguagem, com os recursos e as lacunas da língua, recursos e lacunas determinados geográfica, social e historicamente. Nunca vemos o real senão através do prisma da língua e de tudo o que ela carrega como reminiscências culturais e redes metafóricas.

E naquilo que a língua pode, a narrativa é o tipo de discurso que dá sentido, na dupla acepção de significado e de direção, e coerência ao mundo, ordenando acontecimentos sobre um eixo temporal para nele distribuir as qualidades (causa, consequência), desenredar o essencial do acidental, e transmutar o acaso em necessidade.

Não nos causa muita surpresa, portanto, que a narrativa tenha sido objeto de todas as atenções da pesquisa literária da segunda metade do século XX, um século que conheceu a pregnância, a eficácia, e mesmo a performatividade das grandes narrativas coletivas, emancipadoras ou opressoras, escatológicas e/ou apocalípticas. Destas pesquisas – marcadas pelos avanços conceituais devidos, na esteira dos formalistas russos – a grandes figuras da narratologia, podemos inferir uma definição da narrativa que abriu caminho para reflexões de historiadores e de filósofos sobre fundamentos mais seguros – Paul Veyne e Paul Ricoeur em primeiro lugar.

A ideia de que o real é informado – ou seja, de que lhe é atribuída uma forma por aquele que o percebe e o constrói ao percebê-lo – remonta pelo menos à filosofia crítica do conhecimento de Kant, que dava um sentido inesperado à máxima mais radical dos empiristas, a de George Berkeley: *Esse est percipi*, "ser é ser percebido". De fato, com Kant compreendia-se, pelo estudo das categorias *a priori* da intuição sensível, que é o sujeito que dá forma, senão a consistência, ao objeto. O fenômeno é construído pelo sujeito; quanto ao númeno (o inteligível, para além do material), ele permanece na ordem do imperceptível. Com o idealismo romântico, a dúvida concernente ao modo de existência do real iria crescer, antes de o neokantismo, no final do século XIX, pôr isso numa boa ordem fornecendo às ciências em pleno desenvolvimento uma epistemologia filosófica adequada.

Restava uma dúvida sobre a realidade do real, filão inesgotável, e sempre fecundo, da literatura e das artes. Desde Schopenhauer e *O mundo como vontade e representação*, a dúvida se alastrava. Um dos seus leitores mais sensatos, Friedrich Nietzsche, falaria de *perspectivismo* para explicar nossa relação com o real e encarnaria o meio-termo mais emblemático, com seu bigode furioso, desta nova trindade dos "mestres da suspeita" (Marx, Nietzsche, Freud). Enquanto Marx duvidava da universalidade das normas (o direito de propriedade não seria simplesmente um direito burguês e a expressão, como toda lei, da relação de força social?) e Freud expulsaria o chefe de família (o eu, que não é grande coisa diante do isto e do superego), Nietzsche duvidava de todos os valores, inclusive dos menos duvidosos (dizer a verdade não é uma imposição de fraqueza, uma máxima do ressentimento?).

Portanto, desde os "mestres da suspeita", e nesta "era da suspeita" renovada que é a segunda metade do século XIX, "desconstrói-se" – e, sobretudo, as narrativas.

O mantra "tudo é narrativa" parece ter-se instalado nas ciências humanas e sociais. Tudo é narrativa, ao que parece, da psicanálise à literatura (o que é concebível), da economia à geografia, sem esquecer a história. Uma historiadora apaixonada pela literatura como Mona Ozouf, ou Pierre Nora, em *Les Lieux de mémoire*, falam de "romance nacional", conceito crítico que em seguida foi adotado literalmente, de maneira melhorativa e mobilizadora, por personalidades políticas em busca de imaginário e de pátina intelectual. A narrativa, conceito operatório para compreender a França da Terceira República[5], mas também a França em suas muitas difrações sociais, e mesmo comunitárias[6], para ler o território, suas estruturas e suas dinâmicas, a tal ponto a "narração de histórias" é do-

---

5. S. LEDOUX. *La Nation en récit*. Paris: Belin, 2021.
6. Y.-Ch. ZARKA (ed.). *La France en récits*. Paris: PUF, 2020.

ravante um terreno para a pesquisa do geógrafo[7], atento à "construção social do espaço humano"[8]...

Deslizaríamos para um construtivismo preguiçoso e para ciências humanas que se limitariam ao estudo, superficial e desleixado, das "representações"? O mundo seria vontade e representação, mas sem vontade decidida, e com representações reduzidas a simples imagens: tudo seria assim "visto por", "imagem de", "aos olhos de"...

Em março de 2020, quando boa parte do mundo fazia a experiência inédita da *epochê* econômica e social, ou seja, a suspensão generalizada, o poeta italiano Boccacio voltou à ordem do dia. Houve até editores que chegaram a imaginar um *Decameron* contemporâneo e propor, a quem o desejasse, refletir, contar, registrar em crônicas, escrever e pensar nos amanhãs do mal.

É em 1348 que Giovanni Boccacio situa os "dez dias" (*deka hêmera*) do *Decameron*: fugindo da peste e da morte, dez mulheres jovens se retiram de Florença para um lugar encantado, metáfora deste *otium* que suspende o tempo do cotidiano e dissolve a azáfama para permitir que nos aproximemos da *vita bona* do sábio. Neste jar-

---

7. P. GRAS. *Mettre en récit l'urbanité des métropoles portuaires. Architecture et mondialisation des formes urbaines: Gênes, Le Havre, New York (1945-2015)*. Rennes, PUR, 2020.

8. M. LUSSAULT. *L'Homme spatial. La construction sociale de l'espace humain*. Paris: Seuil, 2007. Cf. do mesmo autor: *L'Avènement du Monde. Essai sur l'habitation de la terre*. Paris: Seuil, 2013.

dim, longe da infecção e da morte, elas contam (umas às outras) histórias, dez cada dia. Situação interessante, e bela reflexão sobre a utilidade do que, na cidade, parecia tão inútil: a narrativa, a ficção. Aqui, trata-se certamente de se divertir alegrando-se com palavras e imagens, viajando no tempo e nos lugares do conto e da fábula – mas também de se di-vertir, no sentido etimológico e pascaliano, do pensamento negro da finitude e da morte. As palavras preenchem uma lacuna e fazem calar o silêncio – o silêncio do medo, medo da peste, mas também o medo da angústia, mais difusa, apoiada em nenhum objeto determinado senão a vulnerabilidade essencial de um ser que se reconhece mortal.

Todas as narrativas participam desta busca do divertimento: falamos porque vamos morrer, para fazer um pouco desse ruído que distrai ou para dar sentido à nossa finitude. Registramos os acontecimentos, relembramos, cantamos as proezas de fulano ou sicrano...

A história, em todas as suas acepções reconhecidas pela Faculdade, ou seja, nas diferentes modalidades que ela assumiu até à sua formalização disciplinar, senão científica, no século XIX, está entre as narrativas produzidas pelo que a escritora Nancy Huston denomina belamente "a espécie fabuladora": nós homens, primatas evoluídos dotados de 300 mm^3 de matéria cerebral suplementar em relação aos nossos primos, 300 mm^3 fatídicos que, como observa maliciosamente o biólogo Alain Prochiantz, engendram os sábios, os poetas e os suicidas – ou seja, todos os que se ocupam com o sentido, que procuram ou que acabam por (não) encontrar.

Nossa espécie fabula sua vida individual e sua existência de grupo, sendo "a narrativa", de acordo com o psicólogo americano Jerome Bruner, "o fundamento da identidade". Não é preciso buscar mais longe, ou mais profundamente, esta necessidade que temos de "contar histórias uns aos outros"[9]. Jean-François Lyotard, que diagnosticou "o fim das grandes narrativas", observa que nem por isso a necessidade de contar (uns aos outros) é descartada, a tal ponto o indivíduo é um ser tecido de palavras, *animal poético*, ser criado pela criação, poderíamos dizer, para completar o que escreve Aristóteles:

> Já antes de seu nascimento, nem que seja apenas pelo nome que lhe dão, a criança humana já é situada em referência à história que seu meio social conta e em relação à qual ela precisará mais tarde se deslocar[10].

Nos diferentes livros da *Política*, os tratados sobre a cidade e sobre o estar-na-cidade do homem, Aristóteles

---

9. J. BRUNER. *Pourquoi nous racontons-nous des histoires?* Paris: Retz, 2002, reed. Pocket ("Agora"), 2005.
10. J.-F. LYOTARD. *Les problèmes du savoir dans les sociétés industrielles les plus développées*. Rapport fait au Président du Conseil des Universités auprès du Gouvernement du Québec. Paris, abril de 1979, p. 22.

nos convida a considerar o homem como *zôon*, esse animal singular, que é *politikon*, que vive na cidade, e não em hordas, em bandos ou solitário. Quem pode viver sozinho, senão um animal ou um deus? A qualidade de *politikon*, esta diferença específica que o distingue dos outros animais, é consubstancial a duas outras particularidades: o homem é *mimêtikon*, mimético, e *logikon* – ele é um ser de linguagem.

Que o homem é mimético, que acessa a humanidade pela imitação dos humanos que o cercam, tudo é provado na chegada da criança pequena, como também, *a contrario*, na experiência das crianças selvagens que tanto apaixonou o Século das Luzes e nossa reflexão antropológica desde então. O que dizer da humanidade do homem quando se constata que existem crianças-lobos, crianças-ovelhas ou crianças-gatos? Precisamente que esta humanização se faz no ambiente dos humanos. Um gato se torna rapidamente o que ele pode ser. Um homem chega a si mesmo lentamente, mais através de seu ambiente social do que por seu instinto: em Roma ele se comportará como os romanos e no meio dos lobos ela se tornará lobo, ou quase.

Também sua faculdade lógica, a da linguagem, precisa da *mimêsis*. Desta *mimêsis* Kaspar Hauser foi privado por quinze anos aproximadamente, antes de surgir, libertado de seu calabouço, na Praça do Cebo de Nuremberg no dia 28 de maio de 1828. Recolhido, lavado, vestido, encarregam-se dele os pedagogos, burgueses e filantropos nutridos com o Iluminismo que vivem na cidade: graças ao afeto, à paciência e à generosidade de um preceptor, ele aprende a ler, a falar, a escrever em alemão, como também elementos sólidos de latim. Este "homem sem *habitus*"[11] se revela irresistivelmente *logikon* e *mimêtikon*, animado por uma sede de falar, de formalizar e de narrar que o leva a redigir sua biografia. Se a natureza do homem é não ter natureza (ele pode ser quase tudo), podemos constatar nele, a exemplo de Kaspar, esta necessidade de narrativa que, da criança ao velho acometido de Alzheimer, assegura o eu, diz a identidade e afirma a personalidade.

Espécie fabuladora, a humanidade é *homo sapiens* (este *sapere* da linguagem e da narrativa) e, por conseguinte, homo *interpretans*[12]. Aquilo que, para os psiquiatras, os analistas e os psicanalistas, para qualquer pai que conta a seu filho a história para dormir ou o romance das origens, para qualquer criança que segura pela mão um ascendente privado de memória e de narrativa, depende da evidência, nem sempre depende dela nessa ciência humana ou social que é a história.

Na origem desta reticência está uma ambição alta e nobre em forma de mal-entendido. À imitação dessas ciências intimidantes que, como a física, colhem os resultados conclusivos, as ciências humanas deveriam "tratar

---

11. H. MAZUREL. *Kaspar l'obscur, ou l'enfant de la nuit. Esssai d'histoire abyssale et d'anthropologie sensible*. Paris: La Découverte, 2020.
12. J. MICHEL. *Homo interpretans*. Paris: Hermann, 2017.

os fatos sociais como coisas": este positivismo andava de mãos dadas com um objetivismo, o fato de pôr um objeto a conhecer diante do sujeito conhecente. Sim, evidentemente; mas isto significava esquecer um pouco rapidamente que a "ciência" é ela própria uma história, que sua epistemologia é mais complexa do que fazem crer as lembranças dos cursos de filosofia (disciplina pela qual uma boa maioria dos historiadores confessa sua repulsa) e que, nas ciências humanas, o objeto e o sujeito são quase o mesmo. Contra o positivismo francês, as ciências do espírito alemãs, que prosseguiam em seu impulso herderiano-hegeliano, defendiam um método muito particular, adequado ao campo de sua pesquisa: a compreensão. Conhecer, nas ciências humanas e sociais, seria, portanto, (também) compreender, ou seja, no sentido etimológico, tomar consigo, ser transportado para o universo mental dos atores: em suma, ver o mundo (também) com seus olhos, para elucidar o sentido de seus atos.

Esta criação continuada de si através das palavras da narrativa, as palavras que procuram explicar a razão e dar sentido, definir uma linha de força, senão um destino, e que estão presentes – por ocasião dos discursos que fazemos, ou que ouvimos, nas grandes ocasiões da vida – para transmutar o acaso em necessidade, esta criação é dotada de instrumentos eletrônicos e reticulares (as *redes*) novos e eficientes, os da *story* de nossa vida, ou melhor, de sua construção e de sua encenação no papel brilhante do pobre que são os *posts* de determinado site ou as "contas" de determinado *aplicativo*. No papel do diário ou da correspondência, nas imagens de um diaporama de casamento, a lógica é a mesma: "A história de uma vida é constantemente refigurada por todas as histórias verídicas ou fictícias que um sujeito conta a respeito de si mesmo. Esta refiguração faz da própria vida um tecido de histórias contadas"[13] – escreve Paul Ricoeur.

O tecido da narrativa é um entrançado de fios, um entrelaçamento, e esta trança de palavras, de temporalidades, de causas e de consequências, de começo, meio e fim, é uma intriga. Eis o que, definitivamente, fazem todos os que contam histórias – por ocasião de uma conversa bem-sucedida, num romance, numa obra de história. De acordo com Paul Veyne, é desta maneira, narrando, que os historiadores elucidam:

> A história nunca ultrapassa este nível de explicação muito simples: ela permanece fundamentalmente uma narrativa; e o que denominamos explicação é pouco mais do que a maneira como a narrativa se organiza num enredo compreensível[14].

Faltava coragem ao jovem professor de história antiga de Aix-en-Provence para afirmar, desde o título, que,

---

13. P. RICOEUR. *Temps et récit* III. *Le temps raconté*. Paris: Seuil, 1985.
14. P. VEYNE. *Comment on écrit l'histoire*. Paris: Seuil, 1985.

sem dúvida, "escreve-se a história": em 1971, ainda era o tempo de um superego quantitativo, senão serial, que ainda não desaparecia. Doze anos mais tarde, em 1983, Paul Ricoeur confirmava a causa: a natureza da operação historiadora devia efetivamente ser procurada, e encontrada, na dialética entre "tempo e narrativa", título de uma trilogia cujo primeiro volume se intitulava *L'Intrigue e le récit historique*[15]. Historiadores e epistemólogos redescobriam então a narrativa, mas muito depois dos literatos (narratólogos, semiólogos) e dos filósofos.

Mais tarde ainda, no início dos anos 2000, quando eu me interrogava sobre um possível tema de tese de doutorado, redescobri esta questão, ou melhor, interroguei, num quadro profissional e científico, essas noções de discurso e de narrativa que sempre me haviam parecido evidentes, tão evidentes, na verdade, que eu tinha dificuldade em compreender que as pessoas não as compreendessem. Foi talvez porque me vi confrontado desde jovem com discursos e culturas políticas divergentes, ou mesmo antitéticas, que eu havia aprendido cedo a mantê-las a uma sadia distância e a conceber, e depois aceitar, que o mundo era representação(ões) e que, por conseguinte, o acesso ao outro passava por esse caminho. O que era verdade na experiência comum o era igualmente nas ciências humanas e sociais, como algumas belas leituras de histó-

---

15. P. RICOEUR. *Temps et récit* I. *L'intrigue et le récit historique*. Paris: Seuil, 1983.

ria (a começar pelo *Rabelais* de Lucien Febvre), de sociologia e de antropologia iriam me convencer. Abordar o fenômeno nazista através dos discursos, representações e narrativas dos atores deste "movimento" parecia-me mais do que legítimo: levar a sério suas palavras, como também sua representação da história, à qual dediquei minha tese.

Não sem dificuldade: no olhar ou nas palavras de fulano e de sicrano, eu percebia claramente que "o nazismo e a antiguidade" – a maneira como os nazistas havia reescrito a Antiguidade grega e romana, e as razões pelas quais eles se deram a esse trabalho – deixava escapar o essencial, que se situava, para andar depressa, do lado da história social. Minha defesa da tese, sob esta perspectiva, foi um momento de vivos debates, inclusive entre os membros do júri. Agradeço a Pascal Ory, que estava presente, por ter nesse momento compreendido tudo, e tê-lo expressado.

Pouco depois desta defesa, tive a oportunidade de ensinar história na Escola Politécnica, na quinta-feira de manhã dedicada às "H2S" (Humanidades e Ciências Sociais) que geralmente deixavam tantas boas recordações aos docentes e, talvez, aos alunos da Escola Politécnica de Paris. Propus para 2007-2008 um curso intitulado "O homem contemporâneo e o sentido". Por ocasião da primeira sessão anunciei aos meus alunos da Escola Politécnica que iríamos "fazer história, falando da própria coisa e falando da maneira como dela se falava", o que equivalia a tentar "estudar a maneira como os contemporâneos viviam o tempo e se viviam no tempo". No programa constava: "as filosofias da história, de Hegel a Fukuyama", "a escatologia marxista", "os imaginários e discursos da conspiração, ou o sentido apesar de tudo", "a angústia e a utopia nazista", "a sublimação pela epopeia imperial entre os fascistas", "a linguagem à prova da história", "as analíticas do absurdo", os messianismos, o declinismo... Finalmente, eles haviam escolhido com conhecimento de causa, porque o libreto dos cursos anunciava em parte o seguinte:

> O sentido é lido, mas também é vivido. Veremos como o homem contemporâneo chega a conferir sentido à sua ação, a exaltá-la tornando épica sua época. O comunismo e o nazismo participam desta exaltação da ação histórica, como também o fascismo italiano, que proclama um novo Império Romano. Nas democracias contemporâneas desenvolveu-se um messianismo da emancipação: a França, desse 1792, mas também os Estados Unidos, pretendem ser a pátria dos Direitos Humanos (a França) e a pátria do Bem (os Estados Unidos). Estão em ação dois messianismos, duas escatologias do Bem, cujo choque recente pudemos observar por ocasião do debate em 2003 sobre a intervenção no Iraque.
> Enfim, acontece que falta o sentido. A vontade de ler ou de criar um sentido na e para a história tropeça às vezes numa tomada de consciência desencantada do absurdo. Esta

tomada de consciência foi manifesta e pungente em torno da Segunda Guerra Mundial, com os personagens e as obras de Camus e dos que, significativamente, foram qualificados como escritores do absurdo e que, apesar da guerra, apesar da Shoah, apesar do contrassenso, tentaram reinventar uma maneira de escrever e de falar após Auschwitz.

Era um belo tema para um livro, mas havia outros a publicar, entre os quais minha tese, acolhida pelas PUF em 2008. Foi por isso que, quando seu diretor, Paul Garapon, me pediu para participar do centenário das PUF, repensei essas reflexões, escondidas em outros trabalhos, mas enriquecidas per eles, como também por outros acontecimentos felizes, como a vinda ao mundo de duas filhas: com elas, a questão do sentido se tornou menos corrosiva, mais tranquila e mais feliz. Porque ela pode ser dolorosa, e isto é atestado por todo o século XX, que terá sido o século do compromisso (político) e da reflexividade (literária e filosófica).

Em meados do século XX Maurice Merleau-Ponty, retomando meio século de reflexões sobre o homem e o tempo, sobre essa existência tão particular que é a do ser humano, observava: "Ele é o lugar da contingência", "uma vida tecida de acasos"[16], resumindo assim a antropologia qualificada como existencialista que, de

---

16. P. MERLEAU-PONTY. *Signes*. Paris: Gallimard, 1951, p. 304.

25

Heidegger a Sartre, de Camus a Beauvoir, irradiava da Alemanha e da França.

Na esteira do autor de *Ser e tempo* (1927), cujo prestígio e influência intelectuais quase não foram atingidos por seu compromisso momentâneo com os nazistas, começou-se a pensar o ser-humano como um *Dasein*, esse estar-aí que é estar-lançado, sem proveniência nem destinação. Expressava-se ali o desamparo do homem que, sozinho neste mundo, é este ser que morre: "Só o homem morre, ele morre continuamente, enquanto durar sua permanência na terra"[17]. A antropologia filosófica, que se reduzia à uma analítica do *Dasein*, ensinava, portanto, que "o homem é chamado mortal porque ele pode morrer. Poder morrer quer dizer: ser capaz da morte enquanto morte. Só o homem morre"[18]. Na verdade, esta notícia, após a morte de Deus diagnosticada e deplorada por Nietzsche, não era boa.

Esta *summa divisio* entre humanidade e animalidade, cultura e natureza, consciência e substância, cristalizada no século XVII, se encontra na filosofia alemã do século XIX, que é, mais ainda do que em outras épocas e em outros lugares, uma antropologia, ou seja, uma vasta busca sobre

---

17. M. HEIDEGGER. "Bâtir, habiter, penser". In: *Essais et conférences*. Paris: Gallimard ("Tel"), 1958, p. 177. Cf. igualmente *Ser e tempo*, § 47: Heidegger usa o verbo *sterben* para o homem e *verenden* para os outros seres vivos.
18. M. HEIDEGGER. "L'homme habite en poète...", Ibid., p. 235.

o ser humano do homem; e isto desde Kant, que se interroga sobre as capacidades e os limites do homem, sobre o que ele pode saber, deve fazer e pode esperar, passando por Marx, que, na esteira de Hegel, faz dele o filho de suas obras, de suas realizações, até Schopenhauer, que descreve sua miséria, entre dor e tédio, e Nietzsche, que pretende ser seu "médico" e seu "psicólogo".

Em *O mundo como vontade e representação*, no capítulo intitulado "Metafísica da morte", Schopenhauer escreve o seguinte: "O animal vive sem conhecimento real da morte; igualmente, no mundo animal, o indivíduo desfruta imediatamente a natureza imperecível da espécie, não tendo consciência de si mesmo senão como de um ser sem fim. No homem, a assustadora certeza da morte apareceu ao mesmo tempo que a razão"[19], nesta distância de si para si, nesta reflexividade que ela institui. Diante da morte, os olhos do animal "experimentam a calma da espécie"[20], uma espécie que se sabe eterna, enquanto o homem, que é individuado, morre todo inteiro, ao mesmo tempo total e solitariamente.

Prolongando a lista das características do homem (animal lógico, mimético, político) organizada por Aristóteles, Schopenhauer o define como um *animal metafísico*:

---

19. A. SCHOPENHAUER. *Le Monde comme volonté et comme représentation*. Paris: PUF, "Quadrige", 1942, p. 91.
20. Ibid., p. 127.

Excetuado o homem, nenhum ser se surpreende com sua própria existência; ela é para todos uma coisa tão natural que eles nem sequer a reparam. [Só] a razão [...] se surpreende com suas próprias obras e se pergunta a si mesma o que ela é. Seu espanto é tanto mais grave que, pela primeira vez, ela se aproxima da morte com uma consciência plena, e, com a limitação de toda existência, a inutilidade de todo esforço se torna mais ou menos evidente. Desta reflexão e deste espanto nasce a necessidade metafísica que é própria só do homem. O homem é um animal metafísico.

[É de fato] com a primeira reflexão que já se produz este espanto que foi, por assim dizer, o pai da metafísica. Foi neste sentido que Aristóteles disse também no início de sua *Metafísica*: "Com efeito, foi o espanto que levou, como hoje, os primeiros pensadores às especulações filosóficas". Do mesmo modo, ter o espírito filosófico é ser capaz de surpreender-se com os acontecimentos habituais e com as coisas de todos os dias, propor-se como tema de estudo o que há de mais geral e mais ordinário.

Enquanto o sábio se surpreende com o excepcional, o espírito metafísico se surpreende com a banalidade, a banalidade de uma vida que cresce, se corrompe e morre. Até e inclusive neste instante último em que se dissipa a ilusão da imortalidade, o homem se surpreende com o fato de morrer.

Nada disso ocorre com o animal, ser a-histórico e imortal, que é eterno pela espécie e inconsciente de sua finitude individual, de acordo com Nietzsche, nesta famosa passagem da *Segunda consideração intempestiva*:

> Considere o rebanho que passa ao teu lado pastando: ele não sabe o que é ontem e o que é hoje; [...] ligado de maneira fugaz com seu prazer e desprazer à própria estaca do instante; e, por isso, nem melancólico nem enfadado. Ver isto desgosta duramente o homem, porque ele se vangloria de sua humanidade frente ao animal, embora olhe invejoso para a sua felicidade. [...] O homem pergunta mesmo um dia ao animal: Por que não me falas sobre tua felicidade e apenas me observas? O animal quer também responder e falar, isso se deve ao fato de que sempre esquece o que queria dizer, mas também já esqueceu esta resposta e silencia: de tal modo que o homem se admira disso.

Historicidade do homem, a-historicidade do carneiro: a historicidade é esta inscrição na história, este tempo orientado para a morte, este lugar vetorial da finitude. Portanto, ser *histórico*, ser dotado de historicidade, de uma consciência de sua própria finitude, equivale a ter um problema com o tempo.

Constata-se, no século XX, uma retomada de temas já desenvolvidos no século XVII por Pascal e que encontrarão, como veremos, uma surpreendente atualidade em numerosos escritores e filósofos contemporâneos.

Para Pascal o homem, perdido entre os dois infinitos, o atômico e o sideral, está igualmente perdido entre as duas dimensões do tempo, que são o passado que não existe mais e o futuro que ainda não existe, duas projeções (retrospectiva e prospectiva) que o impedem de viver um presente alheio ao que o precede e ao que o segue. Num de seus pensamentos mais célebres, ele escreve:

> Não ficamos no tempo presente. Lembramos o passado; antecipamos o futuro como lento demais para chegar, como para apressar o seu curso; ou nos lembramos do passado para fazê-lo parar como demasiado rápido: tão imprudentes que vagueamos por tempos que não são nossos e não pensamos no único que nos pertence [...]. Assim, não vivemos nunca, mas esperamos viver; e, sempre nos dispondo a ser felizes, é inevitável que nunca o sejamos[21].

Ser de angústia ontológica, que só pode ser apaziguado pela fé em seu Criador, o homem é esse "caniço pensante", ao memo tempo irrisório e sublime, um ser débil e grande – cuja glória e miséria Pascal salienta porque,

---

21. B. PASCAL. *Pensées*, p. 172 (47).

"mesmo que o universo o esmagasse, o homem seria mais nobre do que aquilo que o mata, porque sabe que morre; e a vantagem que o universo tem sobre ele, o universo a ignora. Toda a nossa dignidade consiste, pois, no pensamento [...]. Trabalhemos, pois, para bem pensar"[22], porque "não posso conceber o homem sem pensamento: seria uma pedra ou um animal". Ora, "em que pensa o mundo? [...] em dançar, em tocar alaúde, em cantar, em fazer versos, em correr o anel etc., em construir-se, em fazer-se rei, sem pensar no que é ser rei e ser homem"[23]. Para abster-se de pensar, de pensar em sua miséria, em sua morte e, portanto, em sua grandeza, o homem pensa numa quantidade de coisas superficiais e inúteis, nos negócios e nos jogos do mundo, que o divertem, ou seja, que o desviam de seu ser mortal.

Se insistimos tanto em Pascal, é por causa de sua influente permanência e de sua forte presença em numerosos pensadores e escritores do século XX, como se as questões levantadas por esse matemático que, antes da famosa noite da Revelação divina, duvidava da existência de Deus, fossem as de um século que dele se despediu. Compreende-se melhor a surpreendente posteridade de Pascal no século XX quando, ao folhear os *Pensamentos*, cuja própria compilação é tão moderna (aforismos, for-

---

22. Ibid., p. 339 (111).
23. Ibid., p. 146 (620).

mas breves, retomadas por Nietzsche e tão adaptadas a um século que questiona as noções de narrativa e de sistema argumentado), encontramos reflexões que parecem a matriz de obras como as de Heidegger, Adorno e Horkheimer: "É uma coisa deplorável ver todos os homens não deliberar senão os meios e não o fim"[24], ou seja, sobre o fim dos fins, a morte, mas também sobre os fins que ele poderia dar-se caso se desse ao trabalho de pensar.

Mas pensar equivale a carregar um fardo bem pesado. Se Pascal, em seu *Memorial*, dá graças ao "DEUS de Abraão, DEUS de Isaac, DEUS de Jacó – não dos filósofos e dos sábios", "*Deum meum et Deum vestrum*", se ele chega a aceitar sua infinitude pela fé no Deus vivo, "*fons acquae vivae*", ao qual o liga doravante uma "Renúncia total e doce. Submissão total a Jesus Cristo", ele não pode esquecer que o próprio Jesus conheceu os tormentos da angústia no jardim do Getsêmani. Ora, o homem contemporâneo da morte de Deus não tem mais nem mesmo esta esperança no apelo último ao Pai.

Camille Riquier, especialista no pensamento de Bergson e de Péguy, escreve sem rodeios num ensaio que traz um título assertivo e ao mesmo tempo definitivo, *Nous ne savons plus croire*: "Reconheçamos que não sabemos mais crer. Não que antes os homens acreditassem melhor. Não deixemos insinuar-se em nossos discursos uma sus-

---

24. Ibid., p. 98 (193).

peita de nostalgia dos velhos tempos, porque então a fé teria sido mais segura e às vezes de bom desempenho"[25], mas, talvez – e convocamos os historiadores da religião e da cultura para desenvolver o pensamento do filósofo – porque simplesmente não o podemos mais. Porque, num mundo galileano-cartesiano puramente material, mecanicista e, desde o século XIX, cientificista, já não se encontram mais as condições intelectuais para sentir e pensar a Presença, de tal modo que, de acordo com a bela palavra do filósofo Alain, nós não vivemos senão "a imensa ausência, presente em toda parte".

O homem contemporâneo precisa, portanto, criar sentido de outra maneira.

Em julho de 1944, Raymond Aron publicou um artigo intitulado "O futuro das religiões seculares", no qual observa:

> O socialismo é religião na mesma medida em que é antirreligião. Embora negue o além, ele traz de volta à terra certas esperanças de que, antigamente, só as crenças transcendentes tinham o poder de despertar. Proponho denominar "religiões seculares" as doutrinas que, na alma de nossos contemporâneos, assumem o lugar da fé desaparecida e situam neste mundo, no futuro longínquo, sob a forma de

---

25. C. RIQUIER. *Nous ne savons plus croire*. Paris: Desclée de Brouwer, 2020, p. 2.

uma ordem social a ser criada, a salvação da humanidade[26].

A leitura que ele apresenta do fenômeno nazista, ao qual dedica outro artigo intitulado "Existe um mistério nazista?", é comparável. Existe, portanto, em nosso tempo, uma "fatalidade das religiões seculares"?[27] O fenômeno, em todo caso, é tão massivo que parece definir o século, época de uma aspiração ao sentido que encontra suas respostas e sua preferência nas religiões políticas contemporâneas:

> As multidões que aclamam furiosamente os falsos profetas revelam a intensidade das aspirações que sobem a um céu vazio. Como diz Bernanos, a tragédia não é que Hitler se faça passar por Deus ou se considere um Deus, mas que haja milhões de homens suficientemente desesperados para acreditar nisso[28].

A história não é, portanto, uma realidade bruta, mas também, ou até sobretudo, a narrativa que dela fazemos, a nível individual como a nível dos grupos e das sociedades, para dar sentido ao tempo, ao tempo vivido, ao tempo que passa.

---

26. R. ARON. "L'avenir des religions séculières", julho de 1944, reproduzido em: R. ARON. *Une histoire du siècle XXe. Anthologie*. Paris: Plon, 2012, p. 153-173.
27. Ibid., p. 163ss.
28. Ibid., p. 163.

Outrora, o sentido estava totalmente encontrado: chamava-se Deus, Salvação, Providência ou, para os mais sábios, teodiceia. No limiar do século XX a leitura religiosa, com um sentido vindo do alto, não é mais crível num contexto de menosprezo religioso generalizado que caracteriza o Ocidente – em primeiro lugar a Europa. A questão do sentido ("da vida", "da história"...) tornou-se abrasadora e dolorosa, como atestam as obras literárias e filosóficas do início do século XX, particularmente após o auge do absurdo constituído pela morte em massa da Grande Guerra.

A literatura entrou em "crise", como também a filosofia e o "pensamento europeu" (Husserl). A esta "crise" do sentido vieram responder movimentos e culturas políticas: é quase impossível compreender o fascismo, o nazismo, o comunismo, o nacional-tradicionalismo, mas também o "liberalismo" e seus avatares (ultra, neo...), sem levar em consideração essa dimensão, essencial, de doação e de dotação de sentido – à existência coletiva como também às existências individuais – sem esquecer o conspiracionismo, muito em voga ao que parece, e sempre muito cômodo.

Ao contrário da oposição um tanto abrupta entre discursos e práticas – os discursos dependentes da análise de discurso ou da história cultural, estando as práticas sob a jurisdição da história social – ou da oposição que distingue história e "meta-história", trata-se de entrar em pé de igualdade na história do nosso tempo, observando como nossos contemporâneos (e nós mesmos) habitam o tempo, tentando dar-lhe sentido.

Vamos, portanto, interessar-nos pelas fábulas ou pelo que, sob a inspiração de um coletivo de psicanalistas (Jacques André), de antropólogos (Gérard Lenclud) e de historiadores (François Hartog), poderíamos denominar "as narrativas do tempo"[29].

---

29. J. ANDRÉ, S. DREYFUS-ASSÉO & F. HARTOG. *Les Récits du temps*. Paris: PUF, 2009.

I
O esgotamento do providencialismo

Pode parecer estranho interessar-se pela Igreja Católica num livro que procura ser uma introdução à história do nosso tempo. Esta instituição quase bimilenar – e, portanto, já *intempestiva* – parece, de fato, pertencer a um outro tempo, a um tempo precisamente passado, e às vezes só aparece à margem do nosso tempo como resto de um passado que custa a desaparecer completamente, a rigor um simples fragmento rochoso, vestígio geológico de uma paisagem que foi virada do avesso desde a Renascença, o Iluminismo, a Revolução Francesa – sem falar do que se seguiu.

Quanto a estas transformações, a Igreja tentou às vezes acompanhá-las, ou mesmo adotá-las, embora muito tardiamente. Mas é preciso reconhecer que sua mensagem foi quase sempre ortogonal às transformações culturais que afetaram profundamente o Ocidente desde a Modernidade. A condenação do "modernismo" é, aliás, uma constante do Magistério desde o século XVIII pelo menos, senão desde o Concílio de Trento e a eclosão do que se pode denominar Contrarreforma. Instituição escorada no passado, ou numa "Tradição" da qual os fiéis e os clérigos desconhecem o caráter mítico ou a invenção, a Igreja parece não ter mais nada a dizer ao mundo contemporâneo.

Neste sentido, o ano de 2013 na França foi desastroso para a reputação, ou até mesmo para a honra, do catolicismo: pessoas que não tinham nada além de amor nos lábios acobertaram os danos causados às crianças na e pela instituição, e expressaram seu ódio aos homossexuais; altos funcionários, como o Cardeal Barbarin, esqueceram-se de falar de "zoofilia", enquanto o incompetente Cardeal Vingt-Trois, conhecido por seu desprezo pelas mulheres, desfilou contra o acesso dos casais homossexuais a um direito perfeitamente legítimo numa República laica e num território, a França, que já não é uma teocracia há muito tempo. Numa bela união, integristas (mas a Igreja não estava em boa posição), barbudos, judeus ortodoxos e católicos (tornados) *mainstream* fustigavam a "perversão" ou a "inversão" – ou seja, uma "miragem para todos", como observava com sagacidade *Le Canard enchaîné*.

Quando um grupo murcha, ele se azeda e se radicaliza: definitivamente, as manifestações chamadas por antífrase "para todos" eram a expressão soluçante e o estertor de um grupo isolado sociocultural em vias de extinção. "Católicos tradicionais" nutridos nas JMJ (Jornadas Mundiais da Juventude) de João Paulo II, vagamente tentados por uma nova Contrarreforma, que, por sua presença sonora no seio da Igreja e com o infeliz apoio dos mais altos prelados da França, desesperaram fiéis menos reacionários ou conservadores e externaram uma imagem deplorável de sua fé, manifestamente pouco assentada na virtude da caridade.

Será que nesse momento a Igreja saiu da história porque não tinha mais nada a dizer ao mundo? Era injusto para os católicos ditos "de esquerda"[30], varridos pelo longo pontificado do papa polonês obcecado, como o pré-conciliar Pio XII, pela cruzada geopolítica contra o comunismo, e disposto a tudo para cerrar fileiras, mesmo que isto signifique armar cavaleiros e aprovar para a beatificação criminosos diplomados, como o fundador, franquista e estuprador, da Opus Dei, ou "militantes fanáticos" da fé como os Legionários de Cristo. Quanta caridade se vislumbra nestas palavras! Não é o lugar, aqui, de fazer o balanço de um pontificado carismático, conduzido a toque de caixa, depois contra a doença, por um papa que foi um gênio da encenação, atlético e corajoso em muitos aspectos, mas perfeitamente reacionário sob seu ouropel de astro de rock.

Por uma curiosa inversão das percepções e das opiniões, foi seu sucessor, Bento XVI, que pareceu intempestivo e "tradicional": apegado à tradição a ponto de

---

30. Cf. D. PELLETIER & J.-L. SCHLEGEL (eds.). *À la gauche du Christ. Les chrétiens de gauche en France de 1945 à nos jours*. Pais: Seuil, 2012.

exumar adornos pontificais inventados no século XVI, partidário incondicional de sapatilhas forradas e estolas obsoletas, ele era, de fato, um intelectual muito crítico a respeito da Modernidade. No entanto, Bento XVI combateu frontalmente todos os abusos que seu predecessor havia culpavelmente deixado prosperar para não entravar o sucesso da causa: desde os abusos nos corpos até os desfalques financeiros de seu protegido Marcinkus, já denunciados, *in petto*, por Joseph Ratzinger, mas passados em silêncio pelo pontífice. Na verdade, Ratzinger cobriu certos tradicionalistas, às vezes integristas ou mesmo cismáticos, com um manto de misericórdia, o que pode ter ofuscado sua reputação. Mas enfrentou com coragem os estupros de crianças, de freiras e de seminaristas e quis pôr um fim aos laços entre o banco do Vaticano e a grande criminalidade internacional. Mal acompanhado, especialmente pelo Cardeal Tarcisio Bertone, uma criatura de Wojtila, Bento XVI tomou uma decisão radical: limpar o Vaticano renunciando ao trono de São Pedro, no dia 13 de fevereiro de 2013, num gesto inédito desde o fim do século XIII e da renúncia de Celestino V.

Homem de pensamento e de oração, profundo teólogo, Joseph Ratzinger, *Panzerkardinal* que ficava à mercê da caricatura, foi talvez o maior papa desde Pio XI e antes de Francisco.

É importante falar dos papas, porque a Igreja Católica é um magistério, uma instituição piramidal e centralizada, uma monarquia quase absoluta cuja verticalidade disciplinar é a tradução temporal da transcendência. Na grande família dos monoteísmos, ela é a única desse tipo: nenhuma centralização entre os judeus ou os muçulmanos. Dar ouvidos aos papas, em suas múltiplas formas de expressão, permite ouvir o que a Igreja (ainda) tem a dizer ao mundo. Pode-se zombar disso, especialmente na França: ao que parece, a Igreja Católica, por razões de cultura que remontam a tempos antigos (muito antes da Revolução Francesa[31]), parece definhar inexoravelmente.

Mas a Igreja foi uma matriz de sentido durante quase dois mil anos e ainda o é para mais de um bilhão de indivíduos. Ela o é também, indiretamente, para os cristãos de outras obediências: em razão de sua antiguidade e de sua localização (na capital do Império Romano, portanto do mundo antigo, portanto no cento do mundo, *Urbs umbilicus orbis*), no lugar do martírio do mais prestigioso dos apóstolos, Pedro, e do grande organizador da Igreja, Paulo, a Igreja Católica (isto é, universal), Apostólica (*Tu es Petrus...*) e, portanto, Romana, impressiona e intimida. Num país como a Alemanha, sede do grande cisma do Ocidente que deu origem aos diferentes protestantismos (1517-1521), a palavra *die Kirche* faz inevitavelmente referência, em primeiríssimo lugar, à Igreja de Roma.

---

31. Cf., por exemplo, M. VOVELLE. *Piété barocque et déchristianisation en Provence au XVIIIe siècle*. Paris: Seuil, 1975, e *Religion et Révolution: la déchristianisation de l'an II*. Paris: Hachette, 1976.

A Igreja, por seu discurso sobre o tempo, o tempo humano e o tempo sagrado, gozou por muito tempo de um monopólio hermenêutico sobre a história, e o conserva para os fiéis mais convictos, a título individual e coletivo. Ela chegou a inventar, sobre o fundamento do querigma (a ruptura que caracteriza a declaração de fé) e da Boa-nova, a concepção do tempo que nós denominamos história, como lembra François Hartog: "a pequena seita apocalíptica que se separou do judaísmo operou uma revolução no tempo", "na textura do tempo"[32], inaugurando um "regime cristão de historicidade"[33] que se tornou o nosso.

Em relação ao tempo cíclico dos gregos, não é certo que o tempo vetorial dos cristãos, mais tarde laicizado sob a forma do "progresso", seja uma dádiva. É até justamente o contrário, porque o homem, ao longo deste vetor, passa e se esgota; ele nasce, corrompe-se e morre. No entanto, como dizia Nietzsche a propósito do pecado, o cristianismo, ou melhor, a Igreja, administra ao mesmo tempo o veneno (a irreversível finitude, sem possibilidade de retorno) e o antídoto (a Boa-nova da vida eterna e da ressurreição).

Para compreender "quando" e como "nosso mundo se tornou cristão" é preciso captar o poder desta mensagem. É o que faz Paul Veyne quando decide, enquanto

---

32. F. HARTOG. *Chronos. L'Occident aux prises avec le temps.* Paris: Gallimard, 2020, p. 10.

33. Ibid., p. 29.

historiador, levar a sério a conversão de Constantino, geralmente lida e interpretada como um simples ato de racionalidade, senão de cálculo político, à imagem, alguns decênios mais tarde, da conversão de Clóvis. O *in hoc signo vinces* (por este sinal vencerás), visto em sonho por Constantino na véspera de uma batalha decisiva, é certamente o *chrisma* (símbolo primitivo cristão) da vitória militar, mas também o da vitória sobre a morte, da qual Cristo é, na Páscoa, tempo da ressurreição, a prova jubilosa. Com a exceção de alguns cultos iniciáticos muito fechados como o de Mitra, em voga entre os legionários romanos, que faziam a profissão de combater e, às vezes, de morrer violentamente, a mensagem da ressurreição e da vida eterna é quase desconhecida no mundo antigo, que só concebe o além como uma existência diminuída e triste, no estado de larva ou de lêmure, de fantasma infeliz que nunca perde a ocasião de dizer aos vivos que visitam o Inferno (Ulisses, Eneias...) o quanto eles lamentam a vida terrestre. Uma "sonolência"[34], como escreve Paul Veyne, que não tem nada de invejável nem exaltante, nos antípodas das promessas cristãs – a vida após a morte é de fato a verdadeira vida. No entanto, Veyne modera essa leitura perguntando-se onde se encontram a galinha e o ovo: não foi o cristianismo que criou a questão, portanto a necessidade? Afinal, "é um

---

34. P. VEYNE. *Le Quotidien et l'intéressant*. Paris: Pluriel, 1995, p. 92.

problema quase estranho ao paganismo greco-romano […]. É colocado apenas pelos cristãos"[35].

Outros fatores estão igualmente em ação, como o espetáculo da fé jubilosa e fanática de cristãos dispostos a morrer felizes para reencontrar seu Criador, mas também e sobretudo o universalismo e igualitarismo da mensagem cristã, ou seja, a universalidade e a igualdade na dignidade (humana, de filho de Deus) e no amor (que Deus concede a todos os seus filhos sem exceção), uma mensagem ao mesmo tempo inédita e revolucionária num mundo antigo que, com algumas raras exceções (como o estoicismo), compreendia mal o que Paulo de Tarso, chamado São Paulo, determina em sua Carta aos Gálatas (3,28): "Já não há judeu nem grego, não há escravo nem livre, pois todos vós sois um só em Cristo Jesus".

Portanto, a Boa-nova que, pela encarnação e pela paixão de Cristo, marca a entrada de Deus na história e inaugura uma economia da salvação na vida do cristão, como também na vida do povo cristão, oferece igualmente uma leitura do futuro, uma narrativa cristã da história que se precisou e refinou singularmente a partir do momento em que o opressor de ontem (o Império Romano) se tornou cristão. Uma vez que o divino se encarnou, o sagrado estava doravante, no sentido literal, realizado em Roma – o que implicava, além disso, poder combater por

---

35. Ibid., p. 91.

Roma (e de nunca mais oferecer a outra face), sabendo dar sentido às desgraças históricas que podiam se abater sobre a Cidade. Quando Roma cai sob os golpes dos bárbaros de Alarico, o mundo cristão é abalado porque a Cidade Eterna, a *Urbs* por excelência, tornada cristã, era um princípio de ordem, de estabilidade e de paz pelos séculos dos séculos. De Jerusalém, onde traduziu a Bíblia, São Jerônimo exclamava:

> Um boato aterrorizante nos chega do Ocidente [...]. Minha voz se sufoca, os soluços abafam minhas palavras enquanto as pronuncio em voz alta [...]. Ela, portanto, foi conquistada, a Cidade que conquistou o universo [...]. Horror, o universo desmorona!

Imediatamente se desencadeia a polêmica contra uma religião cristã acusada de ter enfraquecido Roma e desviado dela os deuses que sempre a haviam protegido. É em parte para replicar a estas acusações e para mitigar a angústia provocada por este sismo histórico, que Agostinho redige a *Cidade de Deus*, na qual expõe uma teologia da história que explica o que parece incompreensível ou escandaloso no devir histórico. O princípio explicativo é simples e se chama providência, atributo pelo qual Deus vê, concebe o futuro e realiza seu desígnio na história. O devir histórico pode parecer caótico ou absurdo, porque os caminhos da providência são impenetráveis. Deus tem uma inteligência incomensurável, que ultrapassa a nossa:

não podemos, portanto, compreender seus desígnios. Tudo o que ele concebe, ordena e realiza é bom, porque tudo na história vem de Deus.

Agostinho inaugura uma tradição de pensamento que será retomada e prosseguida por Bossuet no século XVII, especialmente em seu *Discurso sobre a História universal*, publicado em 1681 e dedicado ao delfim, filho de Luís XIV, do qual era preceptor. Bossuet parte da mesma constatação assustadora de Agostinho: fala de "fracasso pavoroso", da "sequência de impérios" que se acreditavam eternos e são apenas efêmeros, em pouco tempo varridos do mapa.

O quadro da história pintado por Bossuet para o uso do jovem príncipe tem uma virtude edificante: mostrando-lhe a sucessão dos impérios que, uns mais poderosos do que os outros, nem por isso deixam de retornar ao pó após um auge de glória, Bossuet ensina ao príncipe a humildade diante de Deus, *rex regum*:

> Esta sucessão de impérios, mesmo considerando-os mais humanamente, tem grandes utilidades, principalmente para os príncipes, porque a arrogância, companheira ordinária de uma condição tão eminente, é tão fortemente humilhada por este espetáculo. Porque, se os homens aprendem a se moderar vendo seus reis morrerem, quanto mais serão atingidos ao ver os próprios reinos morrerem; e onde se pode receber uma

lição melhor sobre a vaidade das grandezas humanas? [...] Este pavoroso estrondo vos faz sentir que não há nada de sólido entre os homens e que a inconstância é o quinhão peculiar das coisas humanas.

Aqui Bossuet dá ao seu aluno uma lição clássica, na tradição das vaidades: a história da queda dos impérios é o *memento mori* dos reis. Deus humilha os reis, torna-os humildes, mediante o espetáculo da queda dos impérios. A história tem, portanto, um sentido, esse que acabamos de expor. Ela tem também um outro sentido, mais profundo, mais oculto, inacessível à nossa inteligência humana. O caos dos acontecimentos pode ser organizado se o relacionamos com os planos da divina Providência: "Este longo encadeamento das causas particulares, que fazem e desfazem os impérios, depende das ordens secretas da divina Providência. Deus segura, do mais alto dos céus, as rédeas de todos os reinos".

A incoerência histórica que nos desespera não é senão aparência. Nossa inteligência limitada e míope não nos permite acessar a compreensão do princípio providencial que se delineia por trás da aparente desordem da realidade histórica:

> Não falemos mais de acaso nem de fortuna, ou falemos dele apenas como um nome com o qual cobrimos nossa ignorância. O que é

acaso no que concerne aos nossos conselhos incertos é um desígnio combinado num conselho superior, ou seja, naquele conselho eterno que contém todas as causas e todos os efeitos numa mesma ordem. Desta forma, tudo contribui para o mesmo fim; e é por falta de compreensão do todo que encontramos acaso ou irregularidade nos encontros particulares.

Tudo isto se parece com o argumento de autoridade – *magister dixit* – e o aluno régio é obrigado a concordar; mas a Providência divina às vezes se deixa entrever, como mostra Bossuet apresentando o exemplo do Império Romano. Os romanos foram em primeiro lugar os instrumentos da vingança divina contra os judeus, povo deicida, que crucificou Cristo: "Quando eles o menosprezaram e crucificaram, estes mesmos romanos prestaram-se, sem hesitar, à vingança divina e exterminaram este povo ingrato". Como explicar desde então a expansão do Império, a boa sorte dos Césares? Pelo desígnio de Deus:

> Deus, que havia resolvido reunir ao mesmo tempo o novo povo de todas as nações, primeiramente reuniu as terras e os mares sob este mesmo império. O comércio de tantos povos diversos, outrora estranhos uns aos outros e, desde então, reunidos sob a dominação romana, foi um dos mais poderosos meios de que a Providência se serviu para dar curso ao Evangelho.

Mesmo as perseguições contra os cristãos encontram todo o seu sentido:

> Se o mesmo império perseguiu durante trezentos anos este novo povo que nascia por toda parte em seu território, esta perseguição confirmou a Igreja cristã e fez brilhar sua glória, com sua fé e sua paciência[36].

A queda do Império Romano, que, no entanto, se tornou cristão, é explicada pela sorte que Deus reserva a todos os impérios, para lembrar aos homens que só o Seu império é eterno: Roma caiu porque ela "em vão havia prometido a si mesmo a eternidade", mas "devia sofrer o destino de todos os outros".

A ação da providência divina permite, portanto, dar sentido a toda realidade histórica: ela desempenhou, na narrativa histórica, as funções de princípio unificador da diversidade caso contrário desesperadora do real e de chave hermenêutica universal. A diversidade histórica só adquire sentido e se torna inteligível quando referida a este princípio unificador. A angústia, a confusão ou a cólera que se pode experimentar ao assistir ao espetáculo antes absurdo da história humana se encontram, portanto, apaziguadas: a fé na Providência dá sentido a tudo.

---

36. BOSSUET. *Discours sur l'Histoire universelle à Mgr le Dauphin pour expliquer la suite de la religion et les changements des Empires*. Paris: Garnier Frères, 1873.

O que também torna a Igreja tão singular no contexto da Modernidade é o fato de ela se inscrever no tempo longo da salvação universal, da Revelação e da parusia final. Um tempo de milênios, desde que ela se resignou ao fato de que a vinda de Cristo não era para amanhã nem para depois de amanhã – sede escatológica que teve oportunidade de saciar-se fora de seu seio, em movimentos rapidamente qualificados como apocalípticos e condenados como heréticos.

Inscrita neste tempo longo, que instiga ao culto às vezes irrefletido da Tradição em suas margens, a Igreja quis, no entanto, pensar e realizar seu encaixe no tempo efetivo, sua "atualização" (*aggiornamento*), e este movimento não data do Vaticano II, mas é muito anterior ao concílio que se tornou seu homônimo. Pode-se situar esta vontade de *aggiornamento* no longo reinado do Papa Leão XIII, que sucedeu ao reinado ainda mais longo de Pio IX.

O magistério não é o único a se exprimir. É preciso falar também dos teólogos e dos filósofos cristãos, cuja pesquisa, pensamento e comentários foram estimulados pelos próprios papas. Diante da ofensiva "modernista" – termo que designa o bicho-papão bastante heteróclito de um inimigo muito díspar –, os papas Leão XIII, Pio X e Bento XV estimularam uma afirmação neotomista resoluta, numa série de textos pontificais que vão desde a encíclica *Aeterni Patris* de Leão XIII (1879) à de Bento XVI, a última de seu pontificado, *Fausto appetente die* (1921), destinada a celebrar o sétimo centenário de São Domingos, cuja ordem foi rica em grandes teólogos (como Santo Tomás de Aquino, o Doutor angélico).

Foi precisamente Santo Tomás que Leão XIII recomendou aos cristãos e às instituições de ensino católico, a começar pelos seminários: "Entre todos os doutores escolásticos reluz com um brilho sem igual seu príncipe e mestre de todos, Tomás de Aquino", que, tendo lido e compreendido "os santos doutores que o precederam, herdou um pouco da inteligência de todos", expressa numa *Suma teológica* admirável. Ele é "com razão comparado ao sol" que aquece os corações e ilumina as inteligências, a contrapelo da sofística ímpia, nascida "sob o impulso dos inovadores de século XVI", no qual as pessoas "começaram a filosofar sem nenhuma consideração pela fé", como atestam as "vãs sutilezas" do século XIX. Depois deste texto, Leão XIII criou o *Angelicum*, a Academia de Santo Tomás de Aquino, e ordenou a edição completa das obras de Tomás, chamada edição leonina, que continua sendo referência hoje. Papa esclarecido, ele abre pela primeira vez à consulta dos pesquisadores o *Archivum secretum* (os arquivos pontifícios criados por Paulo V em 1612), pouco depois do início do seu reinado em 1881 – uma revolução científica que permitiu o desenvolvimento e expansão dos trabalhos dos vaticanistas.

O gesto de Leão XIII é fundador e se afasta, mais uma vez, do longo pontificado de seu predecessor: enquanto

Pio IX se limitara a fulminar condenações sem fim contra as ideias do mundo moderno, Leão XIII refletia sobre as maneiras de opor-lhe uma compreensão e um discurso católicos. Pio X, por sua vez, pouco antes de morrer, aprovou mediante um texto de estatuto menor (um simples decreto da Congregação dos Estudos) as vinte e quatro teses tomistas a serem ensinadas nos seminários, nas escolas e nas universidades católicas. O neotomismo é a resposta à "crise modernista" que culmina sob Pio X e constitui, na esteira de Leão XIII, a única reação positiva da Igreja aos desafios apresentados pela exegese científica, tendo-se Pio X entrincheirado em condenações em série.

Foi Bento XV que, mais tarde, modificou o direito canônico para incluir nele as teses neotomistas e que, em *Fausto appetente*, conclui a consagração doutrinal e intelectual de Tomás. Seus sucessores nunca iriam se afastar dela, até e inclusive *Fides et ratio* de João Paulo II (1998).

De maneira ponderada e gradativa, as vinte e quatro teses de 1914 apresentam os conceitos fundamentais do tomismo, que são mais ou menos os de Aristóteles, bem como, por dedução, as posições fundamentais de uma cosmovisão católica: ser (essência, subsistência), acidente, potência, ato, matéria, forma, Criador, criatura, criação, perfeição, composição, inteligência, vontade, apetite... constituem supostamente o *vade-mecum* completo de um entendimento cristão do mundo, das ciências modernas inclusive. Nestas teses trata-se pouco – ou nem sequer se trata – de história, a não ser de maneira assintótica na vigésima quarta e última, cujas duas últimas proposições parecem administrar uma possibilidade de ação de Deus na criação:

> É, portanto, pela pureza do seu ser que Deus se distingue de todas as coisas finitas. Segue-se daí, em primeiro lugar, que o mundo não pode proceder de Deus senão pela criação; em seguida, que a força criadora [...] não é comunicável nem por milagre a alguma natureza finita; enfim, que nenhum agente criado pode influir sobre o ser de qualquer efeito que seja senão pela moção recebida da Causa primeira.

Entre os grandes nomes do neotomismo estão Étienne Gilson e Jacques Maritain, que, quanto eu saiba, foi o único a tentar reinvestir no campo da filosofia da história, para propor a narrativa cristã.

Filósofo e teólogo católico mundialmente afamado, foi na Universidade católica de Notre-Dame (Indiana), nos Estados Unidos, que ele dedicou um curso a essa questão em 1955, antes de publicar *Sobre a filosofia da história* (1957), texto tanto mais interessante porque enfrenta a filosofia da história dominante no mundo intelectual: a leitura dialética e materialista do marxismo é então tão vigorosa que chega a interessar e até a convencer muitos cristãos. Portanto, as coisas são urgentes, mas a tarefa é árdua quando consideramos que Maritain pensa, enquanto católico tomista, uma filosofia da história à sombra de Hiroshima e do nazismo, que ele nunca evoca nominalmente, mas dos quais não pode prescindir. É o sentido do que ele ensina e escreve em "Deus e o mistério do mundo", seu capítulo IV:

> O primeiro ponto a realçar é que Deus é absolutamente inocente. Ele não é de maneira nenhuma a causa do mal moral. O mal moral encontra sua origem na livre-desconsideração da norma por parte do homem, na livre-*nadificação* do homem. O homem é, portanto, a primeira causa (negativa, evidentemente) do mal. O mal é a única coisa (sem ser uma *coisa*) que pode ser feita sem Deus.

Em suma, onde há homem, há baixezas – sabedoria um tanto curta de capelania e de falsas beatas, que não leva muito longe e que quase não desperta interesse. Quase não se fala de filosofia cristã da história, porque sem dúvida não existe, e Maritain, tanto como qualquer outro, não tem grande coisa a dizer sobre o tema – senão inculpar "o embuste hegeliano", do qual Marx é o *enfant terrible*.

Maritain quase não variou sobre o tema, ele que escrevia já em 1925, não sem apontar as contradições do século XIX, século autoproclamado da história como também da ciência:

> Os anjos, que veem nas ideias criadoras todos os acontecimentos deste universo, sabem

a filosofia da história; os filósofos não podem sabê-la, porque a própria história não é uma ciência, já que só trata de fatos individuais e contingentes; ela é uma memória e uma experiência, que cabe aos prudentes utilizar. E, quanto a discernir as causas e as leis supremas em jogo no decurso dos acontecimentos, precisaríamos, para fazê-lo com certeza, pertencer ao conselho do soberano Plasmador, ou ser diretamente esclarecidos por ele. Por isso entregar aos homens a filosofia de sua história é uma função propriamente profética: Herder e Quinet o sabiam muito bem quando montavam seu tripé; e é mesmo surpreendente constatar até que ponto o século XIX, que parecia antes de tudo o século da ciência positiva, foi, enquanto iluminado pelos filósofos da história, um século de profetismo. O filósofo que se resigna a não ser mais do que homem, como disse Descartes ao atirar uma flecha contra os sagrados teólogos, só tratará, portanto, da filosofia da história com a consciência da inadequação dos seus meios em relação à matéria considerada[37].

    Com efeito, é difícil reconduzir Deus ao centro de um mundo que, a ferro e fogo, nas tempestades de aço da

---

37. J. MARITAIN. *Trois Réformateurs. Luther, Descartes, Rousseau.* Paris: Plon, 1925, p. 131-132.

Grande Guerra, depois nas câmaras de gás, nos bombardeios sistemáticos dos civis e na bomba nuclear, tornou-se o abismo dantesco do mal. Que o mundo se tornou infernal, quem poderá duvidar no momento em que os Aliados descobriram a intensidade e a extensão dos crimes nazistas, alguns meses apenas antes de o mundo ficar sabendo de outro impensável – o crescimento sem limites do poder de devastação do homem mediante o átomo?

A intensidade do choque foi tanta que "a luminosidade da bomba [...] havia deixado em alguns lugares a marca das sombras que haviam sido projetadas por sua claridade [...]"[38], observa um jornalista americano, transtornado por encontrar uma impressão fotográfica dos corpos sobre o solo do que restou da cidade. Da mesma forma a sombra "de um homem que passava de charrete sobre uma ponte, perto do museu da Ciência e da Indústria, quase no centro da explosão". O homem, o cavalo e o objeto foram vaporizados. Só restou a imagem. *Idem* para um pintor num prédio. O fogo nuclear, portanto, transforma, em ordem decrescente de destruição, em fotografia, em cinzas e, no melhor dos casos, em mingau: o jornalista Hersey relata os rostos inchados, gelatinosos, os olhos derretidos que escorreram pelas bochechas dos sobreviventes.

---

38. John Hersey no *New Yorker*, 1946, citado em P. JACERME. "Quelle éthique pou l'ère atomique?". In: *L'Éthique à l'ère nucléaire*. Pais: Lettrage, 2005.

Desde 8 de agosto de 1945, foi Albert Camus quem, em seu editorial de *Combat*, expressou da melhor maneira possível o horror que toda inteligência sentia diante desta cesura que conferia ao homem, a certos homens, um poder de demiurgo invertido:

> O mundo é o que ele é, ou seja, pouca coisa. Isso é o que todos sabem desde ontem graças ao formidável coro que o rádio, os jornais e as agências de comunicação acabam de lançar a respeito da bomba atômica. Com efeito, somos informados, no meio de uma multidão de comentários entusiastas, que qualquer cidade de importância média pode ser totalmente destruída por uma bomba do tamanho de uma bola de futebol. Jornais americanos, ingleses e franceses abundam em elegantes dissertações sobre o futuro, o passado, os inventores, o custo, a vocação pacífica e os efeitos bélicos, as consequências políticas e até o caráter independente da bomba atômica. Resumiremos numa frase: a civilização mecânica acaba de atingir seu último grau de selvageria.

Diante desta "mais formidável fúria de destruição demonstrada pelo homem desde séculos", "diante das perspectivas aterradoras que se abrem para a humanidade, percebemos ainda melhor que a paz é o único combate que vale a pena travar. Não é mais um pedido, mas uma ordem que deve subir dos povos até os governantes, a ordem de escolher definitivamente entre o inferno e a razão". Notemos: entre o inferno *e a razão* (razoável, e não essa racionalidade científica que se tornou louca, pensada e denunciada ao mesmo tempo por Heidegger, Adorno e Horkheimer). Aqui não se trata de Deus.

O horror tecno-científico *da* Bomba – esta bomba por excelência, celebrada, com um terror sagrado, por um de seus inventores, Robert Oppenheimer, em termos religiosos tomados do Bhagavad Gita ("*Agora me tornei a Morte, a destruidora dos mundos*") – faz ressurgir o tema do apocalipse. É nesses termos que é tentada novamente uma filosofia cristã da história, mas nas margens cada vez mais periféricas de uma corrente tradicionalista que, de afastamentos mediante condenações, de recusas mediante anátemas, nutre as franjas do catolicismo após o Vaticano II. Por exemplo, a obra, muito em voga nestes meios, de Jean Monléon, *Le Sens mystique de l'Apocalypse*, publicada em 1948, que "se dirige não aos doutos, mas aos simples" e narra, "seguindo o fio da narrativa de São João [...], os combates que a Igreja militante deve sustentar [...] para entrar um dia na glória da Igreja triunfante". O monge e teólogo beneditino admite que a exegese científica permitiu ler o sentido literal e figurado dos textos; "em compensação, o sentido espiritual ou místico" permanece em suspenso porque a Igreja dele desconfia, ao passo que o sentido místico não é o resultado de um vaticínio extraviado, mas uma síntese dos sentidos "anagógico, típico e moral".

Por outro lado, "talvez nunca o mundo esteve tão sedento de mística como hoje", porque somos oprimidos "pelo materialismo e pelo positivismo". "Animal religioso" e, portanto, "animal místico", o homem "aspira a evadir-se da realidade terrestre em que ele é prisioneiro, em direção a um mundo suprassensível, ao infinito, ele que é da raça dos Anjos". Esta "necessidade de evasão, este desejo de êxtase" é satisfeito pela contemplação mística que "nos revela [...] o FIM para o qual marchamos, esta Cidade maravilhosa que o olho humano não viu, que seu coração não pode imaginar e que deve, no entanto, ser um dia sua morada". O livro de Monléon deve, portanto, ajudar os cristãos a "construírem [...] sobre o caos no qual o mundo se debate, a radiante visão da Cidade de Deus, que é a única a assegurar ao homem o que ele procura aqui embaixo"[39].

A teologia universitária católica, por sua vez, adota outros caminhos, não só sob os golpes das provações do tempo, que levariam, literalmente, ao desesperar de Deus, mas também das evoluções intelectuais contemporâneas, sobretudo no campo da filosofia.

Em 1985 o sacerdote e teólogo Charles Wackenheim, professor na Faculdade de Teologia Católica de Estrasburgo, constata deste modo uma "atualidade da teologia

---

39. Todas as citações em J. de MONLÉON. *Le Sens mystique de l'Apocalypse. Commentaire textuel d'après la traduction des pères de l'Église*. Paris: Les Éditions Nouvelles, 1948.

negativa"[40], não no sentido de que negaríamos a Deus, mas no sentido de que o diríamos e pensaríamos *a negativo*, pelo que Ele não é, porque é "ilusória a pretensão de fazer coincidir o Deus como sujeito gramatical do discurso religioso com o Deus vivo, cuja palavra precede e excede todo discurso humano"[41]. Esta teologia, chamada apofática, contém a riqueza de uma longa tradição, que remonta aos primeiros tempos do cristianismo e se enraíza tão longe no Antigo Testamento que a encontramos, pregnante, no judaísmo e no islamismo. A "dimensão apofática caracteriza a própria Escritura", porque só ela exprime "a misteriosa alteridade de Deus": *Vere tu es deus absconditus, Deus Israel Salvator*" (Isaías 45,15) – lemos na Vulgata. Deste "Deus escondido" não podemos ver o rosto, mas só as costas, através de sinais de sua passagem: "as teofanias bíblicas são manifestações grandiosas de um Deus invisível"[42], o que fundamenta e justifica a proibição de representá-lo, pura idolatria aliás, e a injunção de reverenciar apenas seu nome.

Para os cristãos, a encarnação de Deus em seu filho, através do mistério da Trindade, permite pelo menos uma visão indireta"[43] de Deus, mas Deus continua difi-

---

40. C. WACKENHEIM. "Actualité de la théologie négative". *Revue des sciences religieuses* 59/2 (1985), p. 147-161.
41. Ibid., p. 147.
42. Ibid., p. 149.
43. Id.

cilmente conhecível. Tomás de Aquino o afirma com sua costumeira clareza ("O que excede o ser, excede também o conhecimento"), mas ele não faz senão retomar uma longa tradição herdada de Plotino, mediante o tratado *Dos nomes divinos* do Pseudo-Dionísio Areopagita (século VI). Como vemos, "a teologia apofática não consiste em calar-se" ou, como escreve o teólogo, "a apófase não é a afasia", e menos ainda no século XX, em que ela parece revelar-se tão adequada aos questionamentos e aos desafios do tempo: "Ela reveste hoje uma atualidade nova, que especialmente o declínio dos sistemas dogmáticos, os desenvolvimentos recentes da linguística e os múltiplos avatares do tema da 'morte de Deus' parecem explicar"[44].

O que pode fazer o teólogo senão registrar, numa escuta atenta, que "Deus se cala"[45] e tentar fazer deste silêncio alguma coisa? Ascese suprema, fé atlética, senão heroica.

Para aproximar-se de Deus, a teologia apofática procede por subtrações de atributos e descobre seu parentesco com uma outra tradição teológica particularmente viva, e revivificada, no século XX: a teologia da quenose. Ilustrada pelos maiores teólogos católicos (Hans Urs von Balthasar, Maurice Zundel) e reformados (Jürgen Moltmann), esta reflexão teológica toma como ponto de partida uma

---

44. Ibid., p. 147-152.
45. C. WACKENHEIM. *Quand Dieu se tait.* Paris: Le Cerf, 2002.

palavra utilizada por São Paulo quando, em sua Carta aos Filipenses (2,7), celebra o Cristo que "se despojou de si mesmo, assumindo uma forma de escravo, tornando-se semelhante aos homens" (*kenoô*, despojar-se; *kenôsis*, vazio). Em *O Deus crucificado*, Jürgen Moltmann escreve, de maneira aparentemente paradoxal e surpreendente:

> Um Deus que é apenas onipotente é um ser imperfeito em si mesmo, porque não pode experimentar a fraqueza da impotência. A onipotência pode ser desejada e honrada por homens impotentes, mas a onipotência não é amada, mas simplesmente temida. Que tipo de ser será um Deus que é apenas onipotente? É um ser sem experiência, um ser sem destino e um ser que não é amado por ninguém. Um homem que experimenta a impotência, um homem que sofre porque ama, um homem que pode morrer é, portanto, um ser mais rico do que um Deus onipotente, incapaz de sofrer nem de morrer, imortal[46].

A quenose – esse despojamento do Deus vivo que se deixa levar para a cruz, flagelar, mutilar e matar como um homem – é, portanto, o momento de entrada do divino no tempo, o momento de sua historicização, como escreve Hans Urs von Balthasar, num livro pertinentemente

---

46. J. MOLTMANN. *Le Dieu crucifié. La croix du Chist, fondement et critique de la théologie chrétienne*. Paris: Le Cerf, 1974.

intitulado *Theo-drama*: Deus, no teatro do mundo, "sacrifica seu bem-amado e o faz passar da eternidade para o tempo"[47].

Um Deus miserável e fraco: encontramos uma expressão adamantina da quenose – mas sem o Cristo – no célebre texto de Hans Jonas sobre esse Deus que pôde sofrer a Shoah, publicado em 1984, *O conceito de Deus após Auschwitz*[48]. Jonas retoma *sine ira et studio* uma questão que outros formularam para si com mais cólera, como Elie Wiesel, em *A noite* (1958). Em Monowitz (Auschwitz III), um prisioneiro assiste ao enforcamento de uma criança de doze anos pela SS. Muito leve para morrer com um golpe seco, a criança agoniza longamente, sob os olhos dos *Häftlinge*, forçados a contemplar o espetáculo:

> E nós devíamos olhá-lo diretamente no rosto. Ele ainda estava vivo quando passei diante dele. Sua língua ainda era vermelha, seus olhos ainda não apagados. Atrás de mim ouvi um prisioneiro perguntar: "Onde está Deus?"
> E eu sentia em mim uma voz que lhe respondia: "Onde Ele está? – Está pendurado ali, naquela forca..."

---

47. H. URS VON BALTHASAR. *La Dramatique divine*. Paris: Lethielleux, 1984, p. 254.
48. H. JONAS. *Le Concept de Dieu après Auschwitz*. Paris: Payot, 1994.

Vinte anos mais tarde, Elie Wiesel encena *O processo de Deus*, numa narrativa dedicada a um pogrom perpetrado em 1649.

Por sua vez, em *É isto um homem?*, Primo Levi, químico, doutor em ciências, racionalista, não duvida: "Penso que o simples fato de ter existido Auschwitz deveria proibir qualquer um, em nosso tempo, de pronunciar a palavra Providência".

Numa entrevista de 1981, Elie Wiesel retoma esta meditação, explicando que a palavra literária não existe apenas para opor-se ao nada da devastação nazista, mas procura explorar a fissura vertiginosa cavada pela história entre o Criador e a criatura:

> Começamos pelo fim, o fim que marca toda a minha atividade literária, quase o fim de um povo, quase o fim de um mundo. Sem Auschwitz, eu me teria tornado um bom talmudista em algum lugar, num pequeno vilarejo da Transilvânia. A interrogação existencial? Na verdade, estou angustiado e, no tocante à Aliança, nunca compreenderei o papel de Deus nesta catástrofe. [...] Procuro definir este protesto contra o céu indiferente e injusto. Se não tenho respostas, isto não significa que existe uma ruptura da Aliança ou que Deus não existe, mas que eu me interrogo sobre seu silêncio. [...] Depois de Auschwitz, salvaguardar uma fé intacta sem avaliá-la contra esta

catástrofe é quase desumano. Não se pode hoje simplesmente celebrar o judaísmo, o que ele representa, o que ele invoca, sem voltar-se ao mesmo tempo para Deus, por Deus ou contra Deus. Penso que se pode ser judeu com Deus e até contra Deus, mas não sem Deus. Mas como se pode crer como antes?

Sem dúvida não se pode, como já antecipava Etty Hillesum, morta em 1943 em Auschwitz:

> Sim, meu Deus, Tu pareces pouco capaz de modificar uma situação, em última análise, indissociável desta vida. Não te peço que prestes contas; pelo contrário, cabe a ti chamar-nos a prestar contas, um dia. Parece-me cada vez mais claro, a cada pulsação do meu coração, que Tu não podes ajudar-nos, mas cabe a nós ajudar-te e defender até o fim a morada que te abriga em nós...[49]

Esta última morada só pode ser uma teologia renovada por um pensamento da quenose não crística, mas, desafio ainda maior para o judaísmo, estritamente divina. Hans Jonas apresenta com clareza o problema:

> Quem é este Deus que pôde deixar as coisas acontecerem? Há razões para inserir aqui que, nesta questão, o judeu vive uma situação

---

[49] Oração do domingo 12 de julho de 1942, em: E. HILLESUM. *Une vie bouleversée. Journal, 1941-1943.* Paris: Seuil, 1985.

mais difícil, teologicamente, do que o cristão. Porque para o cristão, que espera do além a verdadeira salvação, este mundo, em todo caso, depende amplamente do diabo e permanece sempre um objeto de desconfiança, especialmente o mundo dos homens por causa do pecado original. Mas para o judeu, que vê na imanência o lugar da criação, da justiça e da redenção divinas, Deus é eminentemente o senhor da História; e é aqui que "Auschwitz" questiona, inclusive para o cristão, todo conceito tradicional de Deus. Com efeito, à experiência judaica da História, Auschwitz acrescenta, como já foi mencionado, algo inédito, que as velhas categorias teológicas não conseguem superar. E, quando não queremos separar-nos do conceito de Deus – como o próprio filósofo tem o direito de fazer –, somos obrigados, para não abandoná-lo, a repensá-lo novamente e a buscar uma resposta, também nova, à velha pergunta de Jó. Por conseguinte, deveremos certamente licenciar o "senhor da História"[50].

Desde que renunciamos a esperar ou a discernir este "senhor da história", o que resta ao pensamento católico e judeu senão uma meditação, com os recursos da fenomenologia, sobre os modos de presença próprios do divino?

---

50. H. JONAS. *Le Concept de Dieu après Auschwitz*, op. cit., p. 12-13.

Esta proposição se identifica com uma grande parte da obra de Jean-Luc Marion, cuja trajetória de pensamento é iluminadora para compreender melhor o século XX. Católico assumido, numa época em que era singularmente fora de moda no ambiente *khâgneux* (gíria dos estudantes franceses para referir-se à classe mais avançada do Liceu) e normalista que ele frequentava – ou seja, por volta de 1968 –, Marion diz ter sido protegido por esta marginalidade, que o tornou mais ou menos impermeável, ou indiferente, ao que se passava ao seu redor, como também aos compromissos althusserianos ou maoístas de seus camaradas. A matriz católica se juntara notavelmente ao ensino recebido na *khâgne* da parte de Jean Beaufret, tradutor e principal introdutor de Heidegger na França, que formou os heideggerianos mais fiéis (Vézin, Fédier, Jacerme...) e filósofos germanistas de alto nível, como Alain Renaut, condiscípulo de Marion na *khâgne* e na Escola normal superior.

Ensino determinante, porque "uma das narrativas mais poderosas" para "ler a história da filosofia" é "sem dúvida alguma a que foi proposta por Heidegger a partir do ser e de seu esquecimento"[51], esquecimento do qual Descartes, com sua distinção entre *res extensa* e *res cogitans*, é uma figura importante aos olhos do filósofo alemão. O encontro, na Sorbonne, com grandes modernis-

---

51. "Entretien avec Jean-Luc Marion". *Le Philosophoire*. Paris: Vrin, 2000/1. N. 11, p. 6.

tas e grandes cartesianos, como Ferdinand Alquié, determinou uma série de estudos importantes sobre Descartes metafísico e teólogo, antes de um encontro, após o término das teses de doutorado e de Estado, com Husserl e a fenomenologia. Encontro chancelado pela fundação dos Arquivos Husserl na École Nationale Supérieure e pela edição dos textos do filósofo na coleção "Épiméthé", nas PUF: a Jean-Luc Marion a fenomenologia parece "a forma mais viva de filosofia especulativa contemporânea"[52] e a mais fecunda, porque "o inaparente, mais exatamente o inaparente, constitui o pão cotidiano da fenomenologia, o que a distingue radicalmente da teologia, que, pelo contrário, "trata de preferência do que aparece massivamente – Revelação, teofanias, apocalipses etc."[53]

A reflexão sobre a coisa, seu aparecer e "a maneira como ela se dá"[54], culmina numa reflexão sobre o amor, ou caridade, o que, num dos seus livros mais célebres, Jean-Luc Marion denomina *o fenômeno erótico*[55]. Fenômeno decisivo porque, como observa Santo Agostinho, cujas *Confissões*[56] Marion releu, "*nemo est qui non amet*",

---

52. "De Descartes a Augustin, un parcours philosophique. Entretien avec Jean-Luc Marion". Palavras recolhidas por Michaël Foessel e Olivier Mongin. *Esprit* 2009/7, julho de 2009, p. 99.
53. Ibid., p. 95.
54. Ibid., p. 99.
55. J.-L. MARION. *Le Phénomène érotique*. Paris: Grasset, 2003.
56. J.-L. MARION. *Au lieu de soi. L'approche de saint Augustin*. Paris: PUF, "Épiméthée", 2008.

não há ninguém que nunca ame pelo menos uma vez na vida. Os filósofos, no entanto, "falam mais naturalmente do desejo, porque este ainda continua sendo diretamente uma propriedade do ego"[57] e porque é atribuível ao princípio da razão – em outras palavras, podemos determinar suas causas. A economia das paixões, seu domínio e sua etiologia, é uma exploração clássica da filosofia moderna, centrada no sujeito conhecente, agente e padecente. Ora, "o amor se mostra livre da razão de amar ou de não amar [...]. Ele obedece a um princípio de razão insuficiente"[58] e "produz uma lógica própria, sem igual, sem precedente, sem condição"[59]. No entanto, é necessário "o tempo da história para mediatizar a relação com o absoluto que ainda não pode se mediatizar no presente"; ele segue, portanto, "a seta temporal da escatologia" e visa uma "conclusão final"[60], cujas características todas (gratuidade, pobreza, irracionalidade) e o fato de que ele "transforma a ausência em presença, a penúria em superabundância, a solidão em comunhão"[61] mostram que ele é afiançado em Deus e por Deus.

A filosofia como assíntota da teologia? A censura foi feita a Marion, que, no entanto, observa, em sua obra-

---

57. Ibid., p. 101.
58. *Esprit*, entrevista citada.
59. Ibid., p. 12.
60. Ibid., p. 13.
61. Id.

-mestra sobre a Revelação, que ser teólogo é muito mais complexo e fastidioso do que ser filósofo e que, portanto, sempre que caiu na teologia tentou levantar-se. Aliás, historicamente, as duas disciplinas são associadas, senão consubstanciais, até Descartes sem dúvida.

Um outro teólogo em diálogo com Marion, o professor de teologia chamado Josef Ratzinger, dedicou sua primeira encíclica, publicada sob o nome de Bento XVI (25 de dezembro de 2015), ao amor. A encíclica *Deus caritas est* é a primeira de uma trilogia dedicada às três virtudes teologais, junto com *Lumen fidei* (A luz da fé) e *Spe salvi* (Salvos pela esperança).

De todas estas obras só podemos concluir que o pensamento católico abandona o terreno da filosofia da história para meditar sobre os modos de presença do divino, desligando-se certamente por isso de uma proposta de sentido dirigida à grande massa dos contemporâneos, selando o fim do providencialismo, pelo menos nas velhas terras do cristianismo ocidental.

II
O Pós-Guerra

Fim da história, fracasso da narrativa?

A grande esperança de 1918 era que a guerra sem precedentes, que acabava de assolar uma parte do continente europeu, constituísse a "der des der"[62], a vitória das democracias e o advento da paz perpétua através do direito e da segurança coletiva.

Não há nada de irracional nessa esperança: a iniciativa do presidente dos Estados Unidos, Woodrow Wilson, professor de ciências políticas apaixonado pela obra de Kant e ansioso, como o filósofo de Königsberg, por caminhar *Para a paz perpétua* (*Zum ewigen Frieden*), teve como resultado o fato de o Tratado de Versailles, ao final da conferência de paz, incluir o pacto para a criação de uma Liga das Nações, uma República das repúblicas, um parlamento permanente dos Estados, que daria expressão concreta à venerável utopia de uma cidade universal, de

---

62. Nota do tradutor: "der des der" = dernière des dernières (guerres) – expressão cunhada em 1920.

uma *cosmopolis* que finalmente reconduziria os Estados à ordem civil e poria fim a esse estado de natureza que sempre reinou entre eles, feito de violência, angústia e guerras.

A civilização, portanto, apesar de tudo – apesar da guerra industrial, da química dos gases, da balística das granadas e da mecânica das metralhadoras e dos tanques. O direito, em 1919, parecia salvar a honra da humanidade e de certa ideia do homem, onde a ciência havia falhado. A esperança cientificista, a do método experimental, do progresso ilimitado, da magia da eletricidade e das exposições universais, não sobreviveu à Grande Guerra. Desde então, os discursos de premiação, as alocuções de pátio que exaltam a fecundidade da inteligência soarão vazios. Em 1919, o poeta Paul Valéry diagnostica uma "crise do espírito" que ele resume nestas palavras bem conhecidas:

> Nós civilizações sabemos agora que somos mortais. Havíamos ouvido falar de mundos inteiros desaparecidos, de impérios submersos com todos os seus homens e todas as suas ferramentas; desceram às profundezas inexplorável dos séculos com seus deuses e suas leis, suas academias e suas ciências puras e aplicadas, com suas gramáticas, seus dicionários, seus clássicos, seus românticos e seus simbolistas, seus críticos e as resenhas de seus críticos. Sabíamos muito bem que toda a terra visível é feita de cinzas, que a cinza significa alguma coisa. Nós percebíamos, através da es-

pessura da história, os fantasmas de enormes navios carregados de riqueza e de espírito. Não podíamos contá-los. Mas estes naufrágios, afinal de contas, não eram da nossa conta. Elam, Nínive, Babilônia eram belos nomes vagos e a ruína total destes mundos significava para nós tão pouco como sua própria existência. Mas França, Inglaterra, Rússia... seriam também nomes bonitos. Lusitânia é também um nome bonito. E agora vemos que o abismo da história é grande o suficiente para todos. Sentimos que uma civilização tem a mesma fragilidade de uma vida. As circunstâncias que levariam as obras de Keats e as de Baudelaire juntar-se às obras de Menandro não são mais inconcebíveis: estão nos jornais.

Os abismos da história engolem as letras e as artes, os "clássicos [...], seus críticos e as resenhas de seus críticos". Ao fim da história, esperado pelos pacifistas e pelos juristas que tentam associar "o ramo e a espada"[63], responde talvez o fim das histórias, as que alguém conta sobre si mesmo, mas também uma certa maneira de conceber e de escrever narrativas. A crise da narrativa cientificista, a do Iluminismo, revista, corrigida e aprofundada pelo cientismo, é também uma crise do sentido. A Grande Guerra desencadeou distúrbios na linguagem, dúvidas

---

63. Cf., por exemplo, J.-M. GUIEU. *Le Rameau et le Glaive*. Paris: Presses de Sciences-Po, 2008.

contrárias à narrativa, ou mesmo uma insurreição contra a narração.

Não que o pré-guerra estivesse livre destes questionamentos e experimentações. Mas, após a carnificina tão pouco heroica, tão absurda, da Guerra Mundial, observa-se que a dúvida, ou mesmo a desconstrução, assumem outra intensidade, como se contar não fosse mais possível.

Contar a história? Valéry tem uma ideia bem decidida sobre o tema. Depois de observar como o "romance nacional" instigou uma "cultura de guerra" adequada para lançar os povos na grande arena zoológica do massacre universal, ele escreve ainda:

> A história é o produto mais perigoso que a química do intelecto tem desenvolvido. Suas propriedades são bem conhecidas. Provoca sonhos, intoxica as pessoas, sobrecarrega-as com falsas memórias, exagera seus reflexos, mantém suas velhas feridas, a turbulência em seu descanso, leva a delírios de grandeza ou de perseguição, e torna as nações amargas, soberbas, insuportáveis e vaidosas. A história justifica o que se quer[64].

Contar para si histórias? Proclamar que a república é isso, que a França é aquilo? Difícil, ou mesmo impossível:

---

64. Todas as citações em P. VALÉRY. *Regard sur le monde actuel*, reed. Paris: Gallimard, "Bibliothèque de la Pléiade", tomo II, 1960, p. 935.

após os ossuários, as inaugurações de monumentos aos mortos parecem insuportáveis a muitos dos antigos combatentes. A corrosão da narrativa republicana e do romance nacional é patente. Como ainda crer neles?

Tomemos como pedra-de-toque deste questionamento um autor de sucesso, Gabriel Chevallier, que conquistou a celebridade com um romance de guerra e de testemunho, *La Peur*, publicado em 1930, saudado pela crítica e pelos antigos combatentes por sua autenticidade e franqueza. Chevallier é mais conhecido ainda por seu segundo sucesso, que chegou a eclipsar o primeiro, o *Clochemerle* (1934), que se tornou, muito antes de Astérix, uma espécie de parábola da França, um nome comum, uma matriz de expressões correntes, com as "querelas de Clochemerle" confinando com as disputas picrocholinas de Rabelais. É justamente com Rabelais que Chevallier, por sua verve pitoresca, seu senso das situações e seus retratos hilariantes, é comparado. *Clochemerle*, ao esboçar o retrato da cidadezinha provinciana, do povoado radical-socialista típico, situado aqui no Beaujolais, oferece aos franceses um espelho tão corrosivo quanto engraçado. Eles repetiram o pedido, porque Chevallier se tornou um rentista prudente de sua franquia – em todos os sentidos do termo – publicando numerosas variantes e sequências dele até sua morte.

Para além das pinceladas rabelaisianas e da farsa satírica truculenta, podemos ler *Clochemerle* como uma sátira cáustica da França do pós-guerra, congelada numa insondável mediocridade, encostada nos monumentos desses mortos que ela desconhece, que ela não pode honrar. Porque, afinal, do que se trata? De um prefeito devasso, Barthélémy Piéchu, desejoso, como todo radical-socialista, de fazer carreira e, portanto, antes de tudo, fazer com que falem dele. Este homem – que, no dizer de seus munícipes, "tem a cabeça pesada"[65] – projeta nem mais nem menos do que reavivar a querela das duas Franças, para endossar o papel mais lisonjeador e encarnar "uma época de progresso como a nossa"[66]. O projeto eminente do prefeito municipal consiste em construir um mictório público, ideia descomedida aprovada pelo professor primário, um pedante azedo de nome Tafardel, que vê nisso "uma ideia verdadeiramente republicana. Bem em consonância com o partido, em todo caso. Medida igualitária no mais alto grau e higiênica"[67], visto que, situado perto da Igreja, o mictório republicano irritará o Partido da Reação. Piéchu o matreiro, é Marcel Duchamp na política.

O dia da inauguração foi uma grande festa cívica, na qual se encontram um subprefeito galhofeiro, Bourdillat, um antigo ministro inculto, e Focart, jovem parlamentar ambicioso, todo o mundo detestando-se sob os abraços

---

65. G. CHEVALLIER. *Clochemerle*, 1934, reed. "Le Quadrige d'Apollon", PUF, 1954, ("millième tirage"), p. 8.
66. Ibid., p. 13.
67. Ibid., p. 14.

de fachada. A ladainha de discursos oficiais entrança uma coroa de nada sobre esta pequena sociedade mesquinha: "Bourdillat anunciava, como os outros, um futuro de paz e de prosperidade, em termos vagos, mas grandiosos, que não diferiam sensivelmente dos termos empregados por seus predecessores na tribuna"[68], "prosseguindo com perseverança, reunindo fórmulas testadas durante quarenta anos de reuniões políticas"[69]. Pouco importam suas palavras: Piéchu, como bom negociante de cavalos, faz suas apostas junto a cada uma das autoridades que ele convidou e a peroração é deixada aos clochemerlenses que, à guisa de inauguração, berram: "Uh, mija! Mija, Bourdillat"[70]. Quatro anos de trincheiras para isso?

Num nível e num tom certamente diferentes, *Clochemerle*, o romance de 1934, ecoa estranhamente a narrativa de 1930, *La Peur* – medo animal e atroz da morte violenta, medo de ter feito tudo isso por nada ou, como se dizia ainda na época, pelo rei da Prússia.

O antigo combatente Chevallier descreve a Grande Guerra como uma grande trapaça, que ludibriou milhões de homens, roubando sua juventude, seus sonhos e seus ideais:

> Na opinião deles, a injustiça suprema é que suas vidas sejam descartadas sem consultá-

---

68. Ibid., p. 82.
69. Ibid., p. 84.
70. Ibid., p. 85.

-los, que eles tenham sido trazidos aqui com mentiras. Esta injustiça legalizada torna caducas todas as morais e eles consideram que as convenções feitas pelas pessoas da retaguarda, no que diz respeito à honra, à coragem e à beleza de uma atitude, não podem dizer respeito a eles, pessoas da vanguarda.

Este embuste é questão de narrativa, de fábulas que foram ouvidas na escola, ou de histórias que as pessoas contam:

> Nas ruas apinhadas, os homens e as mulheres, de braços dados, iniciam uma grande farândola ensurdecedora, privada de sentido, porque é a guerra, uma farândola que dura uma parte da noite que se segue a este dia extraordinário em que se colou o cartaz nas paredes das câmaras municipais.
> Começa como uma festa. [...]
> A guerra! Todos se preparam para isso. Todo mundo vai lá [...]. Estávamos longe de pensar na guerra. Para imaginá-la é preciso recorrer à história [...]. Ela nos tranquiliza. Nela encontramos um passado de guerras brilhantes, de vitórias, de palavras históricas, animado por figuras curiosas e famosas[71].

---

71. G. CHEVALLIER. *La Peur*. Paris, 1930, reed. Paris: Le Livre de Poche, 2010, p. 13.

Esta lenta e longa preparação de artilharia escolar, a de uma escola do patriotismo e da vingança que intima "Filho, deves amar a França, porque a natureza a fez bela e a história a fez grande" (Ernest Lavisse), é pontuada pelo bombardeio final, o da lavagem cerebral do discurso oficial:

> Eles dizem aos franceses: "Estamos sendo atacados. É a guerra do Direito e da Desforra. A Berlim!" E os franceses pacifistas [...] interromperam seus devaneios de pequenos rentistas para ir combater. Aconteceu o mesmo com os austríacos, os belgas, os ingleses, os russos, os turcos e em seguida os italianos. Numa semana, vinte milhões de homens civilizados, ocupados em viver, amar, ganhar dinheiro, preparar-se para o futuro, receberam a palavra de ordem de interromper tudo para ir matar outros homens[72].

A lógica do discurso não é unilateral. A narrativa endurece como o cimento endurece, porque o terreno lhe é favorável. É preciso amar o amor para ficar apaixonado, é preciso igualmente amar a aventura e sonhar com um outro eu para alistar-se para a guerra:

> Tínhamos mudado os trajetos cotidianos da vida. Os homens deixavam de ser empregados, funcionários públicos, assalariados, subalter-

---

72. Ibid., p. 15.

nos, para se tornarem exploradores e conquistadores. Pelo menos acreditavam nisso. Sonhavam com o Norte como uma América, um pampa, uma floresta virgem; sonhavam com a Alemanha como um banquete, e províncias devastadas, barris furados, cidades incendiadas, barriga branca das mulheres louras da Germânia, espólios imensos, tudo aquilo de que a vida habitualmente os privava. Cada um confiava no seu destino, não se pensava na própria morte, mas apenas na dos outros[73].

Os homens vão para a guerra, porque Emma Bovary são eles. É preciso ser acometido por um bovarysmo belicoso para sonhar com a guerra e sonhar-se em guerra. A experiência, evidentemente, é completamente diferente. Eis o que responde o combatente em convalescença a jovens mulheres patriotas, desejosas de ouvir a narrativa heroica do recrutamento em massa e da guerra fria e alegre:

Pois bem. Caminhei dia e noite, sem saber para onde ia. Fiz os exercícios, passei por revistas, cavei trincheiras, transportei arame farpado, sacos de terra, fiquei em vigília na ameia. Passei fome sem ter o que comer, passei sede sem ter o que beber, senti sono sem poder dormir, senti frio sem poder me

---

73. Ibid., p. 17.

aquecer, senti piolhos e nem sempre pude me coçar... Foi isso que aconteceu!

– Isso é tudo?

– Sim, é tudo. Ou melhor, não, não é nada. Vou lhes contar o grande passatempo da guerra, o único que conta: TIVE MEDO.

Devo ter dito algo obsceno, desprezível. Elas soltam um leve grito, indignado, e se afastam. Vejo a repulsa em seus rostos. Nos olhares que trocam entre si, adivinho seus pensamentos: "Ora! Um frouxo! É possível que seja um francês!" [...]

Desde que o mundo existe, milhares e milhares de homens se deixaram matar por causa dessa palavra pronunciada por mulheres[74]...

Mas a questão não é agradar estas senhoritas com algumas belas mentiras estridentes, no estilo correspondente de guerra e relato de feitos militares. Trata-se da verdade [...].

– Com efeito, eu sou medroso, senhorita. No entanto, encaixo-me na média.

Você afirma que os outros também estavam com medo?

– Sim.

– É a primeira vez que ouço alguém dizer isso e tenho dificuldade de admiti-lo: quando alguém tem medo, ele foge.

---

74. A mais sedutora das jovens visitantes vem perguntar ao veterano se ele, portanto, "estava com medo".

Um colaborador anônimo, que não foi solicitado, me traz espontaneamente um reforço, nesta forma pedante:
– O homem que foge tem, em relação ao mais glorioso cadáver, a inestimável vantagem de ainda poder correr!
Este reforço é desastroso. Sinto que neste momento nossa situação aqui está comprometida; sinto crescer nestas mulheres uma dessas cóleras coletivas, comparáveis à da multidão em 1914. Intervenho rapidamente:
– Tranquilizem-se, não se foge da guerra. Não se pode...
– Ah! Não se pode... Mas, caso se pudesse?
Elas me olham. Percorro pelos seus olhares.
– Caso se pudesse?... Todo mundo desertaria!
Imediatamente, o Colaborador anônimo exasperado:
– Tosos sem exceção. Os franceses, os alemães, os austríacos, os belgas, os japoneses, os turcos, os africanos... Todos... Caso se pudesse? Vocês falam de uma ofensiva às avessas, de um sacro Charleroi em todas as direções, em todos os países, em todas as línguas... Mais rápido, para frente! Todos, dizem a vocês, todos[75].

Vejamos alguns dos principais interesses do livro, entre a sátira aos generais e os militares em postos da

---

75. Ibid., p. 145-146.

retaguarda (pleonasmo): a descrição da liquefação das entranhas, das almas e dos corpos, o abandono pútrido dos cadáveres e o poder pavoroso do fogo por ocasião de um bombardeio ("A terra é um imóvel em chamas cujas saídas foram bloqueadas. Vamos assar neste fogo"). A experiência atroz da guerra é um desencanto radical: "o balanço da guerra: cinquenta grandes homens nos manuais de história, milhões de mortes que não serão mais mencionadas e mil milionários que farão a lei" – esta é a amarga experiência do grande mutilado Tony Byard, ao retornar a Clochemerle. Este glorioso *poilu* [soldado francês da Primeira Guerra Mundial], "que tendo partido com quatro membros [...] retornava só com dois", consideração muito egoísta que o torna indiferente à maneira como o tabelião Girodot, seu antigo empregador, o celebra: ele "lhe falou de sua magnífica coragem, nomeou-o 'herói', assegurou-lhe o reconhecimento de toda a nação e a glória que permaneceria ligada às suas feridas"[76], feridas que o dito tabelião não pode abster-se de considerar que custam caro em termos de pensão por invalidez de guerra. Como homem de cálculo(s), Girodot, "mais lúcido por estar intacto"[77], pensa consigo mesmo que "se nos pusermos a licenciar cem por cento homens que perderam apenas dois membros, está aberta a porta para todos

---

76. *Clochemerle*, op. cit., p. 64.
77. Ibid., p. 65.

os absurdos. Ele via nisso um atentado, que o ofendia, à lógica matemática mais formal"[78].

Se "nós, civilizações, sabemos agora que somos mortais", vale o mesmo também, no rescaldo da Grande Guerra, para o que denominamos "literatura", no sentido vulgar de fábulas mais ou menos agradáveis (este resto, que é apenas literatura), ou mesmo no sentido mais técnico e preciso possível – esta literatura cuja ciência acabamos de criar com Gustave Lanson, esta história literária que talvez até lhe marque o fim[79]. A história literária, triunfante na Sorbonne, um vasto e amplo necrológio? Após a guerra, a literatura, com suas dúvidas, seus questionamentos e suas dificuldades, surge como o lugar por excelência deste saber – o da finitude e da mortalidade das civilizações.

Com efeito, após a Grande Guerra, nome que lhe calha bem, o simples fato de "escrever romances" ou de "contar histórias", seja com a compunção burguesa e antiquada de Henri Bordeaux ou com a coerência sistemática e crítica de um Zola, parece incongruente, senão obsceno, aos olhos de muitos. Poetizar sobre os ossuários? Entreter a ilusão ou a ficção do sentido quando a morte em massa, a decomposição dos cadáveres e a proliferação de ratos sob os bombardeios mostraram muito bem que tudo isso, precisamente, não tinha sentido nenhum?

---

78. Ibid., p. 65.
79. Cf. A. COMPAGNON. *La Troisième République des lettres*. Paris: Seuil, 1983.

É evidente, à luz desta experiência, que é preciso ler as diferentes versões do Manifesto Dadaísta (o simples fato de haver diversas versões é uma maneira de ridicularizar o próprio gênero do manifesto). Para além da farsa e da zombaria, ou melhor, pela própria farsa e zombaria, as diferentes expressões de dadaísmo propõem teses absolutamente sérias sobre a literatura, sobre a narrativa ou mesmo sobre a língua. O manifesto de 1916 é um pastiche de sensacionalismo jornalístico, num tempo em que as notícias falsas (*canards enchaînés*) se tornaram vetores da lavagem cerebral:

> Dadá é uma nova tendência da arte. Percebe-se que o é, porque, sendo até agora desconhecido, amanhã toda a Zurique vai falar dele. Dadá vem do dicionário. É bestialmente simples. Em francês "dada" quer dizer "cavalo de pau". Em alemão: "vai te catar, adeus, até a próxima". Em romeno: "isso mesmo, você tem razão, é isso, de acordo, realmente, já tramamos disso" etc. É uma palavra internacional.

O único tipo de discurso que continua audível é talvez aquele da publicidade, da propagada, discurso tão eminentemente contemporâneo:

> Como conquistar a eterna bem-aventurança? Dizendo Dadá. Como se tornar famoso? Dizendo Dadá. Com um gesto nobre e maneiras refinadas. Até à loucura. Até perder a

consciência. Como acabar com tudo o que é politicalha e enguia, tudo o que é simpático e linfático, tacanho, carcomido de moral, europeizado, enervado? Dizendo Dadá.

Contra vinte ou trinta séculos de cultura e de literatura, que levaram de Homero a Barrès, da guerra de Troia às trincheiras, é preciso retornar à linguagem infantil, a dos *infans*, que só sabem repetir duas sílabas, dadá: "Não quero nenhuma palavra inventada por outrem. Todas as palavras foram inventadas pelos outros [...]. Eu queria abandonar a própria linguagem, esta linguagem sagrada, toda suja, como as moedas usadas pelos comerciantes", comerciantes de novidades, comerciantes de canhões. Dois anos mais tarde, em 1918, a tese é expressa com precisão:

> Proclamo a oposição de todas as faculdades cósmicas a esta blenorragia de um sol pútrido emergindo das fábricas do pensamento filosófico, a luta feroz, com todos os meios da *repugnância dadaísta*. Todo produto da repugnância suscetível de tornar-se uma negação da família, é dadá; protesto em punhos com todo o seu ser numa ação destrutiva: DADÁ; conhecimento de todos os meios rejeitados até hoje pelo sexo pudico do compromisso cômodo e da polidez: DADÁ; abolição da lógica, dança dos impotentes da criação: *dadá*.

A mil léguas do dadaísmo, André Gide participa dos questionamentos do tempo e publica em 1925 um romance muito desconcertante, *Les Faux-Monnayeurs*, que, algumas décadas mais tarde, será considerado um prelúdio do Novo Romance. Um romance reflexivo, não linear, sem verdadeira história, de modo que as pessoas se perguntam se os moedeiros falsos são realmente os estudantes do liceu de que fala Gide, ou esses literatos que – mantendo a ilusão do sentido, da estrutura e da direção, ou mesmo empunhando as trombetas de canto de vitória, como Maurice Barrès, esse "rouxinol das carnificinas" (Romain Rolland) processado pelos surrealistas em 1923 – ritmaram os massacres de sua prosa inepta. André Gide expõe a questão da literatura após Verdun, da narrativa após a batalha de Somme, reiterando a questão da criação literária. Um dos heróis singulares dessa narrativa curiosa é um escritor em busca de romance, Édouard, que definiu assim seu empreendimento:

> Meu romance não tem um tema [...]. Eu gostaria de fazer entrar tudo neste romance. Nada de golpe de cinzel para reter aqui, e não lá, a substância [...]. O que quero é apresentar por um lado a realidade, por outro lado o esforço para estilizá-la [...]. A fim de obter este efeito, acompanhem meu raciocínio: eu invento um personagem de romancista, que situo como figura central; e o tema do livro, se quiserem, é precisamente a luta entre o que a realidade lhe oferece e o que ele pretende fazer dela [...].

Vocês deveriam compreender que um plano, para um livro deste gênero, é essencialmente inadmissível. Tudo ali seria falsificado se eu decidisse algo de antemão [...]. Para falar a verdade, no tocante ao próprio livro, ainda não escrevi uma linha. Mas já trabalhei muito nele. Penso nele e trabalho nele cada dia sem cessar. Trabalho nele de uma maneira bastante curiosa [...]: numa agenda anoto dia a dia o estado deste romance em minha mente; sim, é uma espécie de diário que faço, como se faria o diário de uma criança [...]. Se quiserem saber, esse diário contém a crítica contínua do meu romance; ou melhor: do romance em geral. Pensem no interesse que teria para nós um diário semelhante escrito por Dickens ou Balzac; se tivéssemos o diário de *L'Éducation sentimentale* ou de *Os Irmãos Karamazov*! A história da obra, de sua gestação! Mas isso seria apaixonante... mais interessante do que a própria obra.

Palavras surpreendentes: a história do processo criativo mais interessante do que a própria criação? De maneira ao mesmo tempo irônica e consequente, André Gide mantém, e publica, o *Journal des Faux-Monnayeurs*. O diálogo entre Édouard e seus amigos, curiosos por conhecer o futuro romance, termina assim: "– Mas agora, por sua vez, diga-nos: esses moedeiros falsos... quem são eles? – Ah, não sei nada disso, diz Édouard".

A estas reflexões objetar-se-á a persistência da literatura (com a qual as pessoas se deleitam), inclusive no período entre as duas guerras. Afinal de contas, o dadaísmo e os surrealistas são um fenômeno radical-chique muito minoritário; e Gide, todo impregnado de HSP (alta sociedade protestante), abre um caminho na fauna esnobe da NRF (*Nouvelle Revue Française*). Os grandes sucessos do tempo, além dos romances sem valor nenhum e dos folhetins das revistas populares, são afinal estas enciclopédias imponentes que se encontram nas prateleiras atulhadas das velhas residências familiares, os verdadeiros *best-sellers* da época: os romances-rio (por sua extensão!), chamados também romances cíclicos e que eu, de minha parte, denominaria de bom grado romance-família.

Porque é justamente disto que se trata, seja em Jules Romains, Roger Martin du Gard ou Georges Duhamel. Cada um destes autores prolíficos nos conta, em seu ciclo, o destino de uma família, seja nos dez tomos de *La Chronique des Pasquier*, publicados entre 1933 e 1941 por Duhamel, nos oito volumes dos *Thibault*, de Roger Martin du Gard (1922-1940) ou nos vinte e sete tomos dos *Hommes de bonne volonté* publicados por Jules Romains entre 1932 e 1946, nos quais se trata desta família extensa que é a sociedade francesa.

Para retomar a palavra de Balzac, cada uma destas enciclopédias romanescas ambiciona "fazer concorrência ao Estado civil", mas é preciso compreendê-la aqui no sentido literal: este acúmulo profuso de nomes e de identidades sociais ergue um monumento literário diante dos monumentos aos mortos com que a França se cobre depois de 1918. Diante da hecatombe, que suscita o luto, depois a angústia demográfica da oligantropia francesa, ou mesmo a extinção da raça ("O francês se torna raro", observa outro escritor, Jean Giraudoux, em *Pleins Pouvoirs*, em 1939), a literatura reafirma a vida, a presença e a existência de uma sociedade. Os grandes romances cíclicos, cuja idade de ouro é o período entre as duas guerras, erguem um monumento sepulcral, de palavras e papel, ao corpo mártir das gerações sacrificadas, às cidades e aos campos esvaziados pelo massacre, às famílias devastadas pela guerra industrial.

O período entre as duas guerras, que na França, e singularmente na década de 1930, pôde ser qualificado como idade de ouro do romance (o que não é pouca coisa quando recordamos o florescimento deste gênero literário no século XIX), está, portanto, marcado por uma tentativa de reencontrar a narrativa apesar de tudo – e o romance é o lugar desta tentativa de dar sentido e coerência.

Mas de que romance falamos? Se nos interessamos, após as grandes enciclopédias populares, pela literatura de ponta – basta folhear as jovens glórias do tempo como André Malraux, Louis-Ferdinand Céline ou Saint-Exupéry, ou mesmo Albert Camus – que desabrocha também nos gêneros do teatro, da narrativa e do ensaio, ficamos impressionados pela onipresença, entusiasta e dolorosa, da questão do sentido. Que fique claro o que queremos dizer: desde que existe literatura, desde que existe narrativa, ou mesmo, talvez, desde que existe escrita ou simbolismo (não são os pré-historiadores que nos desmentirão), existe interrogação e afirmação sobre o sentido. As maravilhas literárias do século XIX que são os romances de Stendhal, de Flaubert ou de Zola, tocam-nos ou nos transtornam porque ali se trata de questionamento essencial – a palavra é aviltada, mas conserva neste caso toda a sua pertinência: Emma Bovary, somos de fato nós. Entre os autores que mais marcaram a década de 1930, no entanto, este questionamento já não é mais tácito: é plenamente explícito, até ao esfolamento.

Num romance cujo essencial da redação é concluído em 1943, *Les Noyers de l'Altenburg*, André Malraux põe em cena um universitário, especialista da filosofia da ação, única suscetível, à primeira vista, de "negar nosso nada"[80]. Eis o que condensa e resume uma sensibilidade própria da década de 1930, entre recessão mundial (iniciada em 1929) e guerra espanhola (terminada em 1939), endurecida ainda pela experiência imediata desta guerra que se inicia, na França, em 1940:

---

80. A. MALRAUX. *Les Noyers de l'Altenburg*. Paris: Gallimard, "Folio", 1997, p. 87.

> Nós só somos homens pelo pensamento, só pensamos o que a história nos deixa pensar, e sem dúvida ela não tem sentido. Se o mundo tem um sentido, a morte deve encontrar nele seu lugar, como no mundo cristão [...]. Chamemo-lo história ou outra coisa, precisamos de um mundo inteligível. Quer saibamos ou não, só ele sacia nossa paixão de sobrevivência. Se as estruturas sociais desaparecem sem volta como o Plesiossauro, se as civilizações só conseguem suceder-se para lançar o homem no barril sem fundo do nada, se a aventura humana só se mantém à custa de uma implacável metamorfose, pouco importa que os homens transmitam uns aos outros por alguns séculos seus conceitos e suas técnicas: porque o homem é um acaso e, quanto ao essencial, o mundo é feito de esquecimento[81].

A inspiração pascaliana é patente. O jansenista genial parece entregar a uma época já "existencialista" sua gramática e suas palavras, como a palavra "condição", e suas imagens, a imagem da vida como um calabouço onde apodrecemos esperando nossa própria execução:

> Imaginemos um grupo de homens na prisão, e todos condenados à morte, alguns dos quais sendo degolados todos os dias na presença

---
81. Ibid., p. 125.

dos outros; os que restam veem sua própria condição na condição de seus semelhantes e, olhando uns para os outros com dor e sem esperança, esperam sua vez. É a imagem da condição dos homens[82].

Este tema da condenação à morte, num mundo sem deus, habita a obra de uma romancista e filósofa que conta assim a perda de sua fé, ou sua descoberta da inexistência de Deus, em algum momento em meados dos anos 1920. Simone de Beauvoir escreve:

> Sinto na angústia o vazio do céu [...]. Que silêncio! A terra rodava num espaço que nenhum olhar penetrava; e, perdida sobre sua superfície imensa, no meio do éter cego, eu estava sozinha. Sozinha: pela primeira vez compreendi o sentido terrível desta palavra. Sozinha: sem testemunha, sem interlocutor, sem recursos [...]. Fiz uma outra descoberta. Certa tarde, em Paris, dei-me conta de que eu estava condenada à morte [...]. Mais do que a própria morte, eu temia este pavor que em breve seria minha sorte, e para sempre[83].

O universo romanesco destes autores que foram rapidamente reconhecidos como importantes, e que nós

---

82. B. PASCAL. *Pensées*, op. cit., p. 199.
83. S. de BEAUVOIR. *Mémoires d'une jeune fille rangée*. Paris: Gallimard, 1958, "Folio", 2008, p. 191-192.

ainda lemos, se desdobra sobre o plano de fundo deste abandono: "Um céu é sempre um céu, seja coberto ou vazio, ou percorrido por nuvens; mas ele não tem de comum nos três casos senão o fato de que ele não existe"[84] – escreve Malraux.

Neste contexto, "é a história que está encarregada de dar um sentido à aventura humana – como os deuses. De ligar o homem ao infinito"[85]. E a história é a ação do homem consciente e obstinado, desejoso de marcar seu tempo e de rejeitar assim o limite do esquecimento: respondendo ao "apelo da história", trata-se de "deixar na terra uma cicatriz"[86]. As revoluções, as guerras e os confrontos internacionais dos anos 1930, da China (*La Condition humaine*) à Espanha (*L'Espoir*), oferecem muitas ocasiões, e mais do que motivo, para isso. As Brigadas internacionais oferecem ao mundo, aos voluntários proletários do mundo inteiro, a ocasião de sublimar sua existência e redimir este tempo tão breve que constitui nossa vida. O apelo e o sopro da história estão presentes, redigidos como se fossem destinados a serem filmados "com uma câmera lenta de cinema"[87]. Malraux participa plenamente da arte de seu tempo e de suas mutações:

---

84. A. MALRAUX. *Les Noyers de l'Altenburg*, op. cit., p. 124.
85. Ibid., p. 124.
86. Ibid., p. 58.
87. A. MALRAUX. L'Espoir. Paris: Gallimard, 1937, "Folio", 1972, p. 157.

> Magnin assomou à janela: ainda em trajes civis, mas calçando botas militares, com seus rostos teimosos de comunistas ou com seus cabelos de intelectuais, velhos poloneses de bigodes nietzscheanos e jovens com caras de filme soviético, alemães de cabeça raspada, argelinos, italianos que tinham o ar de espanhóis perdidos entre os internacionais, ingleses mais pitorescos do que todos os outros, franceses parecidos com Maurice Thorez ou Maurice Chevalier, todos enrijecidos, não com a aplicação dos adolescentes de Madri, mas pela lembrança do exército ou a lembrança da guerra que haviam travado uns contra os outros, os homens das brigadas martelavam a rua estreita, sonora como um corredor. Estavam aproximando-se das casernas e começaram a cantar: e, pela primeira vez no mundo, os homens de todas as nações misturadas em formação de combate cantavam a "Internacional"[88].

Mais tarde, por ocasião do assalto dos mouros de Franco contra Madri:

> Por toda parte, ao seu redor, de pé, deitados ou mortos, mirando, atirando, mirando-atirando, estão seus camaradas de Ivry e os operários de Grenelle, os de La Courneuve e

---

88. Ibid., p. 325.

os de Billancourt, os emigrados poloneses, os flamengos, os exilados alemães, combatentes da comuna de Budapest, os estivadores de Antuérpia – o sangue delegado por metade do proletariado da Europa[89].

A humanidade conjura seu abandono e sua finitude pela solidariedade internacionalista e, definitivamente, pela causa da humanidade que estes homens abraçam, entoando em coro o canto da Internacional operária. Os fascistas negam e combatem o homem enquanto universalidade. As brigadas são exatamente o oposto: "Nós, quando queremos fazer algo pela humanidade, o fazemos também por nossa família. É a mesma coisa. Enquanto eles, eles escolhem, você me segue? Eles escolhem"[90].

Nas brigadas internacionais, diante dos fascistas, não se disfarça, não se brinca. Talvez seja isso que tanto atrai e seduz no que começamos a denominar alistamento – uma noção militar no início, tornada política, antes de degenerar, hoje, em mosto de bate-papo administrativo: "a arma mais eficaz de um homem é de ter reduzido ao mínimo sua cota de comédia"[91].

Viver entusiasticamente, na guerra de convicção, na guerra de voluntários – a Espanha oferece esta ocasião

---

89. Ibid., p. 391.
90. Ibid., p. 115.
91. A. MALRAUX. *Les Noyers de l'Altenburg*, op. cit., p. 44.

pela primeira vez desde 1821 e o alistamento filo-helenista de voluntários europeus[92] –, viver numa narrativa exaltante que é também ação, enquanto a ausência de plano de fundo transcendente, de sustentação celeste, leva os contemporâneos a arremedar uma rotina e um cotidiano, a desempenhar uma comédia medíocre, a do emprego, do emprego do tempo e do artefato social... Intuição poderosa, da qual, em 1943, Jean-Paul Sartre oferece uma impressionante descrição em *O ser e o nada*, após ter diagnosticado, em toda a sua intensidade, o mal-estar contemporâneo num romance que devia intitular-se *Melancholia* e que, finalmente, deriva seu título da reação física irreprimível provocada pela tomada de consciência de nossa condição humana – *La Nausée* (1938).

A cena principal do livro, famosa entre todas, é a do confronto entre Roquentin, jovem historiador que efetua pesquisas para redigir uma dissertação, e uma raiz de castanheira, que não exige tanto e que, na realidade – e é exatamente este o problema –, se contenta em existir, ou seja, surgir da terra e estar aí, sem razão nem necessidade alguma:

> Esta raiz, pelo contrário, existia na medida em que eu não podia explicá-la [...]. O essencial é a contingência. O que quero dizer é que, por definição, a existência não é uma necessidade.

---
92. H. MAZUREL. *Vertiges de la guerre*. Paris: Les Belles Lettres, 2013.

Existir é simplesmente estar presente; os existentes aparecem, deixam-se encontrar, mas nunca podemos deduzi-los. [...] A contingência não é um fingimento, uma aparência que se pode dissipar; é o absoluto e, por conseguinte, a gratuidade perfeita[93].

Ser lançado na existência, sem proveniência nem destino, ser radicalmente indeterminado, ser perfeitamente livre, ou seja, indefinido, sendo ao mesmo tempo finito e estando perdido no infinito... Isto representa muito para uma psique humana, que deve, no entanto, virar-se com tudo isso. Um recurso possível é arremedar a determinação, negar sua liberdade desempenhando um papel.

Depois do romance de 1938, Sartre, professor adjunto de filosofia, antigo pensionista do Instituto Francês de Berlim, que na Alemanha descobriu Heidegger, dedica a esta questão *O ser e o nada*, que devia ser o grande tratado filosófico de seu autor e que aparece como um curso luminoso, a primeira introdução em língua francesa às intuições, conceitos e ensinamentos do autor alemão de *Ser e Tempo*.

Para dar corpo à sua demonstração, Sartre, rompido com a fenomenologia alemã e ao mesmo tempo familiar impenitente dos terraços de bistrô, propõe em algumas páginas, que rapidamente se tornaram célebres, uma lei-

---

93. J.-P. SARTRE. *La Nausée*, 1938, reed. Paris: Gallimard, "Folio", p. 185.

tura do comportamento dos garçons, uma analítica do mau comportamento desses homens que encenam sua suposta alienação ao lado mecânico de sua profissão: "Vejamos esse garçom de café. Tem gestos vivos e marcados, um tanto precisos demais, um pouco rápidos demais, ele se dirige aos consumidores com um passo um pouco apressado demais, ele se inclina com presteza um pouco excessiva"[94]... Ao observá-lo, temos o sentimento de assistir a um show, a um espetáculo. A atração principal do show, a passagem mais notável da representação, é a virtuosidade gestual do garçom, que maneja a bandeja com uma desteridade de saltimbanco, "com uma espécie de temeridade de funâmbulo" (profissão do espetáculo, diga-se de passagem).

Alguém que seja plena e indubitavelmente garçom de café sentiria a necessidade de mostrar tanto zelo e solicitude? Mais do que o trabalho do garçom de café, assistimos ao espetáculo teatral, à representação de um garçom de café durante o trabalho, à representação de alguém que brinca de ser, que *desempenha* um *papel* que a cultura comum fixou: "Toda a sua conduta nos parece um jogo [...]. Ele brinca, diverte-se. Mas ele brinca de quê? Não é preciso observá-lo por muito tempo para dar-se conta: ele brinca de ser garçom de café".

---

94. J.-P. SARTRE. *L'Être et le Néant*. Paris: Gallimard, 1943, reed. "Tel", p. 95-96.

Eis, portanto, um ser livre que se dobra às obrigações de um rigor mecânico para desempenhar um papel, um ser em representação. Livre, radicalmente livre, ele se sujeita a uma rigidez, a uma sistematicidade mecânica, a do "*autômato*": "Ele se aplica a concatenar seus movimentos como se fossem mecanismos que se comandam uns aos outros, sua mímica e sua própria voz parecem mecanismos". Esta mecanicidade transmuta a pessoa em coisa, o sujeito em objeto ("ele assume a presteza e rapidez inexorável das coisas").

É que a liberdade é fonte de angústia, porque nos coloca diante da infinidade dos possíveis (o que escolher para mim? o que quero ser?) e porque ela incita logicamente minha responsabilidade: se sou livre e dotado de vontade, eu respondo por minha escolha, sou responsável por minha decisão: nenhum destino, nenhum deus me impelem a ser isto ou aquilo; sou totalmente livre (abstraindo, no entanto, de alguns pequenos determinismos sociais).

Se uma pessoa não é *essencialmente* garçom de café, visto que cabe à sua liberdade não o ser, se ela não o é *por essência*, ela pode sê-lo *por existência*, por escolha e por projeto. Seguir uma partitura, um texto, recitar um roteiro e desempenhar um papel permitem mascarar minha indefinição, minha liberdade e minha responsabilidade. Alívio do sujeito, que se faz objeto, que deixa o reino dos fins pelo dos meios, o da liberdade pela determinação: "Tento realizar o ser-em-si do garçom de café [...] como se não fosse de minha livre-escolha levantar toda manhã às cinco ou continuar deitado, com o risco de ser despedido do emprego".

Transformando-se em coisa, o sujeito tornado objeto invoca com uma boa-fé mais ou menos fingida a necessidade que governa e determina a coisa, e nega sua liberdade. Para ilustrar esta transformação em coisa, Sartre evoca a figura do soldado, tão familiar numa nação de guerra e de recrutamento como é a França de sua época, e cuja condição Sartre, mobilizado em 1939, experimentou: "O soldado em posição de sentido torna-se uma coisa-soldado com um olhar direto, mas que não vê".

O sujeito que experimenta a angústia da liberdade se tranquiliza ao abraçar uma narrativa, a de uma função social (garçom de café, soldado...) que, como toda função, é uma ficção, uma invenção, uma criação. Mas esta ficção, por sua importância existencial, não se faz passar por tal, e se recusa a ser identificada dessa maneira. Invocar esta ficção, pleiteando sua infrangível realidade, é constitutivo deste modo de estar-no-mundo que Sartre denomina má-fé, essa disposição de espírito que consiste em invocar a necessidade para fugir de sua liberdade: "Aquele que diz 'eu não sou agradável' contrai um livre-engajamento com a cólera"[95], invocando uma necessidade da natureza, um incoercível determinismo, ao passo que na realidade ela

---

95. Id.

impõe uma liberdade, a liberdade de ser desagradável e de enfurecer-se quando lhe parecer bem.

A má-fé, prossegue Sartre – que, não esqueçamos, publica sua obra em 1943 –, arma dois tipos de indivíduos, os covardes e os canalhas: "Uns, que se esconderão sob o espírito de seriedade ou por desculpas deterministas, eu os denominarei covardes; os outros, que procurarão mostrar que sua existência era necessária, ao passo que ela é a própria contingência do aparecimento do homem sobre a terra, os denominarei canalhas"[96]. Os colaboradores e os nazistas são sem dúvida excelentes candidatos a esta tipologia.

Sartre simpatiza com as profissões de representação, as que estão em contato com o público, como os garçons e os comerciantes: "Sua condição é totalmente de cortesia, o público exige que deles a realizem como uma cortesia. Existe a dança do merceeiro, do alfaiate, do leiloeiro, pela qual todos se empenham em persuadir sua clientela de que eles são senão um merceeiro, um leiloeiro, um alfaiate". Observamos aqui, mais uma vez, o sotaque pascaliano, até na afetação estilística. Pobres comerciantes: "Um merceeiro que sonha é ofensivo para o comprador, porque já não é inteiramente um merceeiro". Um açougueiro melancólico, sonhador e poeta seria uma incongruência, quase uma obscenidade.

---

96. *L'existentialisme est un humanisme*. Nesta passagem da conferência de 1946, Sartre pensa evidentemente nos nazistas.

Alguns anos mais tarde, em 1946, em *L'existentialisme est un humanisme*, Sartre reafirma com uma limpidez de grande pedagogo estas reflexões de *O ser e o nada*:

> Podemos assim afirmar que, no caso do corta-papel, a essência – ou seja, o conjunto das técnicas e das qualidades que permitem a sua produção e definição – precede a existência; e desse modo, também, a presença de tal corta-papel ou de tal livro na minha frente é determinada. Eis aqui uma visão técnica do mundo em função da qual podemos afirmar que a produção precede a existência. [...] O existencialismo ateu que eu represento [...] afirma que, se Deus não existe, há pelo menos um ser no qual a existência precede a essência, um ser que existe antes de poder ser definido por qualquer conceito: este ser é o homem ou, como diz Heidegger, a realidade-humana. O que significa, aqui, dizer que a existência precede a essência? Significa que, em primeira instância, o homem existe, encontra a si mesmo, surge no mundo e só posteriormente se define. O homem, tal como o existencialista o concebe, só não é passível de uma definição porque, de início, não é nada: só posteriormente será alguma coisa e será aquilo que ele fizer de si mesmo. Assim, não existe natureza humana, já que não existe um Deus para concebê-la. O homem é tão somente, não apenas como ele

se concebe, mas também como ele se quer; como ele se concebe após a existência, como ele se quer após esse impulso para existência. O homem nada mais é do que aquilo que ele faz de si mesmo.

Não existe um deus para nos atribuir uma essência: não existe Deus e, portanto, não existe providência que nos designaria um lugar destinado a uma função à qual estaríamos predestinados desde toda a eternidade.

Sartre, que aqui se limita a retomar o que Martin Heidegger expôs em *Ser e tempo*, mostra que nós estamos jogados num mundo sem ser destinados por natureza, ou seja, por nascimento, a um lugar, a uma função. Nosso nascimento é uma pura contingência, um puro aparecimento, e nada tem de necessário nem de determinado.

Estamos simplesmente presentes, destinados a nada, sem proveniência nem destinação, sem origem nem destino: somos totalmente livres. Não podemos tranquilizar-nos dizendo "eu sou destinado a isso", porque não há destino, porque não há predestinação, porque não há um deus que chamaria a (vocação), que destinaria a. O que está presente é, em primeiro lugar, o puro e simples fato da existência. Em seguida, inventamos para nós uma essência: nós nos fazemos (o homem é filho de suas obras) e em seguida, *a posteriori*, lemos esta sucessão de fatos da vida como um destino (é cômodo, tranquiliza e é lisonjeiro).

É que temos necessidade de ser tranquilizados: é cômodo pensar-nos em termos de destino ou destinação, porque podemos encontrar refúgio ou apoio nesta ideia. A ideia de nossa liberdade e, portanto, de nossa responsabilidade, é, pelo contrário, angustiante. Para fugir desta angústia, refugiamo-nos na facticidade, na inautenticidade do papel, no desempenho de um papel.

Em suma, a pessoa contemporânea não é ninguém (ela não é nada dado *a priori*) e, não podendo resignar-se a não ser ninguém, a pessoa se transforma em personagem, para ser alguma coisa, precisamente, uma coisa que tenha a firmeza, a estabilidade, a permanência do objeto – é por isso que nos fechamos num papel: se não desempenhamos um ser, nos confrontamos com a sensação vertiginosa deste nada que é nossa indefinição *a priori* – porque não existe um deus fiador de uma ordem objetiva na qual encontraríamos nosso lugar por ocasião do nosso nascimento.

Este tema da inautenticidade, categoria bem definida por Heidegger, do desempenho de um papel, do gaguejo de um texto, do desempenho de ator no qual nos refugiamos, é expressivo na literatura e na reflexão filosófica da época.

Quatro anos depois de *La Nausée* e um ano antes de *Ser e tempo*, Albert Camus publica *Le Mythe de Sisyphe* (1942), sua reflexão mais completa sobre o tema do absurdo. Esta reflexão abarca o tríptico *L'Étranger* (1942),

Caligula (1948) e *Le Mythe de Sisyphe* (1942), ou seja, um romance, uma peça de teatro e um tratado filosófico, que Camus denomina "os três Absurdos", palavra que marcou os contemporâneos e a posteridade a ponto de tornar-se quase homônima do autor.

Camus descreve a experiência do absurdo como uma tomada de consciência radical que provoca o movimento. Ela marca a saída de uma existência mecânica, a das economias contemporâneas e da vida urbana. Para o homem das sociedades contemporâneas, o que denominamos viver consiste em "fazer os gestos que a existência determina", o mais das vezes por "hábito". O que denominamos vida, no sentido usual do termo, é pura mecanicidade, sem consciência. A experiência do absurdo marca o acesso um nível de consciência que estava excluído na simples concatenação mecânica dos gestos, dos trabalhos e dos dias: produz-se o que Camus denomina um "divórcio entre o homem e sua vida, entre o ator e seu cenário". E, quando "a cadeia dos gestos cotidianos é rompida", "ocorre que os cenários se desmoronam": "Um dia apenas o 'porquê' desponta e tudo começa com este cansaço tingido de espanto". Trata-se, fundamental e primariamente, de "uma revolta da carne" diante desse tempo que foge e nos mata, parecendo fulminar tudo com vaidade – os trabalhos e os dias, as letras e as artes, as civilizações e os decálogos, tudo o que foi inventado para manter de pé os indivíduos e unidas as sociedades:

Sob a iluminação mortal desse destino, aparece a inutilidade. Nenhuma moral, nenhum esforço são *a priori* justificáveis ante as sangrentas matemáticas que organizam a nossa condição[97].

O choque da tomada de consciência, que também ele denomina "náusea", "como um autor dos nossos dias", inaugura um cansaço que "está no final dos atos de uma vida mecânica, mas inaugura ao mesmo tempo o movimento da consciência".

Encontra-se, "no extremo despertar", uma alternativa: "suicídio ou restabelecimento". A experiência do absurdo é, portanto, a melancolia ou aquilo que, alguns anos mais tarde, a nosografia denominará episódio depressivo e que poderíamos definir como o momento em que não se crê mais, em que não se pode mais crer, na narrativa. Em *Soleil noir. Dépression et mélancolie*, Julia Kristeva insiste no fato de que o depressivo rompe com a comunidade de linguagem, porque pensa ter feito a experiência da vaidade das coisas e das palavras que expressam as coisas; daí seu desespero, sua dor, e o fato de que sua própria existência se torna intolerável aos que creem, que funcionam e que não fizeram a experiência desta passagem para além do sentido.

Resta que, em Camus, os "três Absurdos" mostram muito bem o que é o sentido, a narrativa e a linguagem,

---

97. A. CAMUS. *Le Mythe de Sysiphe*. Paris: Gallimard, 1942, reed. "Folio", p. 32.

portanto a vida que triunfa. Na alternativa entre suicídio e restabelecimento, o restabelecimento marca não o retorno à vida (a tomada de consciência do absurdo é irremediável), mas a decisão de viver, e de viver apesar de tudo, criando sentido, particularmente pelo amor. Nesta nova vida, é preciso imaginar Sísifo feliz.

III
História e esperança

A escatologia marxista

Pode parecer estranho, ou mesmo incongruente, falar de escatologia em conexão com o marxismo: Marx e Engels denunciaram as religiões cristãs e sua taciturna exaltação de uma salvação *post-mortem* como um ópio do povo, adequado para impedir toda veleidade de revolta diante das injustiças do presente. Com sua ladainha de orações, o sacerdote faz dormir, para o maior benefício da ordem social. A aliança entre o trono e a forja soma-se à aliança que existe há muito tempo entre o trono e o altar.

Muito antes de Raymond Aron denunciar ironicamente "o ópio dos intelectuais", foi um perito em matéria de fé, o Papa Pio XI, que, em sua encíclica *Divini Redemptoris* de 19 de março de 1937, fustigou o caráter (falsamente) religioso do comunismo:

> O comunismo hodierno, de maneira mais acentuada que outros movimentos semelhantes do passado, oculta em si uma ideia de

falsa redenção. Determinado pseudoideal de justiça, de igualdade e de fraternidade no trabalho, penetra-lhe toda a doutrina e operosidade dum certo misticismo falso que, às multidões, lisonjeadas por enganosas promessas, comunica ardor e entusiasmo contagioso, especialmente em tempos como o nosso, em que da distribuição defeituosa das coisas deste mundo resulta insólita miséria. Vangloria-se ainda este pseudoideal de ter sido como que o promotor de certo progresso econômico, o qual, quando de fato existe, tem a sua explicação em outras causas, como sejam a intensificação da produção industrial em países que dela eram quase falhos, valendo-se também das enormes riquezas naturais que possuem; e o uso de métodos brutais para executar trabalhos ingentes com pouca despesa.

Constatação verdadeira (a intolerável desigualdade, a miséria), mas falsas mensagens, falsos profetas e até falsos milagres! Diante das proezas do plano quinquenal, o papa modera as leituras entusiastas apontando o efeito de recuperação, a imensidade dos recursos e a redução da escravidão dos *zek* daquilo que será chamado Arquipélago Gulag (Soljenitsin).

Paul Veyne, historiador especialista (entre outros) da cristianização do mundo greco-romano, e antigo militante comunista, chama nossa atenção para a filiação existente entre organizações como a Igreja Católica, pouco afeita à tolerância e à divergência, e o Komintern (1919) ou os diferentes partidos comunistas:

> Pensa-se frequentemente, em nossa época, que uma doutrina, seja qual for, que é uma regra de vida, procura impor-se a todos e mal tolera o que é diferente dela, pelo simples fato de ela se considerar a única verdadeira, e tende-se a desculpá-la. Isto é historicamente inexato: intolerância, proselitismo e governo das mentes são uma invenção do judeu-cristianismo. Para os pagãos, os deuses de todos os povos eram verdadeiros[98].

Um estoico, por mais convencido que estivesse da exatidão de sua análise do homem e do mundo, jamais teria tido a ideia de converter quem quer que seja à sua doutrina sobre o tempo e as paixões do mundo: "É preciso insistir: com a fundação da Igreja, milícia missionária e governante, nasceu uma forma de organização que o mundo nunca havia conhecido. Seria necessário esquadrinhar sua origem: a ideia tão particular do deus único e ciumento, a unicidade exclusiva do templo de Jerusalém"[99].

---

98. P. VEYNE. *Le Quotidien et l'intéressant*. Paris: Pluriel, 1995, p. 285.
Cf. igualmente, do mesmo autor: *Quand le monde est devenu chrétien (312-394)*. Paris: Albin Michel, 2007, primeiros capítulos.
99. Ibid., p. 286.

Uma longa comparação entre o modo de organização e o regime de verdade do cristianismo e os do comunismo mostra as afinidades entre dois fenômenos que, aliás, propõem a igualdade, a justiça e o amor como redenção de uma vida infeliz[100].

Onde existe crença existe sede de crer; e podemos entender, ou mesmo compreender, que a revolução comunista de 1917 reconciliava história e Esperança: enfim, uma boa-nova, no contexto atroz da Grande Guerra. É difícil explicar de outra maneira o culto a Stalin, vencedor dos nazistas, depois de 1945: apesar do genocídio e da devastação, continuava possível crer no homem – e é precisamente o que tornará tão dolorosa a ruptura com esta fé secular.

Muitas vezes nos surpreendemos ao constatar o que o culto de latria ao Deus Stalin levou a escrever, não só na Rússia, o que é compreensível, mas também no exterior. Enquanto Jules Romains constatava em 1922, após o congresso de Tours e a criação da Seção francesa da Internacional comunista (SFIC, que se tornou PCF em 1935), o aparecimento de *Cette grande lueur à l'Est*, Louis Aragon publicava *Hourra l'Oural* em 1934, uma coletânea de 26 poemas que celebravam o plano quinquenal e seus êxitos.

Durante a década de 1930, num contexto de fascistização da Europa, de esgotamento das democracias

---

100. Ibid., p. 289-290.

liberais e de depressão econômica lânguida, a URSS de Stalin, sua industrialização rápida e a recuperação econômica por ela operada, se torna um lugar bem-vindo de esperança secular, que será deslocada mais tarde, após a desestalinização, para a Iugoslávia de Tito ou para a China de Mao e, desde o fim da década de 1920, para a figura de Trotski.

O hosana ao genial Marechal e pai dos povos causa estupefação. De acordo com Maurice Thorez, secretário-geral do Partido Comunista francês e ex-ministro de De Gaulle na Libertação, "o país soviético caminha para a abundância. Em breve, o pão será fornecido gratuitamente e à vontade. Graças a Stalin, o cidadão soviético já conhece este mundo feliz, no qual, de acordo com a palavra de Marx, há para todos pão e rosas"[101]. Para não "desesperar Billancourt", as pessoas se aterão por longo tempo, no PCF, a este catecismo do pão e rosas e a este imaginário do país de Canaã. Paul Éluard, em 1950, esculpe a estátua do demiurgo, senhor do tempo, das estações e da vida:

> E Stalin dissipa a desgraça hoje.
> A confiança é fruto de seu cérebro de amor.
> O cacho razoável de tão perfeito.
> Graças a ele vivemos sem conhecer o outono.
> O horizonte de Stalin está sempre renascendo.
> Nós vivemos sem duvidar e, mesmo no fundo

---

101. M. Thorez, discurso de 21 de dezembro de 1949.

da sombra,
produzimos a vida e regulamos o futuro.
Para nós não existe dia sem amanhã,
aurora sem meio-dia de frescor sem calor[102].

O "cérebro de amor" desta *Ode a Stalin* foi, aliás, retirado após sua morte, a fim de verificar se uma medicina materialista podia observar, diretamente no órgão, os determinantes de um gênio tão grande e de uma Caridade tão profunda.

Porque Stalin acabou morrendo no dia 5 de março de 1953, dia de luto planetário cuja intensidade temos hoje dificuldade de representar. Maurice Thorez, autoproclamado "filho do povo", compareceu às exéquias e seu retorno à França foi celebrado por um poema de Aragon, publicado na primeira página do jornal *L'Humanité* no dia 8 de abril de 1953. Não se tinha mais Stalin, mas guardava-se um de seus santos:

Tu o ouves, barqueiro? Ele retorna. O quê?
Como? Ele retorna! [...]
É a esperança da paz e é a França forte,
livre e feliz. Camponês, lança a semente.
Ó mulheres, sorri e fazei vossas tranças,
estas duas palavras como tranças jamais
desbotadas. Ele retorna.
Repito essas duas palavras sem cessar...

---

102. P. ÉLUARD. *Poèmes à Staline*. Paris: Cahiers du communisme, janeiro de 1950.

A estes versos de pé quebrado pode-se preferir os de Ossip Mandelstam, poeta corajoso, que pagou com sua vida o "Epigrama de Stalin" escrito em 1933. Ele oferece um pastiche da poesia de corte em voga no Kremlin e nas colunas do *Pravda*, subversão da descrição física, do meio social, e desvio da língua estereotipada hagiográfica que usa e abusa das alegorias quase-homéricas:

> Seus dedos grossos são como vermes gorduchos, fornidos;
> e são pesados martelos seus discursos bem--medidos.
> Parecem grandes baratas seus bigodes sorridentes,
> e seus botins são limpos, reluzentes.
> À sua volta se apinham de chefes de pescoço fino
> com cujos favores joga, como se fosse um menino.
> Alguém mia, outro fareja, um choraminga, outro pia;
> mas ele só é quem os pica e guia.
> Como ferraduras, forja leis e decretos em série:
> no ventre, na testa, no olho, na sobrancelha os desfere.
> Cada morte ele aprecia como um fruto saboroso
> em seu peito ossetiano, volumoso.

Na cidade de Königsberg, renomeada Kaliningrado em 1945 e impressionante resumo das devastações do século XX, subsiste um acanhado bairro do passado: o antigo quarteirão universitário em torno da catedral, em cuja parte lateral foi conservado piedosamente o túmulo de Immanuel Kant. O culto de Kant, nessa Prússia oriental tornada soviética, foi coroado pela decisão de batizar com seu nome a Universidade de Kaliningrado, em 2005, mas os germes já estavam bem presentes na URSS: na história da filosofia marxista, o Kant da Crítica, da filosofia da história e da *Aufklärung* anuncia o Hegel da dialética que, ele próprio, anuncia Marx. Em Berlim, aliás, a RDA [República Democrática Alemã] tomou muito cuidado de manter o túmulo de Hegel (como também o de Fichte, vizinho), no Dorotheenstädtischer Friedhof, a poucos passos da Universidade de Berlim oriental, cuja escadaria principal foi ornada com uma das "teses de Feuerbach", uma das mais célebres citações de Karl Marx.

A trindade Kant-Marx-Hegel está ligada organicamente pela organização dos currículos e dos conhecimentos de filosofia, bem como pela dinâmica das ideias. Era impossível, na época de Marx, estudar a filosofia sem ler e meditar Kant e Hegel, primeiros grandes filósofos da história a ocupar cátedras de filosofia na Universidade, além dos gregos, aos quais Marx dedica aliás sua tese de doutorado.

Kant, em sua *Ideia de uma história universal de um ponto de vista cosmopolita* (1784), pretendia detectar a racionalidade atuante na história, não a de Deus mediante a Providência – porque Kant, filho da modernidade alemã (a do grande cisma do Ocidente e das guerras de religião), sabe muito bem que as pessoas se mataram umas às outras por questões de eucaristia e que Deus não pode mais ser o fundamento de grande coisa –, mas a da "natureza". Diante deste "tecido de loucura, de vaidade pueril, muitas vezes também de maldade pueril e de sede de destruição"[103] que é a história, da qual só podemos experimentar um "certo humor", Kant, fiel a seu programa de pesquisa (o que posso saber? o que devo fazer? o que me é permitido esperar?), procura motivo para confiar no futuro humano. O desenvolvimento da estatística, arte numérica do Estado (*status*), na Prússia, lhe dá o que pensar: constata-se que fenômenos como os casamentos, os nascimentos e as mortes estão submetidos a uma sazonalidade, a uma regularidade... Seriam os homens como astros, tão bem descritos pelos matemáticos, que de suas observações deduziram leis? Pode-se formular leis sociais e atribuir a desordem aparente a uma ordem latente?

Ora, a ciência, para Kant, é indissociável de um raciocínio finalista, tão comum nas ciências naturais de seu tempo. A natureza não faz nada em vão – explica ele – e dotou o homem de razão, esta faculdade que permite a intelecção universal. Portanto, a finalidade do homem é

---

103. I. KANT. "Idée d'une histoire universelle au point de vue cosmopolitique". In: *Opuscules sur l'Histoire*. Paris: Flammarion, "GF", 1995.

o desenvolvimento da razão, na ordem interna (advento de uma República fundada no colóquio das razões) e externa (advento de uma cidade universal – *cosmopolis* – dos Estados, reunidos numa República do direito e do diálogo, que excluirá a guerra, uma ideia desenvolvida em seu *À paz perpétua*). Tudo contribui para este advento, inclusive a concorrência, a disputa e a luta. Kant identifica na "sociabilidade insociável" uma disposição que nos leva a distinguir-nos (insociabilidade) e, ao fazê-lo, a contribuir para o bem de todos mediante nossas criações e invenções (sociabilidade): o sentido patente dos atos e dos acontecimentos não é, portanto, seu sentido latente. Hegel chamará isto "astúcia da razão", e a ideia já estava bem presente nos teóricos da economia liberal, de Theodore Mandeville a Adam Smith (não é da benevolência do padeiro que espero meu pão, mas de seu desejo de enriquecer-se – concepção um pouco redutora da atividade humana, mas modelo poderoso).

Em Kant, tendo-se a *teodiceia* tornado assim *fitodiceia*, a natureza é instituída como princípio transcendente.

O esforço de elucidação da história se faz mais presente ainda em Hegel, que, mais ainda do que Kant, viveu a aceleração dos grandes acontecimentos e as grandes mutações resultantes da Revolução Francesa, a irrupção da História no sentido grandioso e trágico da emancipação e da mistura dos povos, o advento das grandes guerras nacionais que, como observa um de seus contemporâneos,

Clausewitz, substitui as guerras de gabinete. A exigência de inteligibilidade, diante deste real transtornado, se faz mais premente. Para responder a isso, Hegel irá construir um sistema fascinante, que supostamente explica a totalidade do real passado, presente e futuro, e apresenta a proposta de reconciliar a razão e o tempo, o pensamento e o movente.

Desde Platão, diante do tempo que foge, a ambição filosófica consiste em fixar e congelar, em determinar as essências eternas que permitem pensar *sub specie aeternitatis*. Isso moldou fortemente a teologia cristã, mas também a teoria do conhecimento, até Kant, conhecido por sua conceitualização das categorias *a priori* do julgamento. No fundo, Kant situava sua reflexão nos passos de Aristóteles e de seu *Organon*, que legou à posteridade os princípios fundamentais da lógica: de identidade (A é igual a A), de não contradição (A não é igual a não-A), do terceiro excluído. Ora, na realidade, a realidade que Hegel é solícito em pensar, A e não-A coexistem, se entremisturam. Não são tão distintos como nas categorias da lógica ou nos verbetes dos dicionários: como qualificar Napoleão, que fascinou Hegel e todos os seus contemporâneos, particularmente na Alemanha? Como um missionário armado da Revolução, um libertador? Como um tirano? O vício e a virtude, o amor e o ódio, a vida e a morte, o sublime e o abjeto, coexistem como se estivessem misturados, ou como se se gerassem uns aos outros.

O prefácio à *Fenomenologia do espírito* explica isto mediante uma imagem célebre:

> O botão desaparece no desabrochar da flor, e poderia dizer-se que a flor o refuta: do mesmo modo que o fruto faz a flor parecer um falso ser-aí da planta, pondo-se como sua verdade em lugar da flor[104].

A flor, no desabrochar de sua eclosão, é superação do botão: ela é ao mesmo tempo sua morte (o botão desapareceu) e sua enteléquia (sua realização final); ela é, portanto, o fim no duplo sentido do termo: o desaparecimento e, ao mesmo tempo, a meta. Na flor o botão se conserva, desaparece e se realiza ao mesmo tempo. Eis algo que a lógica estática não pode permitir que seja captado e pensado. Existe coexistência, concomitância dos opostos expressa pelo verbo, utilizado por Hegel, *aufheben* (literalmente: levantar e colocar em cima). É *aufgehoben* aquilo que é ao mesmo tempo negado, conservado e superado.

É a partir desta tríade dialética que Hegel pensa o real, ou seja, o movimento: existe A (o botão), existe o não-A (a ausência do botão, que desapareceu para dar lugar à flor) e existe a passagem de A para não-A (o crescimento, a eclosão – ou seja, a passagem, o devir). A primeira tríade da dialética hegeliana é, portanto: ser/não-ser/devir,

---

104. G.W.F. HEGEL. *Fenomenologia do espírito*. Petrópolis: Vozes, 2022.

este devir que faz coexistir A e não-A fazendo passar de um ao outro. O devir é a síntese dialética do ser e do não ser, porque contém os dois ao mesmo tempo, e ao mesmo tempo os supera enquanto os conserva.

Podemos ver: Hegel está longe de ser esse pensador obscuro e abstrato, congelado numa ganga de barbarismos ilegíveis e num sistematismo rígido: ele pensa o concreto, de uma maneira límpida.

A *Fenomenologia do espírito* é a própria história, ou seja, a inteligência humana em devir, bem como a narrativa filosófica que permite elucidar este devir. O espírito tem como atividade objetivar-se: exprimindo-se pelo trabalho e pela criação de artefatos, ele é a matriz intelectual do real material. O espírito é o que dá forma à matéria, desde as catedrais até as máquinas a vapor. Objetivando-se, o espírito se torna fenômeno, ou seja, aquilo que aparece (*phainein*). É aquilo que aparece pela mediação dos objetos que ele produz e que exprimem seu ser. São as aparências que traduzem sua essência. Portanto, a História é de fato uma fenomenologia do espírito; e a história é esse discurso que delineia a maneira como o Espírito se mostra a si mesmo nos objetos nos quais ele se conhece e se reconhece.

Pensador do movimento, do devir, da passagem, Hegel quis reconciliar a atividade filosófica com o tempo. Foi aclamado como o primeiro verdadeiro pensador da história.

Alexandre Kojève, na década de 1930, realça a importância do pensamento hegeliano deste ponto de vista:

> "*Was die Zeit betrifft [...], so ist sie der seiende Begriff selbst*". Esta frase marca uma data extremamente importante na história da filosofia. Abstraindo de Parmênides-Spinoza, podemos dizer que há dois grandes períodos nesta história: o que vai de Platão a Kant e o que começa com Hegel[105].

O seminário que Kojève realizou, entre 1933 e 1939, no anexo da Sorbonne que constitui a Escola Prática de Altos Estudos (EPHE), fascina e atrai algumas das pessoas mais cultas do tempo[106], entre as quais Jacques Lacan e Raymond Queneau, que anota escrupulosamente as palavras de Kojève e as publica na editora Gallimard depois da guerra. É significativo que se assiste, na França, tradicionalmente mais voltada para Kant, a um ressurgimento do interesse por Hegel: o aumento do poder da SFIC/PCF, o crescente interesse pela URSS de Stalin e seus aparentes sucessos, bem como a chegada ao poder dos nazistas, sem contar uma atmosfera geral do tempo que é de interesse para a História com seu grande machado, não são estranhos a isso.

---

105. A. KOJÈVE. *Introduction à la lecture d'Hegel*. Paris: Gallimard, reed. "Tel", 1979, p. 365.
106. M. FILONI. *Le Philosophe du dimanche. La vie et la pensée d'Alexandre Kojève*. Paris: Gallimard, "Bibliothèque des idées", 2010.

Hegel parece uma chave de leitura e uma porta de entrada para decifrar o tempo, não só porque ele pensa a História, mas também porque ele é a matriz identificada como tal das filosofias da história atuantes na prática de regimes que recorrem explicitamente a uma necessidade, a um devir necessário com grande ajuda de hipóstases como a Raça, a Classe ou o Império: "Hegel é o primeiro a identificar o conceito e o tempo" e o primeiro a querer "explicar o fato da História". Toda a filosofia ou Ciência de Hegel pode, portanto, ser resumida na frase citada: "O tempo é o próprio conceito que está simplesmente presente na existência empírica", ou seja, "no espaço real ou no mundo"[107].

Marx se inscreve na posteridade de Hegel e não o nega. Herdou dele as ambições de totalidade, de lei e de sentido, bem como a oposição entre necessidade e contingência. Mas desejou também recolocar a dialética em seu lugar, interessando-se mais ainda pelo mundo real e propondo que a dialética não é tanto a de um espírito hipostasiado por certos epígonos de Hegel, transformados em idealistas às vezes surpreendentes, mas a dialética, tão material e concreta, das relações sociais, explicadas pelo materialismo dialético.

A "filosofia da história" propriamente dita de Hegel concluía um pouco apressadamente, de acordo com os

---

107. A. KOJÈVE. *Introduction à la lecture d'Hegel*, op. cit., p. 365.

"hegelianos de esquerda", pelo fim da história num Estado prussiano pós-revolucionário que fizera de Hegel um professor dotado, mimado e reconhecido, ou seja, outras tantas razões para se satisfazer com o real tal como ele é e do mundo tal como ele funciona. E, para o professor conhecido, no zênite de sua influência intelectual na década de 1820, o Estado prussiano era a realização da liberdade.

Como chegava Hegel a esta conclusão? Em cada realidade humana (ou seja, histórica), Hegel lê a expressão do Espírito, que pouco a pouco se mostra a ele próprio como liberdade. Com efeito, todo artefato é uma objetivação do espírito, que se faz "ob-jeto", se põe diante dele próprio, ao encontro dele próprio, para nele se reconhecer e nele se conhecer. Em cada produção do espírito, o espírito se objetiva, se materializa, se reifica sob a forma de um objeto, um objeto que, colocado diante dele, vai permitir-lhe reconhecer-se e conhecer-se como alguma coisa que corresponde a seu estágio de desenvolvimento no caminho do pleno conhecimento de si, que é conhecimento de si como liberdade, porque o caminho do espírito é um caminho de libertação: o homem se separa do animal, o espírito se separa da matéria, a cultura se separa da natureza.

Hegel se interessa particularmente por três séries de realidades culturais, três séries de artefatos humanos que são objetivações do espírito e balizam a viagem do espírito para o pleno conhecimento de si mesmo (espírito absoluto). O espírito acontece como conhecimento de si mesmo na história e pela história. A história é o lugar onde o espírito caminha para o pleno conhecimento de si como liberdade e ao mesmo tempo o discurso que vem justificar este caminho como caminho.

Na história do direito (ou seja, do Estado), o Oriente marca a primeira etapa. No Egito e na Pérsia um só é livre, enquanto a massa dos homens é subjugada. As leis produzidas pelo espírito são leis de submissão. O espírito ainda não se conhece como livre. Na Grécia e em Roma, alguns são livres (os cidadãos de Atenas, por exemplo, mas não as mulheres, nem os escravos, nem os estrangeiros). Por fim, no *Rechtsstaat* prussiano, todos são livres. O espírito se conhece plenamente como liberdade – o que, nesses tempos de restaurações subsequentes ao congresso de Viena (1814-1815), é um pouco discutível.

Na história da arte, o processo da história de si como progresso, progresso para um conhecimento de si como liberdade, é igualmente visível: a arte egípcia, com seus baixos-relevos não separados da matéria, marca um primeiro tempo, em que o espírito está ainda preso à matéria. A arte grega, por sua vez, consagra o alto-relevo das estátuas, que destaca a representação de seu plano de fundo mineral. Por fim, a arte romântica (pintura, poesia e música) revela a abstração em seu apogeu, o desligamento completo em relação à matéria. O mesmo ocorre na história religiosa, desde os deuses-quimeras do Egito que, entre corpo de homem e cabeça de animal, revelam um laço ainda forte entre cultura e natureza, passando pela religião grega, cujo panteão antropomórfico assinala um melhor conhecimento do homem por ele mesmo, até chegar à religião cristã, que, proclamando *In principio erat verbum* e adorando o Espírito Santo, completa o movimento de abstração e permite ao *logos* adorar-se a si próprio.

Observamos com Kant, e mais claramente ainda em Hegel, uma secularização das esperanças, uma introjeção da transcendência na imanência, do divino na história. A Natureza, em seguida o Espírito do mundo, sucedem entre os sábios a um Deus já abundantemente discutido desde o século XVII e que, no Século das Luzes, já parecia fracamente mobilizável para um número cada vez maior de pensadores. A teodiceia de Leibniz havia suscitado os sarcasmos bem-conhecidos de Voltaire: Kant, e depois Hegel, deslocavam a cena e o problema.

Esta secularização das esperanças se torna, com Karl Marx, e depois com Marx e Engels, uma materialização da crença, cujo lugar passava a ser a sociedade, seus modos de produção, suas relações de classe e sua realidade concreta. A narrativa do tempo oferecida pelos dois pensadores – escritos teóricos em discursos, manifestos em intervenções políticas – é uma filosofia da história que se inscreve na clara definição de Hegel (ninguém se escode, muito pelo contrário), pondo-a em seu lugar, ou melhor, com os pés no chão, de acordo com as fórmulas empregadas pelos próprios Marx e Engels: neles a dialética do espírito imaginada por Hegel se torna uma dialética da matéria, dos meios de produção, das relações sociais, apoiada numa leitura atenta da história e numa imensa erudição.

No *Manifesto do Partido Comunista*, publicado em 1848, podemos ler desde o célebre *incipit* do capítulo primeiro:

> A história de toda a sociedade até hoje é a história de luta de classes. Homem livre e escravo, patrício e plebeu, barão e servo, mestres e companheiros, numa palavra, opressores e oprimidos, sempre estiveram em constante oposição uns aos outros, envolvidos numa luta ininterrupta, ora disfarçada, ora aberta [...]. A nossa época, a época da burguesia, caracteriza-se, entretanto, por ter simplificado os antagonismos de classe. A sociedade inteira vai-se dividindo cada vez mais em dois grandes campos inimigos, em duas grandes classes diretamente opostas entre si: burguesia e proletariado[108].

A luta de classes é o motor da história, ou seja, uma dialética de senhor e escravo, bem descrita por Hegel, elevada ao nível de grupos sociais antagonistas, opressores e oprimidos, dominantes e dominados, que estão em

---

108. K. MARX & F. ENGELS. *Manifesto do Partido Comunista*. Petrópolis, Vozes, 6ª reimpr., 2022.

luta por um domínio político correspondente à sua força econômica real. A nobreza foi esta classe dominante até à Revolução Francesa:

> A burguesia, com o estabelecimento da grande indústria e do mercado mundial, conquistou finalmente o domínio político exclusivo do Estado representativo moderno. O poder político do Estado moderno nada mais é do que um comitê para administrar os negócios comuns de toda a classe burguesa. A burguesia desempenhou na história um papel extremamente revolucionário.
> [Esta classe decisiva] não deixou subsistir entre homem e homem outro vínculo que não o interesse nu e cru, o insensível "pagamento em dinheiro". Afogou nas águas gélidas do cálculo egoísta os sagrados frêmitos da exaltação religiosa, do entusiasmo cavalheiresco, do sentimentalismo pequeno-burguês. Fez da dignidade pessoal um simples valor de troca e no lugar das inúmeras liberdades já reconhecidas e duramente conquistadas colocou unicamente a liberdade de comércio sem escrúpulos. Numa palavra, no lugar da exploração mascarada por ilusões políticas e religiosas colocou a exploração aberta, despudorada, direta e árida.

Vemos na análise de Marx e Engels uma lucidez que não perdeu nada de sua validade. Já lemos, igualmente, páginas luminosas sobre o que ainda não se denomina mundialização:

A necessidade de mercados cada vez mais extensos para seus produtos impele a burguesia para todo o globo terrestre. Ela deve estabelecer-se em toda parte, instalar-se em toda parte, criar vínculos em toda parte. Através da exploração do mercado mundial, a burguesia deu um caráter cosmopolita à produção e ao consumo de todos os países. Para grande pesar dos reacionários, retirou de sob os pés da indústria o terreno nacional. As antigas indústrias nacionais foram destruídas e continuam a ser destruídas a cada dia. São suplantadas por novas indústrias, cuja introdução se torna uma questão de vida ou morte para todas as nações civilizadas – indústrias que não mais empregam matérias-primas locais, mas matérias-primas provenientes das mais remotas regiões, e cujos produtos são consumidos não somente no próprio país, mas em todas as partes do mundo. Em lugar das velhas necessidades, satisfeitas pela produção nacional, surgem necessidades novas, que para serem satisfeitas exigem os produtos das terras e dos climas mais distantes. Em lugar da antiga autossuficiência e do antigo isolamento local e nacional, desenvolve-se em todas as direções um intercâmbio universal, uma universal interdependência das nações.

Mas a burguesia é também seu próprio coveiro: fazendo acontecer um novo mundo econômico e social, o da concentração dos capitais, das máquinas e da mão de obra, o do êxodo rural e da urbanização industrial, ela suscita o advento de uma força social poderosa, a do proletariado. De início simples massa bruta, simples classe em si, o proletariado se torna pouco a pouco uma classe para si, dotada de uma consciência de classe – de seus interesses próprios e daquilo que a distingue irremediavelmente de seu opressor burguês:

> Na mesma proporção em que se desenvolve a burguesia, ou seja, o capital, desenvolve-se também o proletariado, a classe dos operários modernos, que vivem apenas na medida em que encontram trabalho e que só encontram trabalho na medida em que o seu trabalho aumente o capital. Tais operários, obrigados a se vender peça por peça, são uma mercadoria como qualquer outro artigo de comércio e estão, portanto, expostos a todas as vicissitudes da concorrência, a todas as flutuações do mercado. [...]
> O progresso da indústria, cujo agente involuntário e passivo é a própria burguesia, substitui o isolamento dos operários, resultante da concorrência, por sua união

revolucionária resultante da associação. Assim, o desenvolvimento da grande indústria abala sob os pés da burguesia a própria base sobre a qual ela produz e se apropria dos produtos. A burguesia produz, acima de tudo, seus próprios coveiros. Seu declínio e a vitória do proletariado são igualmente inevitáveis.

Reconhecemos aqui uma herança explícita da astúcia da razão hegeliana, já antecipada pela insociável sociabilidade kantiana.

Uma esperança secularizada, uma expectativa argumentada e racional: o pensamento de Marx e de Engels havia feito tudo para seduzir intelectuais em busca de elucidação da história. São numerosas as figuras de homens inteligentes, ou mesmo brilhantes, que abraçam esta fé racionalista e materialista sem hesitar, ao ponto de tornar-se guardiões do dogma, ou mesmo avatares modernos da Inquisição. Por exemplo, Jean Kanapa, professor titular de filosofia, antigo aluno de Sartre no liceu, que precisou desempenhar, durante mais de trinta anos, o papel tão desprezável de Torquemada do PCF, não sem ser afetado por esse papel, especialmente quando se tratou de justificar sem pestanejar acontecimentos manifestamente contrários às metas de emancipação social e de felicidade humana, como a intervenção de Budapest pelo Exército vermelho em 1956 e, pior ainda, a repressão de Praga em 1968[109]. A intervenção dos carros blindados soviéticos contra o "socialismo de rosto humano" de Dubcek foi um traumatismo secreto do qual Kanapa nunca se recuperou. Em público, ele tentou manter um rosto impávido e manter o rumo, em vista do interesse do Partido e do proletariado.

Foi com responsáveis políticos como Kanapa que o filósofo Jean-Toussaint Desanti, por um tempo militante comunista e muito engajado no aparelho de inteligência do Partido, se confrontou.

O contexto de vitória da URSS contra os nazistas, este triunfo aparente da ideia soviética e estalinista, motivaram essas adesões, que iam no sentido da história e serviam à emancipação e à justiça. O prestígio da URSS e de Stalin, em razão do antifascismo resoluto do Komintern desde 1935 (até o pacto germano-soviético de 23 de agosto de 1939) e os êxitos aparentemente deslumbrantes do plano quinquenal, já era grande desde os anos 1930.

O marxismo aparecia como a filosofia última da história. A destruição do Reich nazista (foi o Exército vermelho que entrou em Berlim), em seguida o início da guerra fria, tanto no plano internacional como no plano

---

109. Sobre a interessante e trágica figura de Jean Kanapa, ler-se-á com proveito o ensaio de Michel BOUJUT. *Le fanatique qu'il faut être*. *L'énigme Kanapa*. Paris: Flammarion, 2004, como também a tese de doutorado de Gérard STREIFF. *Jean Kanapa, 1921-1978. Une singulière histoire du PCF*. Paris: L'Harmattan, 2 vols., 2002.

interno na França (os comunistas deixam o governo de união nacional em 1947, antes que, por ocasião das grandes greves de 1947-1948, o ministro do Interior socialista Jules Moch mandasse atitar nos operários) pareciam não oferecer senão esse caminho.

De acordo com o Bureau político do PCF na pessoa de Laurent Casanova, a "responsabilidade do intelectual comunista" (título de seu relatório de 28 de fevereiro de 1949) consiste em "defender em todas as circunstâncias e com a mais extrema firmeza todas as posições do partido e cultivar o espírito do partido". É uma posição que havia sido repudiada por Paul Nizan após o pacto germano-soviético, que ele se havia recusado a defender e que é assumida plenamente pelo fundador e redator-chefe de *La Nouvelle Critique*, intelectual orgânico por excelência do PCF, Jean Kanapa. É esta posição que Jean-Toussaint Desanti assume, antes de romper depois de Budapest, em 1956.

"Husserl dizia: 'Nós somos os funcionários da Humanidade'. Por conseguinte, é por esta motivação que estamos a serviço da Razão ou da Consciência Universal ou da Humanidade etc. [...]. Aqui estamos nós, funcionários a serviço do Proletariado portador da História e construtor do futuro"[110]. O que o filósofo diz e faz é, afirma ele

110. J.-T. DESANTI. *Une pensée captive. Articles de La Nouvelle Critique (1948-1956)*. Paris: PUF, "Quadrige", 2005 e 2008. No final do volume encontra-se uma entrevista com sua esposa Dominique De-

numa visão retrospectiva, "tipicamente a pregação de um homem de Igreja"[111], contradição manifesta, característica do que Pierre Souyri denominou "o marxismo após Marx", ou de uma parte desta herança, transformada em catecismo calcificado que rompia com o lema do próprio Marx – *de omnibus dubitandum*.

Outros não tiveram a oportunidade de partir ou de poder partir, como Desanti, que, protegido pelas leis da República e por seu fraco nível de responsabilidade, pôde pedir demissão. Outros sofreram em silêncio, como Jean Kanapa, transtornado pela intervenção do Exército soviético contra o "socialismo de rosto humano" de Dubcek em Praga em 1968.

Outros ainda foram apanhados na armadilha mortal de sua presença na URSS sob Stalin. Por exemplo, esses revolucionários sinceros, muitas vezes antigos companheiros de Lenine, que foram vítimas dos "processos de Moscou", verdadeiros "shows midiáticos"[112], que dissimulavam a realidade massiva do Grande Terror de 1937-1938, muito bem-estudado por Nicolas Werth, o maior especialista mundial do estalinismo e da história da URSS.

---

santi para sua obra *Les Staliniens*. Paris: Fayard, 1975: "Un témoin: Jean-Toussaint Desanti". In: *Une pensée captive*, p. 406.

111. Ibid., p. 411.

112. N. WERTH. "La vérité sur la Grande Terreur". In: *Le Cimetière de l'espérance. Essais sur l'histoire de l'Union Soviétique, 1914-1991*. Paris: Perrin, "Tempus", 2019, p. 216-217 para as citações.

O Grande Terror, lembra ele, são "50.000 execuções por mês, 1.600 por dia" durante "seis meses, de agosto de 1937 a novembro de 1938", ou seja, "aproximadamente 750.000 cidadãos soviéticos" assassinados: "um soviético adulto entre cem foi executado com uma bala na nuca", enquanto um milhão de pessoas era enviado ao Gulag, no quadro de "uma imensa operação de engenharia e de 'purificação' social, visando liquidar definitivamente todos os elementos considerados 'estrangeiros' ou 'nocivos' à nova sociedade socialista em construção". Estas "operações repressivas secretas em massa" atingem tanto o "bêbado" quanto o "comerciante de flores", mas também "uma centena de milhares de altos funcionários comunistas, sendo que pouco mais da metade foi executada"; estava em jogo aqui "a substituição de uma elite por outra, mais jovem, muitas vezes mais bem-formada, politicamente mais obediente, talhada no espírito estalinista dos anos 1930".

Nicolai Bukharin, herói de 1917 e presidente do Komintern, a III Internacional fundada por Lenine, foi preso em agosto de 1936. No dia 10 de dezembro de 1937, quando quase não tinha mais ilusões sobre sua sorte, não podendo sufocar uma última esperança, dirige uma carta a Stalin:

"Dou-te minha palavra de honra que sou inocente dos crimes que reconheci durante a instrução judicial", escreve ele, embora reconhecendo que, diante de seu destino individual, os "interesses de importância mundial e histórica que dependem principalmente de ti" prevalecem sobre "minha miserável pessoa". Estes temas são o poder do Partido e a modernização da URSS, conclusão do grande projeto revolucionário ao qual dedicou sua vida: se o êxito da revolução passa pela "grande e audaciosa ideia de expurgo geral" que "não pode evidentemente deixar-me de lado", que seja assim!

Esta argumentação, surpreendente se quisermos considerar que Bukharin fala de seu próprio assassinato, tem um sustentáculo de ordem religiosa, senão mística. Bukharin confessa a Koba, apelido afetuoso de Stalin, um único "pecado". No verão de 1928, conta ele, "um episódio que tu próprio talvez esqueceste [...] eu estava em tua casa e me disseste: sabes por que sou teu amigo? Porque és incapaz de urdir intrigas contra quem quer que seja. Eu concordo. E logo depois corro para a casa de Kamenev". Lev Kamenev, herói da revolução, cunhado de Trotski, foi preso e fuzilado em agosto de 1936. Em 1928 ele já fora ameaçado por Stalin, assim como Bukharin, a quem "Koba" testemunhava sua amizade:

> Podes acreditar em mim ou não, mas é este episódio que me atormenta, é o pecado original, é o pecado de Judas. Meu Deus! Que imbecil! Que fedelho eu era então! E agora expio por tudo isto à custa de minha honra e de minha vida. Por isso, perdoa-me, Koba.

O texto prossegue no mesmo filão:

> Meu Deus, por que não existe um aparelho que te permita ver minha alma dilacerada, retalhada por bicos de pássaro! Se pudesses ver como estou ligado interiormente a ti [...]. Já não há anjo que possa afastar a espada de Abraão! Que o destino se cumpra!

Convenhamos: não se trata de superinterpretar esta forte presença de um imaginário e de um vocabulário religioso, bem compreensível na cultura do tempo, quanto mais num bolchevique sincero, mas educado e socializado num antigo regime russo saturado de sagrado. Podemos simplesmente constatar o paralelismo dos destinos, entre um místico mártir e um Bukharin, e deduzir que, de fato, no mais íntimo e diante da morte, o que domina é o esquema da confissão e da redenção (a título individual) como o da escatologia (a título coletivo);

> Iossif Vissarionovitch! [...] Eu me preparo interiormente para deixar esta vida e não experimento, em relação a todos vós, em relação ao Partido, em relação à nossa Causa, senão um sentimento de imenso amor sem limites [...]. Minha consciência está pura diante de ti, Koba. Peço-te pela última vez perdão (um perdão espiritual). Eu te aperto em meus braços, em pensamento. Adeus pelos séculos dos séculos e não guardes rancor contra o infeliz que sou.

Nicolai Bukharin foi fuzilado no dia 15 de março de 1938 – o mesmo dia em que os nazistas anexam a Áustria. Esta carta, realmente estarrecedora, inspirou a Arthur Koestler sua obra-prima sobre os processos estalinistas: *O zero e o infinito*. Foi traduzida e citada por Nicolas Werth num interessante estudo sobre "A confissão nos grandes processos estalinistas"[113].

O historiador passa em revista as diferentes leituras possíveis destes documentos perturbadores, desde as confissões por ocasião dos inquéritos de bruxaria (estando o acusado disposto a confessar o que se deseja, desde que abreviassem seus sofrimentos, quando não foi convencido, pelas cassetadas dos carrascos, de que a acusação talvez fosse verdadeira) até à familiaridade com a mentira e a renúncia por parte dos altos funcionários da Revolução, que passaram junto com Stalin do movimento à conservação, da dinâmica mundial ao nacionalismo mesquinho, e que manifestavam até o absurdo um "servilismo histérico", uma "submissão absoluta" a uma "linha" que havia mudado tão profundamente sob a influência do novo Guia (*Vojd*).

É esta, suspeita-se, a leitura de Trotski, injusta para com seus próprios adeptos, presos e condenados por "hitlero-trotskismo", espionagem, sabotagem, traição por

---

113. N. WERTH. "L'aveu dans les grands procès staliniens". In: *La terreur et le Désarroi. Staline et son système*. Paris: Perrin, "Tempus", 2007, p. 330-350, p. 343-350 para a carta a Bukharin.

eles próprios admitida, ainda que antes jamais se tivessem desviado[114]. Boris Souvarine propõe uma outra interpretação: "o imoralismo revolucionário", preexistente aos bolcheviques, defende que tudo é possível, pensável e justificável para fazer chegar o fim da História – e Trotski não era o último a opor "sua moral e a nossa", a dos burgueses que visavam proibir toda ação revolucionária decisiva em nome de interesses próprios, mas sob a máscara hipócrita da humanidade e da universalidade – uma crítica das normas clássicas após as brilhantes análises de Marx sobre a legislação civil e penal na Europa desde 1789, ou mesmo sobre a Declaração dos Direitos do Homem.

Já que o mundo da Revolução e do Partido estavam absolutamente separados e regidos por uma normatividade diferente, e a missão revolucionária se tornara o sentido de toda uma vida, tudo é possível, e desejável, para permanecer no Partido e continuar digno dele: "Ser excluído do Partido equivalia a ser expulso do planeta. Para nele permanecer, eles estão prontos a aviltar-se, a bater no peito em público com restrições mentais". A confissão e a aceitação da morte representam "o último sacrifício [...] em nome do interesse supremo do Partido", uma última maneira "de não desesperar dos fins últimos da Revolução", para que, no limiar da morte e num estado de grande

---

114. Ibid., p. 332-333.

angústia psíquica, o sujeito possa pelo menos esperar que sua vida não tenha sido vivida em vão[115].

Bukharin, com a clareza que caracteriza sua imensa inteligência, o expressa mais ou menos nos seguintes termos no decurso do seu processo: "Se você deve morrer, em nome do que você morre?" Com efeito, a pergunta se situa no contexto de uma visão do mundo que só conhece e reconhece o aquém e nega absolutamente o além, patranha de popes e de sacerdotes para domesticar o sofrimento social. Por conseguinte, "não há nada em nome do qual valha morrer, se eu quiser morrer sem confessar meus erros". Diante do "abismo totalmente negro" da morte, "todos os fatos positivos que resplandecem na União soviética assumem diferentes proporções na consciência do homem. Foi o que me forçou a dobrar o joelho diante do Partido e diante do país"[116].

Nicolas Werth completa seu estudo citando longamente a leitura que Annie Kriegel faz da perseguição policial, do encarceramento, das confissões e dos processos[117]. Com efeito, é preciso levar em conta o contexto social, a situação concreta dos indivíduos acusados pelo Partido – fragilizados por uma desestabilização de longo prazo, que faz a prisão parecer um alívio, porque, pelo

---

115. Ibid., p. 334.
116. Id.
117. A. Kriegel, citado em N. WERTH. "L'aveu dans les grands procès staliniens", op. cit.

menos, se está estável e se pode ter acesso ao processo da investigação. Em seguida, esta fragilização vai aumentando, por meios físicos e psicológicos bem conhecidos, como também pelo sequestro de parentes e da família – outro elemento importante na confissão. A historiadora, no entanto, retorna às análises precedentes, insistindo "na fetichização do Partido e na fascinação por Stalin"[118], não pelo homem em si, mas pelo que ele representa – Stalin teria dito certa vez a seu filho que Stalin não era ele, mas esse homem representado no quadro que ornava seu bureau... Bukharin novamente: "Não é nele que confiamos, é no homem no qual o Partido confia", distinção bolchevique dos dois corpos do Rei e versão soviética do "Espírito do mundo a cavalo" de que falava Hegel. Bukharin especifica:

> Não sei como aconteceu, mas é assim. Ele se tornou o símbolo do Partido [...] e é por isso que todos nós entramos, uns após os outros, em sua goela escancarada, sabendo todos que ele vai nos devorar. E ele o sabe perfeitamente. Só precisa aguardar o momento conveniente para fazê-lo[119].

A isso acrescentemos um "superego forte" num contexto em que a "rigidez revolucionária" é valorizada, o

---

118. N. WERTH. *La terreur et le Désarroi*, op. cit., p. 338.
119. Ibid., p. 339.

que vem acompanhado por uma acentuada propensão ao sentimento de culpabilidade, estimulado por todos os tipos de práticas inspiradas no cristianismo da Contrarreforma[120], especialmente a difusão da confissão auricular obrigatória, que encontramos na autobiografia escrita exigida pelos candidatos postulantes à adesão ao Partido, bem como nas sessões de autocrítica.

Coisa curiosa, senão incompreensível aos nossos olhos: até o estalinismo podia parecer desejável para grandes porções da população do Leste da Europa libertada, e depois subjugada, pelo Exército vermelho em 1945, após a experiência das ditaduras do período entre as duas guerras e, em seguida, a experiência da dominação, ou mesmo ocupação, pelos nazistas. Roman Krakovsky vê nisso a "última grande tentativa europeia de reinventar o mundo", "sustentada pela fé numa revolução capaz de transformar a sociedade e de criar uma nova prática do poder e da convivência"[121]. A explicação prematura "pela coerção e pela força" se revela muito curta e falsa. Criar "o espaço e o tempo" da "nova ordem de coisas"[122] era o fim e o meio do novo poder, com a participação ativa de uma

---

120. Cf. J. DELUMEAU. *L'Aveu e le Pardon. Les difficultés de la confession.* Paris: Fayard, 1990.

121. R. KRAKOVSKY. *Réinventer le monde. L'espace et le temps en Tchécoslovaquie communiste.* Paris: Publications de la Sorbonne, 2014, p. 9.

122. Ibid., p. 9.

parte da sociedade checoslovaca, que havia posto nesse acontecimento suas esperanças históricas.

Esta espera escatológica é visível na cultura popular do movimento operário, entre iconografia, cinema e literatura. Ela é legível igualmente nos cantos desse movimento, como naquele que se tornou a canção emblemática da Frente popular em 1936. A canção "Ao encontro da vida" foi difundida na França desde 1933, a partir de um extrato da trilha original de um filme soviético, com base numa ária de Dimitri Chostakovitch. Sua mensagem e sua vivacidade fazem dela o hino da primavera de 1936, mais ainda do que o "domingo à beira da água" de *La belle equipe* ou *A Internacional*:

> Minha menina, você ouve na cidade
> Fábricas e os trens assobiando?
> Vamos na frente do vento norte,
> Vamos na frente da manhã.
> Levanta-te, minha loira! Vamos cantar ao vento!
> Levantem-se, amigos!
> Ele vai em direção ao sol nascente, nosso país!

A alegria conduz ao país onde o sol se levanta, "nosso país", pleno Leste:

> Vamos caminhar para a glória e para o mundo.
> Vamos caminhar para a felicidade. [...]
> Amigos, o universo nos envia.
> Nossos corações são mais claros que o dia.

Vamos à frente da vida.
Vamos à frente do amor.

Todos os clássicos do movimento operário estão impregnados desta alegria escatológica, ou, pelo menos, de uma esperança ao mesmo tempo temporal (aqui e agora) e transcendente (porque as leis da história e as exigências da justiça levam para lá). Por exemplo, o *Canto dos tecelões de seda*, em 1894, no qual a escatologia se torna profecia (Nosso reino chegará / quando o vosso reino terminar / Teceremos a mortalha do velho mundo / pois já ouvimos a revolta a ponto de explodir), ecoando a própria *Internacional*, cuja mensagem, apenas usada pela repetição, é tão poderosa:

> A razão borbulha em seu vulcão
> E essa é a erupção final!
> Vamos apagar a lousa do passado.
> Multidões de escravos, de pé, de pé.
> O mundo vai mudar sua base.
> Não somos nada, sejamos tudo!
> Essa é a luta final.
> Juntemo-nos e amanhã
> A Internacional
> Unirá a raça humana.

Na RDA, um rico patrimônio de cantos, oriundos da tradição coral dos luteranos, anuncia o feliz amanhã da reconstrução (o hino de 1949 – *Ressuscitada das ruínas* – e a canção *Baut auf! – Construí!* – cujo ritmo parece marcar a cadência da produção) e da felicidade sobre a terra, como no título famoso, cantado pelo *Oktoberclub* nos encontros mundiais da juventude de Berlim em 1973, este "Woodstock do Leste", onde a influência religiosa é mesclada de guitarra tradicional e de *groove* hippie: "Estamos em todos os lugares da terra / Sobre a terra brilha uma estrela / Brilha a minha estrela", esta estrela vermelha do comunismo mundial. Esta canção da Juventude Alemã Livre era também uma canção do Partido, da SED (*Sozialistische Einheitspartei Deutschlands*), cujo canto oficial foi, nos inícios dos anos 1950, este monumento de pieguice que unia catecismo e canto coral:

> Ele nos deu tudo
> O sol, o vento, sem hesitar.
> Onde ele estava, estava também a vida.
> O que nós somos, o somos por ele.
> Ele nunca nos abandonou.
> Quando fazia frio, ele nos reaqueceu.
> Esta mãe das massas nos protege.
> Seu braço poderoso nos carrega.
> O Partido, o Partido tem sempre razão!

Frequentar esse gênero de texto e, para o historiador, esse gênero de fontes, teria pouco interesse se ninguém tivesse acreditado nisso. Ora, enunciados que nos podem parecer convencionais, empolados ou cínicos eram mensagens lidas, ouvidas e compreendidas em sentido literal por muitos atores dos períodos considerados. No que concerne a um terreno (a Alemanha) que conheço um pouco melhor do que outros, o fenômeno de *Ostalgie* ("nostalgia do Leste"), na ex-RDA, revela muito bem, entre outros, o que o hipocorístico *unsere kleine Republik* ("nossa pequena República") podia ter de afável e desejável para muitos dos seus cidadãos. Quanto aos caciques, hierarcas e funcionários do Partido SED e do Estado, eles estavam em sua quase totalidade convencidos de agir bem, inclusive – e talvez até sobretudo – no interior dos organismos de informação, de vigilância e de repressão da Alemanha Oriental, principalmente o ministério da Segurança do Estado (*Ministerium für Staatssicherheit*, abreviado para *MfS* ou Stasi).

O extremismo dos mais altos dirigentes da RDA, que, como Erich Honecker (secretário-geral da SED) e Erich Mielke (ministro da Segurança do Estado), estavam dispostos a mandar atirar contra a multidão dos manifestantes que, cada segunda-feira, gritavam "*wir sind das Volk*" (nós somos o povo) e reclamavam reformas – um roteiro à chinesa, de tipo Tian An Men, que só foi evitado pela recusa de Gorbatchev de pôr à disposição as tropas soviéticas estacionadas na RDA – não se explica apenas pelo fenômeno de esclerose dogmática, de ossificação intelectual e moral constatado em outros anciãos do bloco do Leste, de Brejnev a Ceausescu.

Honecker e Mielke viviam como combatentes numa luta de classes que não tinha, no que lhes dizia respeito, nada de metafórico, porque haviam, tanto um quanto o outro, combatido o nazismo com as armas na mão, um como militante do KDP [Partido Comunista da Alemanha], o outro como resistente enviado por Moscou para combater a Wehrmacht na França.

Pouco após ter assumido a chefia da Stasi, Erich Mielke pronunciou, no dia 8 de fevereiro de 1950, um discurso interessante para compreender os princípios e os fins de seus "órgãos", qualificados, aliás, como *Schild und Schwert der Partei*: o escudo e a espada do partido – é, aliás, o que representa o brasão do ministério: "A República Democrática Alemã é a fortaleza mais avançada do campo socialista no Ocidente" e se encontra, portanto, particularmente ameaçada pelas "forças reacionárias dos Estados Unidos e da OTAN", que fazem pesar sobre ela "um risco de guerra" sempre maior. É preciso, portanto, estar de guarda contra o inimigo exterior, mas também contra as infiltrações:

> Lenine nos ensinou que não se deve subestimar o inimigo, que se deve sempre prestar mais atenção a ele do que a si mesmo. Isso obriga os colaboradores do Ministério da Segurança do Estado a investigar meticulosamente, a passar um pente fino em tudo para poder descobrir a tempo os planos do inimigo.

Por isso, cada funcionário deve cultivar "os princípios fundamentais [...] de um tchekista": "a conspiração, a vigilância, a disposição ao combate". Mielke insiste assim nos laços necessários com a população alemã oriental: "44 exposições", "8 filmes documentários", "1800 reuniões", "26 brochuras e livros" somando "2,8 milhões de exemplares", são a materialização deste trabalho de "promoção e de educação" (*Aufklärung*) realizado em dois anos.

Tive a ocasião de ver uma destas exposições, na sede do ministério, em Berlim, na Normannenstrasse. Havia sido instalada na década de 1980 e representava, para um jovem como eu, pouco após a queda do Muro, uma verdadeira surpresa: os opressores se apresentavam como cavalheiros brancos da vontade popular, da justiça social e do sentido da história. Pouco antes da derrocada final, o *MfS* teve tempo de realizar um filme em honra de seu regimento de elite, batizado com o nome do fundador da Tcheka, que difunde a mesma mensagem[123].

Num tal contexto cultural, mental e ideológico, o muro de Berlim é um "muro de proteção antifascista" (*antifaschistischer Schutzwall*), que protege "o Estado dos camponeses e dos operários" (*Arbeiter- und Bauernstaat*) contra os ataques vindos do Ocidente e desta *Republikflucht* (emigração para a República Federal da Alemanha, mas, literalmente, "fuga da República", expressão copiada

---

123. Dzierzynski Soldaten – Lehrfilm über das MfS-Wachregiment "Felix Edmundowitsch Dzierzynski", BStU, MfS, ZAIG, Fi, Nr. 99, 53' 41".

de *Fahnenflucht*, o fato de fugir das bandeiras, a deserção) que esgota o país.

No dia 7 de outubro de 1989, no momento em que a SED festeja o quadragésimo aniversário da RDA, Erich Honecker pronuncia um discurso que reitera os fundamentos do credo: a RFA [República Federal da Alemanha] era um "Estado separatista" criado pelo Ocidente, sem levar em conta os acordos de Potsdam, e "sem acordo do povo" – o que, aliás, é exato. Esta RFA, aos olhos dos caciques comunistas que haviam conhecido o exílio, a prisão ou o campo de concentração, era nem mais nem menos do que uma perpetuação do III Reich, se possível "nas fronteiras de 1937": "Levou-se a bom termo a restauração da antiga sociedade, a construção de uma nova Wehrmacht, com os velhos generais, para benefício da OTAN. O passado não passa". Nestas circunstâncias, a RDA, "fronteira ocidental do campo socialista, deu provas de ser como um quebra-mar do neonazismo e do nacionalismo". Os acontecimentos que ocorrem desde alguns meses na Europa Oriental não passam de uma "campanha de difamação" e de "desestabilização do socialismo", "internacionalmente organizada". Pouco importa:

> Neste quinto decênio que se inicia, o primeiro Estado socialista dos operários e dos camponeses em solo alemão provará sempre de novo, por sua ação em favor do povo, por sua contribuição para a paz, para a segurança e

para a cooperação internacional, que sua fundação em outubro de 1949 foi uma reviravolta na história do povo alemão e da Europa.

Algumas semanas mais tarde, após a demissão de Honecker e a abertura do Muro, Erich Mielke vai fazer um discurso diante da *Volkskammer*, a "Câmara do povo", sob os gracejos burlescos e as interpelações dos deputados. Ele pretende justificar a ação da Stasi, e a sua, durante os decênios que acabam de transcorrer:

> Nós somos os filhos e as filhas da classe operária, dos trabalhadores, e viemos de todas as camadas sociais [...]. Defendemos os interesses dos trabalhadores [...]. Nós temos, camaradas, caros deputados, um contato extraordinariamente próximo com todos os trabalhadores.

Esta frase provoca, de acordo com a ata da seção, risos explícitos: a proximidade com o povo por parte de Mielke, *apparatchik* que vive no luxo, era duvidosa, contrariamente à dos seus funcionários, muito conhecidos por submeter a população da Alemanha Oriental a uma vigilância de fato "extraordinariamente próxima".

Enquanto Mielke se obstina em dirigir-se aos deputados como "camaradas", o presidente da sessão lembra-lhe que nem todos o são e que é preciso, portanto, mudar de fórmula. Mielke responde então: "Perdão, mas não se trata aqui de forma [manifestações de descontentamento no hemiciclo]. Mas eu amo a todos [...] eu amo, no entanto, todos os homens" – a expressão "*alle Menschen*" significando "todos os seres humanos", ou seja, na sala onde ele se expressa e em toda a terra.

Por mais surpreendentes que possam parecer na boca do poderoso chefe da Stasi, antigo combatente da causa proletária e da União Soviética contra os nazistas, estas palavras devem ser tomadas ao pé da letra. Levar a sério as fontes dos atores permite, tanto aqui como em outros lugares, acessar um universo mental estruturado e orientado por fins, portador de um sentido e rico em valores. Mielke vigiou, prendeu e reprimiu por "amor", como outros antes dele – assim como o Grande Inquisidor que, tanto em Schiller como em Dostoievski, mandaria crucificar Cristo de novo, por amor aos cristãos.

IV
Nazismo e fascismo

A busca de uma epopeia milenar

Em 1935, por ocasião do congresso anual da Sociedade nórdica, associação fundada em 1921 em Lübeck para incentivar as pesquisas arqueológicas e históricas no norte da Europa, mas também para promover a cultura e a história da região, Alfred Rosenberg fez um discurso destinado a surpreender, ou mesmo irritar, seus ouvintes. Enquanto se está, nestes cenáculos, em comunhão com o culto dos Vikings, da Hansa e do Norte eterno, enquanto se fundou esta associação para opor-se ao culto do Sul grego e romano, eis que o responsável pela *Weltanschauung* (visão de mundo) do partido nazista declara:

> O segredo da civilização grega está no fato de que, outrora, os povos nórdicos subjugaram um país estrangeiro e, guiados por um radiante ideal de beleza, puderam formar e educar harmoniosamente o corpo e a alma. É por isso que a Grécia antiga não é um modelo

que nos foi legado por algum país estrangeiro e cuja imitação seria vergonhosa ou incompatível com nossa dignidade nacional [...]. O renascimento da Antiguidade, que está acontecendo hoje nas almas da nova Alemanha é basicamente a ressurreição do homem germânico livre.

Pré-historiadores, raciólogos, antropólogos da raça, historiadores da Escandinávia têm aqui assunto para melindrar-se: a chegada dos nazistas ao poder era uma oportunidade importante para pôr um fim àquilo que a germanista de Oxford Elizabeth Butler havia chamado em 1936 de "tirania da Grécia sobre a Alemanha", esse maldito filo-helenismo que havia colocado membros da Casa de Wittelsbach no trono de Atenas – por que não? – e a Grécia no pináculo da cultura do burguês alemão. A referência grega, obrigatória desde Winckelmann e Goethe, é a seus olhos uma reverência servil. Contra um Wagner, que jura unicamente pela matéria germânica para compor suas obras, quantos Nietzsches e Heideggers, pensadores apaixonados pela Grécia? Pré-historiadores e germanistas viam na "revolução nacional" (*Nationale Revolution*) de 1933 a oportunidade histórica de incentivar de maneira decisiva os estudos propriamente alemães: é preciso chover cargos, financiamentos e prebendas sobre os valentes estivadores da história germânica, ocultados, ou mesmo desprezados, por seus colegas estudiosos da Antiguidade, aureolados com seu prestígio greco-latino.

O complexo de inferioridade cultural e intelectual é patente: ele mina a Alemanha desde a Renascença, diante dos italianos, dos franceses, ou mesmo dos austríacos, mais latinos, barrocos e católicos. Na Universidade alemã ele afeta os que se dedicavam a decifrar runas em vez de epígrafes do Peloponeso. Cada semana, ou quase, o *Das Schwartze Korps*, jornal da SS, os tranquiliza: o mundo germânico, na Antiguidade, nada tinha a invejar aos gregos, aos romanos, nem aos egípcios, muito pelo contrário.

Nesta ofensiva ao mesmo tempo teórica e institucional, científica, midiática e prática, Rosenberg é um aliado seguro. Então, que bicho o mordeu aqui? Por que manter estas palavras provocantes num dos recintos fechados da germanomania?

A data importa: em 1935, o Partido Nacional-Socialista dos Trabalhadores Alemães, a chancelaria e o ministério da Propaganda de Goebbels já haviam tomado a decisão de realizar na Alemanha os Jogos Olímpicos de 1936, concedidos ao país pelo Comitê Olímpico Internacional em 1931, sob a República de Weimar. Levantou-se a questão, mas ela foi rapidamente resolvida: Goebbels soube convencer Hitler de que os Jogos Olímpicos alemães, no município de Garmisch-Partenkirchen e em Berlim, seriam uma vitrine ideal da nova Alemanha. O país demonstraria na ocasião a ordem e a organização,

155

mostraria a paz e a prosperidade. Exibiria o corpo alemão e suas performances. Provaria, igualmente, o gênio da raça nórdica.

É neste contexto que Alfred Rosenberg fala aqui dos gregos: ao lê-lo, vê-se uma renascença da Antiguidade grega na Alemanha, generosamente encenada pela propaganda dos Jogos, a partir da retomada das escavações arqueológicas de Olímpia, confiadas um jovem arqueólogo da SS, Hans Schleif, até a arquitetura do Estádio Olímpico de Berlim, passando pelas exposições de esculturas neoclássicas e de arte grega, sem esquecer o filme de Leni Riefenstahl, *Olympia*, e seu famoso prólogo. Tudo conta, até mesmo os detalhes: o nome do estádio projetado e construído por Wilhelm March em Berlim foi tema de um debate entre o Dr. Goebbels e seu colega ministro do Interior, o Dr. Wilhelm Frick. Frick, como bom germamômano, quer um nome indubitavelmente alemão, como *Deutsche Reichskampfbahn*. Ele contesta a escolha de Goebbels (*Olympiastadion*), alegando que este nome não vem do alemão, mas do grego. A chancelaria decide: este será *Olympiastadion* porque o grego é alemão.

É precisamente o que Rosenberg afirma aqui: os gregos são alemães que, provenientes do Norte, colonizaram o Sul mediterrâneo. Sob as brisas marinhas e o sol quente do Sul, eles puderam operar uma fotossíntese cultural que se materializou no Partenon, nas matemáticas e na filosofia grega. Prisioneiros das brumas e dos nevoeiros gelados do Norte, seus primos germânicos, de acordo com o próprio Hitler, permaneceram em estado vegetativo, atrasados, no sentido literal do termo. Só uma feliz mudança climática devida ao desmatamento alpino permitiu, avalia Hitler, o florescimento de uma cultura no Norte entre os que haviam, no sentido original, *permanecido*.

A incorporação racial dos gregos e dos romanos no Norte resolveu tudo: fazer história antiga, do grego e do latim, imitar os "Antigos", não constitui, portanto, uma humilhante alienação cultural, mas um retorno às origens da raça nórdica, que encontramos tanto do lado da sombra como do lado do sol, tanto no Báltico como no Mediterrâneo.

As palavras surpreendentes de Rosenberg, incongruentes, ou mesmo inapropriadas diante de um auditório de germanistas, acenam para uma outra surpresa, ainda maior: a de ver um regime moderno, em pleno século XX europeu, apelar para os germanos das origens e vestir a toga neoclássica, em sua representação do homem e em sua arquitetura. Aliás, eu estudei longamente esta narrativa, tecida de discursos, de estátuas e de edifícios, de filmes e de manuais escolares, de decretos e de cerimônias[124]. Pude constatar que falar dos gregos, dos romanos e dos germanos, falar tanto deles e sob formas tão nu-

---

124. J. CHAPOUTOT. *Le Nazisme et l'Antiquité*. Paris: PUF, 2008, "Quadrige", 2012.

merosas, permitia qualificar favoravelmente a identidade alemã, tão posta à prova pelas mutações da sociedade moderna e pela Grande Guerra.

A incorporação da Antiguidade realça consideravelmente o prestígio da raça nórdica, erigida em matriz de toda civilização. Ela dá acesso a uma imitação plenamente legítima, porque os gregos e os romanos não são mediterrâneos, e a uma sadia emulação: para construir o corpo, a Cidade e o Império é preciso fazer como os Antigos, ou até melhor do que eles. Enfim, ela permite refletir sobre a sorte infeliz de uma raça que não soube preservar seu sangue: a hemorragia de guerras fratricidas (guerra do Peloponeso, guerras civis romanas...), a abertura à Ásia e aos judeus, e até mesmo à cidadania universal de Caracala, tudo isso levou ao enfraquecimento e, em seguida, ao desaparecimento. Dos gregos só restam os esqueletos branqueados de suas ruínas: uma sã profilaxia, uma biologia política permitida pelos conhecimentos da ciência, deve doravante evitar este triste destino.

A bom entendedor meia palavra basta: os gregos e os romanos não tinham nem ciência do sangue, nem leis de Nuremberg, nem conhecimento daquilo que é o motor da história – a luta das raças. Esta luta assume as formas da guerra aberta, como as guerras médicas ou púnicas, que viram o Oriente eterno, armado pelos judeus, atacar a Grécia e em seguida Roma. Ela veste as aparências mais dissimuladas da conspiração: o que conquistou Roma não foi a força armada de um inimigo superior (os gregos e os romanos sempre venciam nesse terreno, contra Dario, Xerxes ou Aníbal), mas a astúcia matreira de um inimigo malicioso, que prospera nas penumbras suspeitas das conspirações. "O judeu Saulo se tornou Paulo", resume Hitler numa conversa privada, assim como o "judeu Mardoqueu se tornou Marx": Saulo, o convertido a caminho de Damasco, se tornou o "comissário político" do *judeu-cristianismo*, assim como Karl Max, neto de um rabino, deu sua armadura conceitual e sua organização ao *judeu-comunismo*. Vista assim, a história adquire sentido e coerência: Roma foi minada pelas catacumbas, e o Reich precisou combater com radicalidade um inimigo imemorial que surge sempre sob aparências renovadas, mas com um objetivo imutável: negar a superioridade germânica em nome do universalismo e do igualitarismo (cristão ou marxista), confederar a escória dos fracassados, dos degenerados, dos doentes e dos mestiços contra a elite germânica.

Esta narrativa é um operador de inteligibilidade temível, que permite explicar e compreender tudo: o fim do Império Romano, a Guerra dos Trinta Anos, a Grande Guerra, a Revolução Francesa, a Comuna de Paris, a Revolução bolchevique... A narrativa da Antiguidade é, com efeito, descritiva (uma descrição curiosa aos nossos olhos, mas que não era forçosamente delirante em comparação com o que se ensinava na época) e ao mesmo tempo prescrição: a fábula é rica de normas, seja em matéria de procriação, de combate ou de reino imperial.

Reescrever a história da Antiguidade, tanto nos manuais escolares como nos filmes e na arquitetura das cidades, deve permitir fortalecer a raça num banho de regeneração bem-vindo, após as misturas e os estiolamentos da Modernidade. O recurso à Antiguidade é constitutivo de uma *revolução* cultural, no sentido primário e etimológico do termo: trata-se de retornar à origem, à besta loura que vivia de acordo com seu instinto, e não de acordo com as leis legadas pelos (judeu-)cristãos. Nada de homem novo entre os nazistas: o arquétipo é, de fato, o arcaico.

Os nazistas odeiam a Revolução Francesa ao ponto de empregar o termo revolução em sua acepção pré-revolucionária, e etimológica – não como uma abertura vetorial rumo ao infinito do progresso, mas como um retorno circular à origem. Esta concepção do tempo, como também estes fins atribuídos ao regime e à raça, fazem do nazismo, para retomar um título de Jeffrey Herf, um "modernismo reacionário" exemplar[125], um fenômeno inscrito na Modernidade, em sua lógica e em seus instrumentos, mas retrógrado, orientado para um passado fantasiado que convém recriar.

---

125. J. HERF. *Le Modernisme réactionnaire. Haine de la raison et culte de la technologie aux sources du nazisme*, trad. fr. F. Joly. Paris: L'Échappée, "Versus", 2018 (1948).

Encontramos aqui uma das consequências do biologismo literal e dogmático dos nazistas, que só veem esperança e salvação na reconciliação com a pureza primeira da raça germânico-nórdica: contra a degenerescência moderna, a regeneração resoluta; contra o afastamento e a dissolução (do instinto, do sangue), o retorno à origem.

A história, para os nazistas, é o lugar doloroso do deslocamento e da mistura, um vale de lágrimas cuja desgraça autoridades, pensadores e tecnocratas não cessam de denunciar. Somente o retorno à origem permite pôr um fim a uma morte lenta, milenar, para se projetar num Reich de mil anos, hibernação histórica e espaço colonial onde a raça, entregue a si mesma, poderá se entregar à sua vocação biológica: fazer filhos, numerosos e de boa raça, e alimentá-los, num biótopo (*Lebensraum*) enfim seguro e protegido.

A referência à Antiguidade evoca infalivelmente uma outra experiência política do século XX, na qual ela parece aliás mais lógica e imediata: a Itália fascista.

Para quem dá ouvidos ao período entre as duas guerras e permanece em condições de se surpreender, o discurso pronunciado por Mussolini no dia 9 de maio de 1936 em Roma não deixa de surpreender, porque ali aparece um chefe de governo, de um país moderno e orgulhoso de sua modernidade (a mecânica, o armamento, a ciência...), que proclama o Império Romano:

Oficiais! Suboficiais! Soldados de todos os exércitos do Estado, na África e na Itália! Camisas negras da Revolução! Italianos e italianas do país e do mundo, ouvi! Um grande acontecimento se completa: o destino da Etiópia está doravante fixado neste 9 de maio, décimo quarto ano da era fascista. Todos os nós foram cortados por nossa espada cintilante e a vitória africana permanece na história da pátria, inteira e pura, tal como a haviam sonhado e desejado os legionários mortos e os que ainda estão vivos. A Itália possui enfim seu Império. Império fascista, porque traz a marca inapagável do fascismo [...]. Império de paz, porque a Itália quer a paz para ela própria e para todos e só escolherá a guerra quando for forçada por necessidades vitais, imediatas e urgentes. Império de civilização e de humanidade para todas as populações da Etiópia. Eis a tradição de Roma, que, após ter triunfado, associava os povos vencidos a seus destinos [...]. O povo italiano criou o Império com seu sangue. Ele o fecundará com seu trabalho ou o defenderá com suas armas. Com esta certeza suprema, erguei, legionários, vossas flâmulas, vossas armas e vossos corações para saudar, após quinze séculos, a ressurreição do Império sobre as colinas sagradas de Roma[126].

---

126. B. MUSSOLINI. *Oeuvres et discours*. Paris: Flammarion, 1938, t. XI.

A grandiloquência da proclamação vem mascarar, e resgatar, todas as dificuldades, ou mesmo as humilhações, da conquista da Etiópia: a derrota humilhante de 1896, o fracasso colonial italiano, em seguida as sanções da Sociedade das Nações e a violência aérea e química contra um inimigo temível e surpreendente, contra o qual a Itália não podia permitir-se uma segunda derrota.

A referência ao Império Romano é permanente desde a década de 1920 e culmina em 1938, com a celebração do bimilenário de Augusto, precisamente dez anos após o início das escavações arqueológicas do centro de Roma (fórum, *fora* imperiais, Coliseu, *ara pacis*, mausoléu de Augusto), pontuada pela abertura da *Via dei Fori Imperiali*, ornada de placas murais em mármore representando a expansão o Império Romano. É ali que Mussolini assiste a desfiles de tropas ao lado de uma estátua de Trajano, cujo reinado marca a extensão máxima do império. Com tudo isso Mussolini iria fazer as honras da casa a Hitler, por ocasião da visita de Estado em 1938. Apaixonado pela Antiguidade, o Führer se alegrou com a anulação, por causa das chuvas, de uma enésima parada, o que lhe proporciona um dia de visitas arqueológicas tão precioso quanto inesperado. O discurso que ele pronuncia por ocasião desta viagem permite precisar a partilha geopolítica com o amigo italiano: a Mussolini o *mare nostrum* e o *imperium romanum*, aos nazistas o Norte e o Leste.

Este mesmo ano de 1938 vê acontecer a *Mostra augustea della Romanità* enquanto se inaugura com grande pompa a *Ara Pacis* e o *Stadio Mussolini*, atração principal do *Foro Italico* construído para os Jogos Olímpicos de 1944 (após os de Berlim em 1936), que ocorrerão pouco após os de Tóquio, previstos para 1940.

A referência à Antiguidade continua sendo o meio mais seguro de exaltar a italianidade e de promover sua grandeza, apesar do longo eclipse da "Itália", após o fim do Império Romano do Ocidente (476) e a unificação nacional, chamada *Risorgimento* (o "ressurgimento"). A utilização é explícita e o uso político é assumido, como mal o esconde Mussolini neste discurso pronunciado em outubro de 1922:

> Nós criamos um mito; o mito é uma crença, um nobre entusiasmo; ele não precisa ser realidade, é um impulso e uma esperança, fé e coragem. Nosso mito é a nação, a grande nação, que queremos transformar em realidade concreta[127].

Esta relação com Roma, ao mesmo tempo exaltada e exaltante, pensada no sentido de uma religião política à romana, bem estudada por Emilio Gentile[128], parece, no

---

127. Citado em Y.-C. ZARKA. *Carl Schmitt ou le mythe du politique*. Paris: PUF, "Débats philosophiques", 2009, p. 12.
128. E. GENTILE. *La Religion fasciste*, tr.fr. Paris: Perrin, "Terre d'histoire", 2002.

entanto, mais lúcida do que na Alemanha. Na Itália sabe-se pela experiência das ruínas que Roma não existe mais e que a história continua. Um célebre cartaz de 1912, dez anos antes da chegada dos fascistas ao poder, já o mostrava muito bem: nas terras da África, um marinheiro italiano pega a espada de um legionário morto para continuar sua missão. O soldado romano está morto, e bem morto – a representação de seu cadáver é aliás muito realista.

Mussolini, como bom germanista e leitor de Nietzsche, conservou sem dúvida esta injunção da *Segunda consideração intempestiva*: deixemos os vivos enterrarem os mortos, sendo que o inverso é mais problemático. Numa cidade, Roma, e num território, a Itália, saturados de arqueologia, esta advertência contra a história antiquária é sem dúvida mais salutar e compreendida do que em outros lugares. O passado romano é um modelo que tranquiliza, porque atesta qualidades da nação latina, e emula (eles o fizeram: portanto é possível, imitemo-los). Mas ele não encarcera mais: os defuntos não existem mais e isso é mostrado, como deixa ver estes famosos cartazes, bem como a encenação das ruínas dos fóruns imperiais em Roma. No bairro da *Esposizione Universale di Roma*, construído para a exposição universal de 1942, o célebre Coliseu cúbico materializa esta relação realmente muito livre com o passado.

É justamente na atitude do regime fascista para com a criação artística que o passado se revela: a criação é bem-

-vinda para Mussolini, ao passo que é rejeitada por Hitler, que supervisiona pessoalmente, por ocasião das exposições anuais da arte alemã em Munique, para que a atividade artística não seja nada de inovação, mas reiteração infatigável dos arquétipos: a pintura de uma montanha ou de uma aldeia, o retrato clássico, a arte grega, a arquitetura romana.

A relação dos fascistas com o passado, a de Mussolini em primeiro lugar, se inscreve num tempo aberto, vetorial, a contrapelo do tempo circular fantasiado pelos nazistas, que torcem este vetor e tornam impossível a passagem do tempo, este eixo do desperdício, da mescla, do esgotamento. Os nazistas ilustram plenamente este "terror da história", que Mircea Eliade identifica nos que querem fugir do tempo que passa a fim de recuperar o tempo a-histórico do mito. Em *O mito do eterno retorno*[129], Eliade observa, enquanto antropólogo das religiões: "Um traço nos surpreendeu, ao estudar estas sociedades tradicionais: é sua revolta contra o tempo concreto, histórico, e sua nostalgia de um retorno periódico ao tempo mítico das origens, ao Grande Tempo", ou seja, uma "depreciação da história"[130], e mesmo um verdadeiro "terror da história"[131]: "a recusa a aceitar-se como ser histórico"

---

129. M. ELIADE. *Le Mythe de l'éternel retour*. Paris: Gallimard, 1969 [1947].
130. Ibid., prefácio.
131. Ibid., cap. IV: "La terreur de l'histoire".

leva a praticar ritos de renascimento ou de renovação, a crer no eterno retorno, ou a querer congelar a dinâmica da história na estagnação de um eterno presente.

Apesar de sua evidência esmagadora, ou melhor, em razão de sua onipresença sufocante diretamente no solo da experiência italiana, a referência a Roma é finalmente mantida à distância, e sob controle. Ela depende, entre os fascistas, de um uso daquilo que Nietzsche denomina "história monumental", uma modalidade bastante clássica da relação com o tempo:

> A história diz respeito antes de tudo ao homem ativo e poderoso, ao homem que luta em uma grande batalha e que precisa de modelos, mestres, consoladores e que não permite que ele se encontre entre seus contemporâneos e no seu presente [...]. Ela é crença no companheirismo e na continuidade do que há de grandioso em todos os tempos, ela é um protesto contra a mudança das gerações e a perecibilidade. Através de que se mostra útil para o homem do presente a consideração monumental do passado, a ocupação com o que há de clássico e de raro nos tempos mais antigos? Ele deduz daí que a grandeza, que existiu, foi, em todo caso, possível uma vez e, por isto mesmo, com certeza, será algum dia possível novamente; ele segue, com mais coragem, o seu caminho, pois agora se suprimiu

do seu horizonte a dúvida que o acometia em horas de fraqueza, a de que ele estivesse talvez querendo o impossível[132].

No plano de fundo, como vemos, existe a melancolia do chefe que se sabe contingente e não necessário, humano e não heroico, e que, tentado pelo desânimo e pela depressão, recorre a todos os artifícios possíveis para tornar épica sua época, mobilizar seus contemporâneos e obviar seu próprio desânimo.

Em Mussolini, como em qualquer um que evoca o passado numa postura de história monumental, a referência histórica opera uma transfiguração do presente em epopeia e, portanto, numa redenção do tempo. É o que diz Marx quando descreve a lamentável paródia do tio (Napoleão) pelo sobrinho (Luís Napoleão) por ocasião do golpe de Estado de 1852, repetição tardia, como "farsa", da "tragédia" do 18 Brumário. As páginas célebres de Karl Marx, observador e analista atento das "lutas de classes na França", acerca do 18 Brumário de Louis Bonaparte fornecem uma reflexão de importância mais geral sobre a deturpação histórica do real, que permite ao presente "aparecer no novo cenário da história sob esse disfarce respeitável e com essa linguagem emprestada", no duplo sentido de linguagem de empréstimo e jactância desastrada.

---

132. F. NIETZSCHE. *Considérations inactuelles I et II*. Paris: Gallimard, "Folio", 1992.

Os atores da história colhem coragem e entusiasmo no passado porque ele forma uma barreira, uma barreira épica ou heroica, com as tarefas triviais, ou até sórdidas, que eles precisam efetuar:

> Camille Desmoulins, Danton, Robespierre, Saint-Just, Napoleão, os heróis, os partidos e as massas da velha Revolução Francesa, desempenharam a tarefa de sua época, a tarefa de libertar e instaurar uma sociedade burguesa moderna, em trajes romanos e com frases romanas[133].

Uma máscara, um disfarce e um cenário bem-cômodos e destinados a desaparecer:

> Uma vez estabelecida a nova formação social, os colossos antediluvianos desapareceram e, com eles, a Roma ressurrecta: os Brutus, os Gracos, os Publícolas, os tribunos, os senadores e o próprio César. A sociedade burguesa, com seu sóbrio realismo, havia gerado seus verdadeiros intérpretes e porta-vozes nos Says, Cousins, Royer-Collards, Benjamin Constants e Guizots [...]. Mas, por menos heroica que se mostre hoje esta sociedade, foi não obstante necessário heroísmo, sacrifício, terror, guerra civil e batalhas de povos

---

133. K. MARX. *Le 18 Brumaire de Louis Bonaparte*. In: *Les Luttes des classes en France*. Paris: Gallimard, "Folio", 2002.

para torná-la uma realidade. E nas tradições classicamente severas da república romana, seus gladiadores encontraram os ideais e as formas de arte, as ilusões de que necessitavam para esconderem de si próprios as limitações burguesas do conteúdo de suas lutas e manterem seu entusiasmo no alto nível da grande tragédia histórica[134].

A referência à história é menos ancilar ou instrumental, e mais profunda e angustiada entre os nazistas. Ela tece a própria textura da visão de mundo (*Weltanschauung*) que é uma visão do homem, do espaço e do tempo. Defendendo, sem o dizer explicitamente – mas é patente para o historiador que se debruça sobre ela mais de perto –, uma visão a-histórica da história, uma concepção anacrônica da diacronia, os nazistas vivem e revivem o passado no presente, sem cessar. Por ocasião da declaração de guerra aos Estados Unidos da América, num discurso pronunciado diante do Reichstag no dia 11 de dezembro de 1941, Adolf Hitler evoca a memória da Antiguidade greco-romana, dos Campos cataláunicos e do Sacro Império Romano-germânico:

> Na batalha dos Campos cataláunicos, romanos e germanos combateram pela primeira vez lado a lado numa guerra de inimaginável importância, por uma civilização que, dimanando

---

134. Ibid.

dos gregos e passando através dos romanos, atingiu também os germanos. A Europa tinha-se engrandecido. O Ocidente nasceu da Grécia e de Roma, e sua defesa durante muitos séculos não esteve apenas confiada aos romanos, mas sim, sobretudo, aos germanos. Na mesma proporção, porém, em que o Ocidente dilatou os seus limites, iluminado pela cultura grega e repleto da influência das poderosas tradições do Império Romano, em consequência da colonização germânica, engrandeceu-se também aquela concepção territorial a que chamamos Europa. Pouco importa se foram imperadores alemães que repeliram as invasões orientais no Unstrut ou no campo de Lech ou se a África foi expulsa da Espanha após longas guerras: foi sempre uma luta da Europa nascente contra um mundo estranho de natureza profundamente diferente. Se Roma recebeu então a sua imorredoira recompensa pela criação e defesa deste continente, os germanos tomaram também sobre si a defesa e a proteção de uma família de povos que, embora se diferençando e se afastando uns dos outros na organização política e nos seus objetivos, representa, todavia, um conjunto consanguíneo e cultural, em parte igual e em parte completando-se[135].

---

135. Adolf Hitler, Discurso no Reichstag, 11 de dezembro de 1941 (trad. do autor).

As essências raciais são perenes e não há nada de novo sob o sol desde "seis mil anos de ódio judaico" ou "seis mil anos de guerra racial": a mesma dialética das raças produz os mesmos acontecimentos e suscita os mesmos inimigos – judeu-cristianismo contra Roma e judeu-bolchevismo contra o Reich. A história, esse vetor de perda e de esgotamento, não existe em definitivo senão para os culpados, culpados por não conhecer as leis da biologia (portanto, da história) e por deixar o sangue germânico estragar-se pela mistura e pelo estiolamento. O terror e a recusa da história são explícitos: contra a dinâmica da degenerescência é preciso fazer com que aconteça a estática do "Grande Momento" de que fala Eliade, este "Reich de mil anos", que seria ao mesmo tempo espaço temporal (a estagnação de paz, após o desaparecimento dos inimigos biológicos) e espaço colonial (o vasto império de camponeses-colonos-soldados ao Leste), uma escatologia explícita solidária de um milenarismo que era tudo menos um *slogan*.

A natureza religiosa, o estatuto de religião política do nazismo – bem percebido, em tempo real, por Raymond Aron[136] – foi tratada abundantemente pela historiografia, como também pelo cinema, especialmente em dois filmes contemporâneos – *Sophie Scholl. Die letzten Tage*, com Julia Jentsch, e *Der neunte Tag*, de Volker Schlön-

---

136. R. ARON. "L'avenir des religions séculières", op. cit.

dorff, com Ulrich Matthes. Nos dois casos, um cristão fervoroso se confronta com o fanatismo nazista: Sophie Scholl, protestante, é interrogada por um investigador da Gestapo de Munique que tenta salvá-la convertendo-a à *Weltanschauung* nazista, que ela refuta ponto por ponto. Henri Kremer, sacerdote católico luxemburguês, é exonerado do *Pfarrerblock* de Dachau para ir manipular o bispo do Grão-Ducado. Começa um diálogo entre o sacerdote e o oficial da Gestapo local, um jovem SS fanático, sobre o qual ficamos sabendo que abandonou seminário para juntar-se às fileiras da Ordem Negra.

Nos dois casos, Sophie Scholl e Henri Kremer permanecem inflexíveis: é a fé do contraditor que vacila. Mas, nos dois casos, trata-se de uma fé nazista, caracterizada pela incondicionalidade (os postulados não são interrogados), pela virtude pan-explicativa (as leis da luta das raças explicam tudo) e por um aspecto escatológico portador de esperança (a guerra se prolonga, mas a vitória final será feliz e deslumbrante, inaugurando uma era de felicidade e de segurança infinita, superação e sublimação da grande angústia histórica e biológica do desaparecimento), que implica, no entanto, como equivalente lógico, uma profecia apocalíptica aterrorizante.

A relação de Hitler e de alguns responsáveis de vanguarda como Goebbels com a religião é complexa, caracterizada ao mesmo tempo por um pragmatismo frio (a religião é útil para a política, porque cria sentido e vínculo social – é mais ou menos a posição de Maquiavel, e mais tarde de Rousseau), por uma admiração real pela Igreja Católica como edifício político, e por uma superstição pessoal acentuada. Hitler, como Goebbels e Himmler, é de cultura católica e nunca pediu para sair da Igreja. Seu discurso privado atesta sua admiração por uma construção política bimilenar, que se manifesta através de edifícios arquiteturais como São Pedro em Roma, que, como atesta o arquiteto e ministro Albert Speer, o Grande Salão de Berlim deveria superar.

De um ponto de vista pessoal, ele é habitado por uma mitologia da eleição: o *Erlöser Deutschlands* (Salvador, Redentor da Alemanha), como Hitler se deixa apresentar, é suscitado por uma Providência (*Vorsehung*) da qual o Führer ressalta, a cada atentado de que escapa, a atenciosa benevolência.

Tributário de sua cultura católica, Hitler desenvolve uma retórica fortemente impregnada de religiosidade, numa perspectiva instrumental, puramente formular, que se aproxima do pastiche e visa seduzir os crentes à maneira de um flautista de Hamelin: "Oxalá nosso Deus onipotente aceite nossa obra de bom grado, oriente nossa vontade, abençoe nossos projetos e nos conceda a confiança de nosso povo", implora ele num discurso radiodifundido de 1º de fevereiro de 1933, que inaugura a campanha eleitoral para as eleições do Reichstag previstas para o dia 5 de março seguinte, ou no discurso de campanha pronunciado no Palácio dos esportes de Berlim no dia 11 de fevereiro de 1933, que ele conclui com um vibrante e fustigante "Amém!", num decalque literal da fórmula conclusiva do Pai-Nosso protestante alemão, que promete "o novo reino[137] do poder, da honra e da força, da glória e da justiça. Amém!"[138]

Os SS, e especialmente Himmler, parecem impregnados de uma religiosidade mais marcada. Os fascículos de formação ideológica da SS (especialmente os SS--Handblätter) nunca deixam de realçar: "*Wir glauben an eine göttliche Weltordnung*" ("Nós cremos numa ordem cósmica desejada por Deus"). Himmler insiste nisto em muitos dos seus discursos: os SS acreditam numa força superior, a força que escolheu a raça indo-germânica, única capaz de cultura. Elite racial do povo alemão, os SS se concebem como uma ordem, "*der schwarze Orden*", à

---

137. A palavra alemã empregada é *Reich*, cuja polissemia é aqui fecunda.

138. "Durante este século, o respeito outrora reservado ao serviço de Deus foi estendido às instituições e às práticas temporais. O idealismo alemão e o protestantismo liberal se unem para emprestar ao Estado sua própria aura. O Estado, por sua vez, exigia a veneração, o sacrifício, o serviço; era celebrado por monumentos nacionais, festas nacionais, hinos. Outras instituições públicas se viram também santificadas: as universidades alemãs, transformadas pelas ideias de Humboldt, acabaram sendo honradas como templos da cultura e da sabedoria"; Fritz Stern. "Allemagne 1933: cinquante ans après". In: *Dreams and Delusions*. Nova York: Knopf, 1987. Trad. francesa: *Rêves et Illusions. Le drame de l'histoire allemande*. Paris: Albin Michel, 1989, p. 188.

imitação dos monges-cavaleiros teutônicos e dos jesuítas, cuja *Kadavergehorsam* (a obediência de cadáver) o próprio Himmler, bávaro de cultura católica, e por isso sensível à história da Contrarreforma e dos jesuítas, elogia.

O inimigo irreconciliável dos nazistas mais convictos, esses círculos nordicistas em torno da SS e de Rosenberg, é o judeu-cristianismo, em pé de igualdade com o judeu-bolchevismo. Por razões políticas, antes de tudo, mas são as mais superficiais: o cristianismo, por sua implantação tradicional, é um concorrente societal direto do Partido e de suas agências. A hierarquia nazista rejeita todo *modus vivendi* à italiana com as Igrejas, tal como está formalizado pelo Tratado de Latrão (1929), e pretende, especialmente, ter o monopólio da juventude. Mussolini pode muito bem declarar que reivindica os italianos do berço ao túmulo, deixando-os em seguida muito à vontade na Igreja; mas os nazistas não se adaptam: em seus obituários, os SS substituem a cruz pela runa da morte (um tripé, simbolizando o mergulho das raízes de uma árvore na terra), criam um batismo nazista para as crianças nascidas nos *Lebensborn*, inventam sua própria cerimônia de casamento...

Mais profundamente, e de maneira mais decisiva, o *judeu*-cristianismo é de origem e de essência judaica. Se, para Hitler, que retoma aqui uma velha tese que circula nos meios cristãos-arianos dos *Deutsche Christen*, Cristo é uma figura admirável de coragem e de combatividade, se ele é sem dúvida meio-ariano (resultante do acasalamento de um legionário romano, portanto nórdico, com uma mulher palestina), a mensagem crística, assim desjudaizada, foi rapidamente desvirtuada por Paulo, um judeu convertido, cujo nome hebraico, Saulo, Hitler recorda constantemente: "*Paul ist Saul wie Marx, Mordechai*" ("Paulo é Saulo, assim como Marx é Mardoqueu") – lê-se num de seus comentários privados. O cristianismo foi uma arma nas mãos dos judeus, que utilizaram esta doutrina universalista e igualitária para destruir o Império Romano, assim como a época contemporânea conhece um segundo empreendimento de subversão sob a forma da doutrina marxista. Nos dois casos, uma mensagem igualitária apela a todos os fracos e aos fracassados do mundo inteiro (universalismo), estimulados a subverter a ordem dos senhores, profundamente particularista e desigualitária, como toda ordem racista. Esta leitura do cristianismo como arma dos fracos contra os fortes é, também aqui, uma herança antiga, tomada de empréstimo especialmente a Nietzsche em sua *Genealogia da moral*, que, no entanto, só emprega categorias psicológicas e morais, nunca biológicas ou raciais[139].

A prazo, o projeto, menos explícito em Hitler do que entre os SS, seria o de suplantar um cristianismo *artfremd* (estranho à espécie) e deletério por uma religião da raça.

---

139. Sobre esse ponto, cf.: B. STIEGLER. *Nietzsche et la critique de la chair. Dionysos, Ariane, le Christ*. Paris: PUF, 2005.

Os nazistas, na prática, utilizam muito a retórica como também o ritual religioso cristão, promovendo uma verdadeira religião do sangue, onde a transcendência é paradoxalmente imanente. O sangue, elemento precioso para preservar contra toda nódoa, substância íntima e interna, é o que sobrevive ao homem na cadeia ininterrupta das gerações – ele é a essência que sobrevive por toda a eternidade.

Por ocasião de cada *Parteitag* de Nuremberg, os novos *Standarten* do Partido são batizados por contato com a *Blutfahne* – relíquia manchada com o sangue dos mártires tombados sob as balas por ocasião do *putsch* fracassado de 9 de novembro de 1923 – supostamente impregnada de uma virtude mágica, à semelhança dos *sacra* católicos. O ano nazista é marcado por festas repartidas de acordo com um calendário preciso, destinado a concorrer com o calendário ritual cristão: 30 de janeiro, *Machtergreifungstag*; um domingo de março, festa dos heróis da Grande Guerra; 20 de abril, aniversário do Führer; 1º de maio, festa da comunidade do povo; 21 de junho, *Sonnenwendfeier*; 29 de setembro, *Reichserntedankfest* (festa de ação de graças pelas colheitas); *Reichsparteitage* em setembro; 9 de novembro, juramento dos novos recrutas da SS na noite de 8 para 9 à meia-noite para comemorar o *putsch* de 1923 e prestar homenagem aos mortos. As *Sonnenwendfeiern* de junho e de dezembro são objetos de celebrações totalmente particulares nas fileiras da SS e da *Hitlerjugend* (Juventude hitleriana): o culto ao sol, antigo culto germânico celebrado por ocasião dos solstícios, deve substituir a prazo as celebrações de Natal e de São João, que haviam cristianizado rituais mais antigos. Também neste ponto o nacional-socialismo pretende ser uma revolução, no sentido de retorno à origem: contra a aculturação judaico-cristã, que foi uma desnaturação da raça, convém transpor os séculos e reencontrar a aurora germânica das florestas.

As cerimônias nazistas estão carregadas de uma religiosidade entendida no sentido amplo: exaltação da emoção, apelo à sensibilidade, reinvestimentos de elementos de uma gramática religiosa nem sempre especificamente cristã (a suástica indo-europeia, o fogo dos archotes), o decoro (bacias fumegantes nas ruas de Munique e de Nuremberg por ocasião das procissões nazistas, *Lichtdom* construído por Speer em Nuremberg, com projetores possantes da defesa antiaérea).

A eficácia deste ritual foi bem realçada por um observador cada vez mais participante, o francês Roger Brasillach, arrebatado pela magia do momento, pelo magnetismo dos lugares e pela comunhão de um povo:

> Foi construído um estádio imenso, numa arquitetura quase micênica, que o III Reich tanto aprecia. Nos assentos da arquibancada cabem cem mil pessoas sentadas, na arena cabem duzentas ou trezentas mil. As bandeiras

com a cruz gamada, sob o sol forte, estalam ruído e brilham. E eis que chegam os batalhões do trabalho, os homens do *Arbeitskorps*, em fileiras de dezoito, com música e bandeiras na cabeça, com a pá no ombro. Eles saem do estádio, entram novamente, seguem-se os chefes do departamento do trabalho, de peito, em seguida as moças. As pás são apresentadas e a missa do trabalho começa.

– Vocês estão prontos para fecundar o solo alemão?

– Estamos prontos.

Eles cantam, rufam o tambor, invocam-se os mortos, a alma do partido e da nação é fundida e, por fim, o chefe termina de fermentar esta multidão enorme e fazer dela um só ser; e ele fala. Quando o estádio se esvazia lentamente de seus oficiantes e dos espectadores, começamos a compreender o que é a nova Alemanha[140].

Segue-se a descrição, deslumbrada, de uma cerimônia noturna, que constitui o apogeu do Congresso do Partido:

É noite. O estádio imenso é mau e mal iluminado por alguns holofotes que deixam vislumbrar os batalhões compactos e imó-

---

140. R. BRASILLACH. *Notre avant-guerre*. Paris: Le Livre de poche, 1992 [1940], p. 343ss.

veis das SA (Tropas de choque), vestidos de marrom. Entre suas fileiras são deixados alguns espaços. Um deles, maior do que os outros, forma uma espécie de avenida que vai da entrada do estádio até a arquibancada por onde passará o Führer. São exatamente oito horas quando ele entra e, seguido por seu estado-maior, ocupa seu lugar, sob a os aplausos da multidão [...]. No exato momento em que ele entra no estádio, mil holofotes, em torno do recinto, são ligados, apontado verticalmente para o céu. São mil pilares azuis que doravante o cercam, como uma gaiola misteriosa. Serão vistos brilhar durante toda a noite da campanha; eles representam o lugar sagrado do mistério nacional, e os organizadores deram a este espetáculo feérico estupefaciente o nome de *Lichtdom*, catedral da luz.

Eis que o homem agora fica de pé em sua tribuna. Então são desfraldadas as bandeiras. Nenhum canto, nenhum rufar de tambor. Reina o silêncio mais extraordinário quando aparecem na beira do estádio, diante de cada um dos espaços que separam os grupos marrons, as primeiras fileiras de porta-bandeiras. A única luz é a da catedral irreal e azul, fora da qual se vê esvoaçar as borboletas, aviões talvez, ou simples poeira. Mas sobre as bandeiras é projetado o olhar de um holofote, que realça sua massa vermelha e que as segue à medida que avançam. Avançam, de fato? Diríamos de preferência que elas escorrem como uma torrente de lava púrpura, irresistivelmente, num enorme e lento deslizamento, para preencher esses interstícios previamente preparados no granito castanho. Seu avanço majestoso dura aproximadamente vinte minutos e, quando estão perto de nós, ouvimos o ruído abafado dos passos. Só o silêncio reinou até esse minuto em que eles vão parando aos pés do chanceler que está de pé. Um silêncio sobrenatural e mineral, como o de um espetáculo para astrônomos, num outro planeta. Sob a abóbada listrada de azul até as nuvens, os grandes deslizamentos vermelhos agora se acalmaram. Creio nunca ter visto em minha vida um espetáculo mais prodigioso.

Para terminar, antes e depois do discurso de Hitler, que produz nesta multidão muda uma onda de braços estendidos e de gritos, cantamos o *Deutschland über alles*, o *Horst Wessel-Lied* onde paira o espírito dos camaradas mortos pela Frente vermelha e pela reação, e o canto dos soldados da guerra.

Uma impressão de exotismo, de estranheza radical, quando se vem da França cartesiana, radical-socialista e racionalista:

A própria bandeira acentua esta espantosa impressão oriental e é preciso fazer um esforço para perceber que algumas das virtudes novamente conhecidas e apreciadas – o trabalho, o sacrifício, o amor à pátria – fazem parte do patrimônio comum de todos os povos, a tal ponto somos surpreendidos pelas impressões da mudança de ambiente e do exotismo. Parece haver aqui alguma ironia do destino ao realçar as aparências orientais destes mitos, num país que rejeita tudo o que lhe parece vir do Oriente. Mas Hitler, instaurador das noites de Walpurgis do 1º de maio, das festas pagãs, da consagração das bandeiras, é realmente fiel à vocação profunda da Alemanha, que, de Goethe a Nietzsche e a Kayserling, sempre esteve voltada para o sol do Oriente. Em muitos aspectos desta nova política – temos, de preferência, vontade de dizer: desta poesia – nem tudo, certamente, nos diz respeito, e não temos necessidade de insistir em afirmá-lo. Mas o que nos diz respeito, o que é um constante chamado à ordem, e sem dúvida uma espécie de remorso, é esta pregação constante, feita à juventude, em favor da fé, do sacrifício e da honra.

Para um francês "nacional" e preocupado com a decadência de sua pátria existem, certamente, lições a tirar no retorno de uma viagem à Alemanha nazista, uma Alemanha regenerada pela fé política que a impregna e doravante a constitui: "É a impressão final que levamos conosco:

belos espetáculos, bela juventude, vida mais fácil do que se diz, mas acima de tudo mitologia surpreendente de uma nova religião. Quando tentamos relembrar estas jornadas tão cheias, dizemos efetivamente, deste país tão próximo de nós, que ele é antes de tudo, no sentido pleno da palavra, e prodigiosa e profundamente, um país estranho" – mas que o será cada vez menos, ao longo do tempo, para este "nacional" intelectual clássico que, de artigo em artigo, devia tornar-se um autêntico nazista francês.

Para além do ritual, importante pelos efeitos que produz na aglomeração do grupo e na criação de uma comunidade, existe a busca do indivíduo – em outras palavras, as respostas trazidas pelo nazismo às perguntas que ele se faz sobre sua identidade, sobre a relação entre a vida e a morte, como também sobre o possível vínculo entre os vivos e os mortos –, uma questão importante quando nos lembramos de que a Alemanha é um país que conheceu a experiência penosa da morte em massa durante a Grande Guerra, ou seja, uma média de 1800 mortos diariamente na linha de frente durante os quatro anos de duração do conflito, num total de dois milhões e quinhentos mil mortos, se contarmos as vítimas civis do bloqueio e das consequências deste (fome e doença). O nazismo, através de sua mensagem de eternidade (da Alemanha, da raça e do Reich), oferece simplesmente uma maneira fácil de dar adeus aos mortos para não dizer aos absurdos da guerra.

É enquanto fenômeno cultural, ou mesmo espiritual, que o nazismo se apresenta ao Dr. Otto Ohlendorf, que desenvolve um discurso à primeira vista surpreendente por ocasião da última fala que seu processo lhe permite, no dia 13 de fevereiro de 1948 em Nuremberg. Ohlendorf é julgado por crime de guerra e crime contra a humanidade, enquanto general da SS e comandante do *Einsatzgruppe D* a partir de junho de 1941. Este "Grupo de intervenção" alocado na Ucrânia e na Crimeia é composto de unidades da polícia alemã e da SS e está encarregado do assassinato sistemático dos civis soviéticos considerados judeus e/ou comunistas, numa lógica de massacre que evolui, no decurso do verão de 1941, para o genocídio. O *SS-Oberführer* Dr. Otto Ohlendorf ordenou assim o massacre de Simferopol (14.300 mortos) e o assassinato, no total, de mais de 90.000 pessoas. Alguns meses mais tarde, promovido a *Brigadeführer* (1942) e depois a *Gruppenführer* (1944), ele recupera um emprego de alto funcionário, como diretor do departamento III do *Reichssicherheitshauptamt* (SD-*Inland*), o Gabinete central de segurança do Reich, que agrupa todos os órgãos de informação e de repressão da nebulosa polícia-SS. Nesta qualidade, ele está encarregado da vigilância e da segurança do Reich bem como dos *Volksdeutsche*. Doutor em economia, ele é igualmente *Ministerialdirektor* no ministério da Economia e encarregado de refletir sobre a reorganização da economia alemã para o pós-guerra. Preso pelos britânicos no norte da Alemanha no fim de maio de 1945, é notificado a comparecer como testemunha por ocasião dos primeiros processos de Nuremberg, e depois julgado por seus próprios atos em 1948, não sem concluir os debates com esta declaração final:

> O nazismo não é a causa, mas a consequência de uma crise espiritual. Esta crise, que se manifestou no decurso dos séculos passados e, particularmente, nestes últimos decênios, é dupla – religiosa e espiritual. A literatura protestante, como também a literatura católica, estão de acordo em dizer que, pelo menos desde o acordo sobre as liberdades galicanas, a religião cristã foi eliminada da esfera pública, o cerne do desenvolvimento histórico, enquanto fim último da humanidade. O fim da ideia cristã enquanto fim que ligava as sociedades, bem como os indivíduos voltados para o além, para a vida em Deus, teve um duplo efeito:
> – desde então o homem não teve nenhum valor absoluto e uniforme para levar sua vida [...]. Os valores cristãos, se é que perdurassem, não podiam impedir que ele se fracionasse entre um homem da semana e um homem do domingo e, durante a semana, ele tinha outros motivos de ação que não uma meditação sobre a vontade de Deus, por mais tênue que fosse. A vida, deste lado de cá do túmulo, adquiriu um significado próprio [...];

– a sociedade se organizou em diferentes Estados[141].

Com isso ele quer dizer que a sociedade alemã se dividiu em grupos de interesse que não estavam ligados por nenhuma norma transcendente. Na Alemanha, argumenta Ohlendorf, sob a República de Weimar, "trinta partidos ou mais disputavam entre si o poder", em nome de "interesses opostos": "Minha geração [...] não viu oferecerem a ela o mínimo princípio de vida, de vida digna, que não fosse objeto de contestação"; desordem nos valores, que atingia igualmente os valores financeiros, a tal ponto a hiperinflação traumatizou o país, invertendo os valores morais (os poupadores foram arruinados, os especuladores e vigaristas recompensados).

Ver "fortunas seculares reduzidas a nada" deu pouca confiança a esta juventude desencantada, "que se tornou demasiado realista em seu sofrimento para acreditar que cobiçar o além lhe proporcionaria o mínimo fundamento moral e social para assentar sua existência enquanto seres humanos neste período da história [...]. A distinção entre o homem da semana e o homem dominical apareceu como uma das causas mais profundas de seu sofri-

---

141. O. OHLENDORF. "Schlusswort Ohlendorf vor dem Militärgericht II vom 13. Februar 1948". *Trials of War Criminals Before Nürnberg Military Tribunals Under Control Council Law N. 10*, vol. 4: United Sates of America v. Otto Ohlendorf, *et al.* (Case 9: Einsatzgruppen Case), US Government Printing Office, District of Columbia, 1950, p. 384-410.

mento material e moral. Compreende-se, portanto, que esta geração tenha partido em busca de valores religiosos novos": não é, portanto, "com leviandade que falávamos do Reich de Mil Anos, porque sabíamos que as grandes mutações da humanidade levam séculos, ou mesmo milênios, para chegar à maturidade".

Não contente em explicar como e por que esta "geração realista" (*Generation de Sachlichkeit*), que foi também uma "geração do absoluto" (*Generation der Unbedingten*), abraçou o nazismo tanto em sua visão do mundo como em sua prática, Otto Ohlendorf formula uma advertência destinada a seus juízes: a derrota do nazismo não resolveu nada desta grande crise de nosso tempo, porque "os valores últimos e os critérios para sentir, pensar e agir permanecem ausentes". A vitória das democracias parece muito frágil aos olhos dos milênios e das dinâmicas culturais que atormentam o Ocidente:

> A ideia democrática é puramente formal. Ela não contém esta certeza de que definiria a vida humana em sua totalidade. Ela atribui deveres e direitos a pessoas e a organizações sociais, ela concede liberdades individuais – mas não dá jamais a razão.

Otto Ohlendorf foi condenado à morte pelo tribunal militar internacional. Foi encarcerado na prisão de Landsberg e depois executado por enforcamento no dia 7 de junho de 1951.

V
Com uma voz apagada

Estudar os discursos que dão sentido à história implica considerar os momentos em que a história parece se vingar do sentido. Assim foi após o absurdo desastre da Grande Guerra, que não conseguiu consagrar o fim das histórias e provocou uma verdadeira crise da narrativa. Isso é verdade e mais ainda após 1945, à sombra dos campos de concentração, da Shoah e da Bomba.

Esta crise de sentido contemporânea é uma crise da cultura e ao mesmo tempo uma crise da expressão literária, cujo primeiro lugar é a Alemanha, "pátria dos poetas e dos pensadores" (*das Land der Dichter und Denker*), que se encontra mais uma vez derrotada, mas desta vez em grande parte destruída, tanto material quanto moralmente. A história literária soube qualificar o estilo e a produção do imediato pós-guerra como *Trümmerliteratur*, literatura das ruínas, assim como, no caso das mulheres encarregadas de limpar os escombros, se pôde falar em *Trümmerfrauen* – a ruína como sinal de uma época, portanto, a época da devastação total.

O fato de que este país de alta cultura que era a Alemanha pôde ser a sede e a matriz de crimes sem precedentes na história, assombrosos em sua intensidade e em sua extensão, não deixou de suscitar interrogação e não acabou de nos questionar. A língua e a literatura alemãs, depois de terem sido submetidas ao triturador nazista tão bem descrito e denunciado, como filólogo que era, por Victor Klemperer[142], essa língua tão ligada à busca e à elaboração sutil e complexa do sentido por uma impressionante coorte de filósofos, parece tatear e procurar-se, após um desastre absoluto que deixa, no sentido literal, *sprachlos* (sem fala).

Atesta-o a poesia do tempo, como esta peça célebre de Günther Eich, escrita num campo de prisioneiros de guerra, intitulada *Inventur* (Inventário), como se a função da linguagem, até e inclusive em sua expressão poética, se limitasse a recensear o que ainda é possível nomear, num inventário daquilo que, no real, talvez ainda subsista:

Dies ist meine Mütze,	Este é o meu boné,
Dies ist mein Mantel,	Este é o meu casaco,
Hier mein Rasierzeug,	Aqui está o meu barbeador
Im Beutel aus Leinen.	Na bolsa de linho.
Konservenbüchse:	Lata de conservas:
Mein Teller, mein Becher,	Meu prato, meu copo,

142. V. KLEMPERER. *LTI, la langue du Toisième Reich. Carnets d'un philologue*, rad. fr. E. Guillot. Paris: Albin Michel, "Biliothèque des idées", 1996, reed. Pocket, "Agora", 2002.

Ich hab in das Weissblech,	Na folha de flandres
Den Namen geritzt,	Gravei meu nome.
[...]	
Die Bleistiftmine	A minha lapiseira
Lieb ich am meisten:	É o que mais amo:
Tags schreibt sie mir Verse,	De dia ela me escreve versos,
Die nachts ich erdacht.	Que à noite eu penso.
Dies ist mein Notizbuch,	Esta é a minha caderneta,
Dies ist meine Zeltbahn,	Isto é a minha tenda
Dies ist mein Handtuch,	Esta é a minha toalha,
Dies ist mein Zwirn.	Este é o meu fio.

Neste nível de expressão elementar, a "literatura das ruínas" merece muito bem seu outro nome, o de *Kahlschlagliteratur* – *Kahlschlag* sendo, audível em sua própria sonoridade, a taça branca, o corte completo das árvores de uma floresta.

Em suma, é tudo o que a língua e a literatura alemãs parecem poder oferecer ao sair da catástrofe civilizacional absoluta que o nazismo representou. A cultura desse país, da qual os alemães tanto se orgulhavam, é desacreditada, senão desonrada. É o que sugere Heinrich Böll, jovem soldado alemão retornado de seis anos de exército e de guerra, num conto intitulado "Andarilho, se chegas a Spa...", publicado em 1950 na coletânea do mesmo nome[143]. Este título é um fragmento, a versão abreviada,

---

143. H. BÖLL. *Wanderer, kommst Du nach Spa...* Opladen: Verlag Fr. Middelhauve, 1950, p. 47-59.

ou mutilada, do famoso epitáfio gravado pelos cidadãos gregos sobre o lugar do sacrifício dos soldados de Leônidas, que haviam protegido a passagem das Termópilas para retardar o exército persa e permitir a reorganização dos exércitos gregos, e em seguida a vitória final. Foi aliás exaltando a coragem dos trezentos espartanos que Hermann Göring, no dia 30 de janeiro de 1943, para lembrar os dez anos da subida de Hitler ao poder, havia saudado a resistência do VI exército alemão em Stalingrado, no momento em que esta vivia seus últimos momentos[144].

Traduzida por Schiller, a epígrafe grega se lê assim:

> *Wanderer, kommst du nach Sparta, vekündige*
> *dorten, du habest*
> *uns hier liegen gesehn, wie das Gesetz es befahl.*
> [Andarilho, se chegas a Esparta, proclama
> que nos viste
> jazer aqui, como mandava a lei.]

Um jovem soldado alemão, gravemente ferido, leu esta frase num hospital de campanha instalado pela Wehrmacht num antigo liceu (*humanistisches Gymnasium*), onde, acusa tacitamente Böll, tudo era feito a fim de preparar para a guerra. O escritor, nascido em 1917, havia concluído o *Abitur* num "ginásio humanista" como este em 1937, antes de iniciar os estudos de germanísti-

---

144. Cf. J. CHAPOUTOT. *Le Nazisme et l'Antiquité*, op. cit.

ca e de filosofia clássica na Universidade de Colônia, interrompidos por sua mobilização no outono de 1939.

No conto de Böll, o jovem soldado se encontra numa localidade desconhecida e em prédios desconhecidos, irreconhecíveis, destruídos pela guerra, antes de chegar a compreender finalmente que são sua própria cidade e seu próprio liceu. Os elementos que lhe permitem identificá-lo são os testemunhos desta cultura clássica extraviada, os bustos dos autores e filósofos clássicos e a inscrição "*Wanderer, kommst Du nach Spa...*", parcialmente apagada. Ele reconhece igualmente o porteiro do estabelecimento, o homem junto ao qual os alunos do ensino básico bebiam seu leite cada dia, que o toma aos seus cuidados. A narrativa é interrompida com as palavras que ele lhe dirige, numa regressão infantil final: "*Milch, sagte ich leise*" ("Leite, implorei suavemente").

A escrita, e a literatura, apesar de tudo, não serviriam senão para fazer, à semelhança dos surrealistas, o processo de Barrès, o da lavagem cerebral e do desvio de uma cultura das humanidades universalistas para fins particularistas – os do Reich e da raça.

Jovens autores discutem e refutam, portanto, a sentença que o filósofo e músico Theodor Adorno, figura principal da Escola de Frankfurt, judeu exilado nos Estados Unidos desde os anos 1930, pronuncia num texto de 1951 intitulado "Crítica da cultura e da sociedade": "A crítica da cultura é confrontada com o último estágio da dialética entre cultura e barbárie: escrever um poema após Auschwitz é um ato bárbaro"[145].

Todos os pensadores e escritores alemães do pós-guerra precisaram enfrentar esta frase, que levava a crítica da cultura ao ponto radical em que, diante do texto e do ato nazista, todo texto era doravante considerado impossível. É este paradoxo que foi muitas vezes invocado para defender a ideia de uma literatura que seja universalista e vise a universalidade, ou, simplesmente, que fale das vítimas. Numa homenagem à poetisa judia Nelly Sachs, pronunciada em 1959, Hans-Magnus Enzensberger o expressa com vigor:

> Depois de Auschwitz, não seria mais possível escrever um poema. Se queremos continuar a viver, esta frase precisa ser refutada. Poucas pessoas chegam a isso. Nelly Sachs é uma delas. Sua língua é salvadora porque, quando fala, ela nos devolve, frase após frase, aquilo que nós estivemos prestes a perder: a língua. Sua obra não contém nenhuma palavra de ódio. Aos carrascos [...] não dirige nenhuma maldição, nenhuma vingança. Não há língua para eles. Seus poemas falam daquilo que traz um rosto humano: vítimas[146].

---

145. T. ADORNO. "Kulturkritik und Gesellschaft", 1951. In: *Lyrik nach Auschwitz. Adorno und die Dichter*. Leipzig: Reclam, 1995, p. 49.
146. H.-M. ENZENSBERGER. "Die Steine der Freiheit", 1959, Ibid., p. 73.

Numa conferência pronunciada em Frankfurt em 1964, Heinrich Böll leva o raciocínio ao absurdo: "Nesta cidade, Theodor Adorno pronunciou uma grande frase: não podemos mais escrever poemas após Auschwitz. Digamo-lo de outra maneira: depois de Auschwitz, não podemos mais respirar, comer, amar, ler. Mas todo aquele que já inspirou um primeiro gole de ar, todo aquele que acende um cigarro decidiu sobreviver, ler, escrever, comer, amar"[147]. Böll acrescenta: "É enquanto sobrevivente que me dirijo a vocês, alguém que pensava reencontrar mais terreno familiar, língua familiar, que não havia para encontrar"[148].

Heinrich Böll está entre os jovens autores alemães que procuram refazer a língua e a literatura na Alemanha do pós-guerra, no âmbito de um coletivo intitulado *Gruppe 47*, sobriamente designado por sua data de criação (1947). Trinta anos mais tarde, outro dos seus membros, Günter Grass, encena o reencontro fictício, em Telgte, na Vestfália, da fina flor dos escritores alemães do século XVII, que, ao sair da guerra dos Trinta Anos, que havia sido um terrível fim do mundo, tentam pensar a língua e a literatura futuras.

Telgte está situada no caminho da paz (*Friedensweg*), entre Münster (onde estão reunidas as potências católi-

---

147. H. Böll. "Frankfurter Vorlesungen", 1964, Ibid., p. 92.
148. Ibid., p. 92.

cas) e Osnabrück (lugar de residência dos príncipes protestantes): entre 1644 e 1648, as duas cidades são o lugar do primeiro congresso diplomático internacional da época moderna, antes de Vienne (1814-1815) e Versailles (1919), uma conferência da paz organizada para pôr um fim a uma guerra longa e atroz mediante os "tratados de Vestfália" assinados em 1648. A identificação entre as duas situações históricas é patente. De qualquer modo, "ontem será o que foi amanhã. Nossas histórias de hoje não precisam ter acontecido agora. Esta começava há mais de trezentos anos. Outras histórias também. Toda história que acontece na Alemanha vem de tão longe"[149].

Aos escritores incumbe reconstruir um mundo humano, mediante o sentido e a beleza, no trabalho da língua: "Cidades e campos ainda eram devastados, ou até o eram novamente, despovoados pela peste, invadidos por cardos e urtigas, e todos os caminhos eram pouco seguros"[150]. Eis o quadro do Sacro Império, devastado por intermináveis e atrozes guerras de religião, que enfraqueceram os povos e semearam as ruínas:

> A Alemanha, o mais magnífico império do mundo, está agora esgotada, devastada, completamente deteriorada – esta é a verdade. O feroz Marte ou a maldita guerra é a mais terrível punição e a mais abominável chaga

---

149. G. GRASS. *Une rencontre en Westphalie*. Paris: Seuil, 1981, p. 11.
150. Id.

com que Deus castigou, há quase trinta anos, a infinita malignidade dos numerosos pecados da Alemanha penitente[151].

Num tal contexto, parece que só o texto pode refazer o mundo e a humanidade. Trinta anos após as primeiras reuniões do Grupo 47, é esta eficácia, esta força e esta virtude da literatura que Günter Grass afirma, como se, da Alemanha, só pudesse subsistir isto: "Se todos os principes se haviam rebaixado, o crédito cabe aos poetas. Era a eles, e não aos poderosos, que pertencia a imortalidade"[152]. Quando os príncipes deste mundo falharam a este ponto, e repetidamente, é tempo de lembrar que a pena é feita de um aço mais bem temperado do que a espada:

> Nenhum príncipe podia tanto quanto eles. O poder não estava à venda. E caso se pensasse em lapidá-los, em sepultá-los sob o ódio, surgiria ainda dos escombros uma mão segurando uma pena [...]. "Porque, caros amigos, por mais curto que seja o prazo que nos é dado para permanecer aqui embaixo, cada verso vivaz que nosso espírito terá formado terá sua parte de duração"[153].

O "encontro da Vestfália" produziu seus frutos, se avaliarmos pelo eco recolhido pela literatura alemã e seus

---
151. Ibid., p. 97.
152. Ibid., p. 29.
153. Ibid., p. 180.

autores emblemáticos, saídos do Grupo 47: dois prêmios Nobel (Böll e Grass) e, para as Letras, um estatuto recuperado de consciência moral e de honra da Alemanha, seja no ecologista Böll ou no social-democrata Grass, companheiros de caminhada da esquerda alemã.

As características literárias da língua do pós-guerra são muito significativas: recorre-se de bom grado à novela, a *Kurzgeschichte* (literalmente: uma história curta) que revela a dúvida acerca dos grandes ciclos narrativos e acerca do romance, põe-se em cena um personagem fracionado, dilatado, dotado de uma fraca aderência ao real, e privilegia-se a descrição, como se a língua só fosse capaz, em sua letargia, de certificar-se da presença ou da existência das coisas. Num estilo que privilegia a parataxe em vez da sintaxe, ouve-se uma língua infantil, que justapõe mais do que coordena.

 O arquétipo desta forma e deste estilo é a mais célebre *Kurzgeschichte* do pós-guerra alemão, *Das Brot*, de Wolfgang Borchert (1946): a penúria de pão é também penúria de palavras e de expressividade, numa língua reduzida à comunhão dos bens adquiridos. O estilo paratático, chamado também em alemão *Stakkato-Stil*, casa-se com a anáfora e o laconismo para oferecer uma narrativa curta e de um naturalismo descritivo total – a partilha do pão entre dois protagonistas que não são nem nomeados, nem situados no tempo e no espaço. Para Heinrich Böll, esta novela "fria e seca, sem palavras demais, sem palavras de menos" mostra "toda a miséria e toda a grandeza do homem", com uma economia de meios característica e reivindicada.

Na França o recurso à parataxe ocorre de maneira exemplar, e obsessiva, em Marguerite Duras, autora fortemente marcada pela guerra, pela angústia e pelo luto. Duras põe em cena figuras cambaleantes, mulheres vítimas de uma violência excepcional e que são grandes desacreditadas da história e do sentido, como a amante do japonês, tosquiada em Nevers após sua história de amor com um alemão; ela, confrontada recentemente com o horror do estupro, descobre o horror do fogo nuclear. Em *Hiroshima mon amour* (1959), título oximórico e escandaloso, diz-se e repete-se que é "impossível falar sobre Hiroshima. Tudo o que se pode fazer é falar da impossibilidade de falar sobre Hiroshima"[154], porque o "conhecimento de Hiroshima" é "um embuste exemplar do espírito"[155].

O amante japonês opõe à francesa o famoso "Você não viu nada em Hiroshima", que é o mantra do livro, como também do filme de Resnais. Contra toda evidência: a mulher de Nevers visitou o museu quatro vezes. Mas o museu só apresenta uma realidade ordenada, fria, classificada, apaziguada, não o caos e o horror indizível da catástrofe. Além disso, o museu é o produto da mesma

---

154. M. DURAS. *Hiroshima mon amour. Scénario et dialogues*. Paris: Gallimard, 1960, p. 10.
155. Id.

racionalidade que produziu a bomba. "Sobre o que você choraria?", pergunta o japonês, porque o próprio objeto se esquiva e Hiroshima, enquanto fenômeno nuclear, não existe. A literatura, por conseguinte, só pode expressar sua própria incapacidade de expressar, e comentar sua própria incapacidade de comentar, de dizer o indizível, de nomear o inominável.

A parataxe durassiana, esta justaposição de palavras amontoadas como se amontoam as pedras de um edifício destruído por um bombardeio, é sinal de que a própria linguagem é deslocada e destruída pela catástrofe, da qual ela não sai incólume: ela mostra a crise da literatura, a crise da linguagem que não pode mais nomear o inominável, do qual o humano se tornou culpável e se mostrou capaz.

A linguagem e a literatura estão em ruínas: a língua não passa de um amontoado de unidades de sentido estilhaçadas, assim como o homem se estilhaçou. A pobreza do discurso dos personagens, a inutilidade das permutas, a vaidade da linguagem, tão pregnantes, tão notáveis em Duras, são meios para dizer e exprimir, *a negativo*, tudo o que há de errado e do que não é óbvio. Nada, ou demais, a ser dito, por uma linguagem tão imperfeita e impotente.

Em Duras a obra literária, por seu arranjo não literário, por sua pesquisa do não literário, por esse estilo que arremeda o nada (nada da permuta entre dois personagens que não têm nada a dizer um ao outro, vaidade de uma linguagem que doravante é atingida pela incapacidade de dizer), pelo despojamento da inanidade, é tendência ao silêncio. Somente o silêncio e a meditação de uma memória respeitosa e dolorosa podem justificar Hiroshima. Toda linguagem é supérflua, verborrágica, quase sacrílega.

E como se dedicar à literatura, atividade humanista (supostamente humanista, imaginando-se muitas vezes humanista), se a fé no homem é abalada? Para que serve escrever ainda para homens? O ato de escrever parece fútil e irrisório, em comparação com a dor infinita e o horror. Todas as palavras, todos os livros escritos pelo passado não puderam impedir isso. Para que serve escrever?

Escrever postula uma certa fé no homem. Escrever significa dirigir-se a homens enquanto homens, postular uma comunidade humana na qual a comunicação seja possível. Ora, esta comunidade humana e a própria identidade humana parecem estilhaçadas pelo acontecimento da guerra, da Shoah e de Hiroshima.

O filme *Hiroshima mon amour* foi produzido por Alain Resnais, que, alguns anos antes, havia subscrito o documentário *Nuit et Brouillard* (1956), cujo texto foi escrito pelo poeta e sobrevivente dos campos de concentração Jean Cayrol. Ora, Jean Cayrol é o poeta estudado por Roland Barthes, que a seu respeito fala de "escrita branca", designando com isso um estilo tão despojado, tão descritivo e simples, que tende a "uma ausência ideal de estilo", ou mesmo a uma escrita "a-literária".

É o campo de concentração – este lugar último da nudez e da vulnerabilidade, este lugar onde se viu aquilo que o homem faz ao homem e aquilo que ele é capaz a fim de negar a humanidade do outro (e, ao fazê-lo, negar sua própria humanidade) – que é, portanto, a matriz de um "estilo de ausência", de uma literatura que renuncia a si própria, ou melhor, a todos os meios e artifícios que ela ostentava legitimamente *antes disso*.

Além de Jean Cayrol, Roland Barthes faz escrita branca em *Le Dégré zéro de l'écriture* (1953), um acontecimento formal que marca o tempo presente, o do pós-guerra, do pós-bomba e do pós-campo de concentração. Ele o lê em Camus, nesse *Étranger* que é estranho a si mesmo, ao mundo e aos homens, em Jean Cayrol e em Maurice Blanchot, cujo *Thomas l'obscur* enuncia muito o bem epíteto adequado de uma humanidade que se tornou francamente opaca a si mesma. A escrita branca, de um minimalismo elaborado, é "chata", "atonal", "transparente", como Meursault e seu estar-no-mundo, como os personagens de Duras, entre Hiroshima e *Le Ravissement de Lol V. Stein*.

Marguerite Duras esperou o poeta Robert Antelme, seu marido, deportado para Buchenwald e depois para Dachau após ter sido preso em junho de 1944: uma espera atroz da qual ela extrairá os seis textos de *La Douleur* (1985). Antelme, por sua vez, publicou um livro intitulado, à guisa de desafio, *L'Espèce humaine*, a respeito do qual Maurice Blanchot escreveu, em seu *L'Entretien infini*:

Quando o homem é reduzido à penúria extrema da necessidade, quando ele se torna "aquele que come as cascas", percebemos que está reduzido a si mesmo; e o homem se descobre como aquele que não precisa de nada além da necessidade a fim de, negando o que o nega, manter a relação humana em sua primazia. É preciso acrescentar que então a necessidade muda, que ela se radicaliza no sentido próprio, que ela não passa de uma necessidade árida, sem gozo, sem conteúdo, que ela é relação nua com a vida nua.

Sobrevivente dos campos de concentração – ele fora deportado para Gusen após a prisão em 1942 –, Jean Cayrol se coloca após a guerra sob o patrocínio de Lázaro, o homem ressuscitado por Cristo nos Evangelhos, figura do sobrevivente, do morto retornado de entre os mortos. O sobrevivente, o *Häftling*, é assim *Lazare parmi nous* (1950), ensaio no qual Cayrol define os "princípios de uma arte lazariana", ou mesmo de um "romanesco lazariano" que, de fato, são legíveis e visíveis na literatura do pós-guerra, nesta escrita branca definida por Barthes: desrealização, despersonalização, sobriedade, senão apagamento, da língua, porosidade entre o sonho e o diurno, indiferença, distância, destemporalização... Outros tantos sintomas do esbatimento expressivo e da incapacidade da língua de dizer o que se passou nos campos de concentração – um filão seguido por Claude Lanzmann em *Shoah*

(1985), sendo que Lanzmann sempre se levantou contra a mínima veleidade de expressar a Shoah através da ficção, com a exceção, última, pouco antes de sua morte, de *Fils de Saul*, de Lazslo Nemes (2015) cujos admiráveis méritos, após um severa crítica inicial, ele acabou reconhecendo.

Encontramos ecos, ou melhor, uma reverberação, desta escrita branca ao longo dos decênios seguintes, os da "era da suspeita", do "teatro do absurdo" e do "novo romance".

Após os "mestres da suspeita (Marx, Freud e Nietzsche), cuja sombra lançada sobre a Europa do pós-guerra foi constatada *a posteriori*, o pós-1945 é qualificado como "era da suspeita", uma suspeita que atinge a narrativa literária e questiona, mais uma vez, mais radicalmente, sua própria possibilidade. Num ensaio que se tornou imediatamente célebre, Nathalie Sarraute escreve:

> A evolução atual do personagem de romance [...] atesta, no autor e ao mesmo tempo no leitor, um estado de espírito singularmente sofisticado. Não somente eles desconfiam do personagem de romance, mas, através dele, desconfiam um do outro. Era o terreno do acordo, a base sólida de onde poderiam, num esforço comum, aventurar-se em buscas e descobertas novas. Tornou-se o lugar de sua desconfiança recíproca, o terreno devastado onde eles se enfrentam. Quando examinamos sua situação atual, somos tentados a dizer que

ela ilustra maravilhosamente o dito de Stendhal: "o gênio da suspeita veio ao mundo". Entramos na era da suspeita, [suspeita] que está destruindo o personagem e todo aparelho obsoleto que assegurava seu poderio[156].

O Novo Romance foi o lugar deste teste da narrativa tradicional, com um grupo de escritores que publicou pelas Éditions de Minuit. Em Michel Butor, Alain Robbe-Grillet e Nathalie Sarraute, trata-se de liquidar definitivamente a ilusão do personagem, mas também a da narrativa, praticando o efeito de distanciamento, o *Verfremdungseffekt* caro a Bertolt Brecht, que consiste em apresentar a fatura de uma narrativa que está sendo feita. A reflexividade é forte neste tipo de romance, que "não é mais 'uma escrita da aventura', mas 'a aventura de uma escrita'", dirá Jean Ricardou[157].

A *ordo* do teatro é também afetada. Lugar da representação, o teatro é afetado pelo abalo das representações do mundo, após o nazismo e na era atômica. O teatro, portanto, se torna absurdo até em seu título: a mais célebre das peças do gênero, *La Cantatrice chauve*, deve seu título ao lapso de um ator da peça, que, por ocasiões das repetições, havia transformado "institutrice blonde"

---

156. N. SARRAUTE. *L'Ère du soupçon*. Paris: Gallimard, "Idées", 1956, reed. "Folio", 1987.

157. J. Ricardou, citado em J.-Y. TADIÉ (ed.). *La Littérature française* II. Paris: Gallimard, "Folio", 2007.

(a "professora loira") de seu texto em "cantatrice chauve" ("cantora careca"), o que divertiu ao máximo Eugène Ionesco. O lapso, que se transformou em título, era uma reiteração adequada e pertinente do teatro (do) absurdo.

Atingimos aqui o apogeu de um fenômeno de longo prazo muito bem identificado pelos historiadores da literatura. A história da literatura e, muito mais, das letras e das humanidades, é a história de uma espetacular "desvalorização"[158], como observa William Marx: um fenômeno endógeno, próprio de um *povo* literário decepcionado consigo mesmo e com sua arte num contexto cultural e social que, a partir do final do século XIX, lhe foi cada vez menos favorável. Depois de ter celebrado no escritor o mago (Nerval) e o vidente (Rimbaud), o profeta (Hugo) e o oráculo (Mallarmé), parecia cada vez mais claramente que o essencial ocorria alhures e não nos temas latinos, nas versões gregas e nas declinações alemãs: se a Revolução Francesa se desenrolara em roupagem romanas, se, quando este século tinha dois anos, Roma havia substituído Esparta e Napoleão III sucedido a Bonaparte, as revoluções contemporâneas eram mais industriais e científicas, epistemológicas e técnicas do que políticas. O "adeus à literatura" foi um canto fúnebre entoado pelos próprios literatos, mas era toda a sociedade que tinha os olhos mais voltados para as exposições universais, para a

---

158. W. MARX. *L'Adieu à la littérature. Histoire d'une dévalorisation*. Paris: Minuit, 2005.

fada eletricidade e para as esteiras rolantes do que para a métrica francesa.

Foi após a Segunda Guerra Mundial que a desvalorização, ou mesmo o "ódio à literatura"[159], chegou à maturidade e levou os próprios literatos a procurarem na alienação técnica ou na aparência científica uma forma de álibi, senão de salvação. O fenômeno não era novo. Desde o início do século XX tentou-se salvar os estudos das letras, e principalmente da filosofia, pela edificação de um *corpus* de "ciências sociais": de Émile Durkheim a Pierre Bourdieu, passando por Claude Lévi-Strauss, os grandes nomes da sociologia e da antropologia eram professores titulares de filosofia, que repudiavam o que julgavam ser nuvens metafísicas misturadas com vã retórica a fim de conquistar o continente seguro de um saber positivo sobre o homem, em que os fatos sociais seriam considerados coisas e que se poderia estimular a preferência cientificista e a imitação da física a ponto de formular "leis". As disciplinas resultantes do ensino das letras, e que pouco a pouco se haviam automatizado no século XIX, como a história, optavam resolutamente pelas ciências sociais.

Quanto às letras propriamente ditas, não lhes restava, no ensino superior, senão a matematização a todo custo e, no secundário, o aprendizado de técnicas e métodos –

---

[159]. W. MARX. *La Haine de la littérature*. Paris: Minuit, 2015.

banalidade para o bacharelado, habilidade para entrar no mercado de trabalho.

Pequeno testemunho pessoal e fim de século (o século XX): vivi durante meus anos de liceu a substituição das antigas seções gerais A, B, C, D pelas três seções L, ES, S. Parecia ainda mais evidente do que antes que os melhores iriam para S (o fato de a denominação ser ainda mais explícita do que C ou D contribuía sem dúvida para a atração maior da seção científica – fato de linguagem interessante). Consoante fricativa, ela era mais viril do que a consoante líquida L ("ele"), reservada, como me observou um condiscípulo espirituoso, "às cabeleireiras e aos homossexuais", que pareciam povoar as classes do segundo e do terceiro e último ano do liceu. Excelente, durante meu segundo ano do ensino médio, em matemáticas e ciências, eu era chamado a juntar-me às pessoas sérias, e foi uma consternação (parental e docente) quando optei pela seção literária: parecia-me que as disciplinas de palavras e de reflexão sobre o homem respondiam melhor às minhas interrogações do que os exercícios sobre a corrente alternada ou as medidas de pH. Não fiquei decepcionado, tanto menos porque a opção pelas matemáticas permitia prosseguir a camaradagem com esta disciplina, cuja dimensão artística e poética nunca expressaremos suficientemente, num nível de aprofundamento totalmente satisfatório, na base de 5 horas por semana.

Neste contexto de longo prazo, o de uma depreciação estrutural da literatura e das Humanidades, parecia não restar às letras senão um reboco científico para continuar a existir, a fazer ciência na falta de fazer ciência. Conheci, como aluno, professores formados nas décadas de 1970 e 1980, que haviam sido marcados duradouramente, senão traumaticamente, pelo superego científico que havia alienado suas disciplinas. Nas letras, a sombra projetada da linguística, entre estruturalismo e gramática generativa, de sua vontade de formalizar e de sua pretensão de deduzir leis de funcionamento da língua, pesava fortemente sobre o ensino da gramática e, por tabela, da literatura. Os estudantes de letras que ambicionavam passar nos concursos do ensino precisavam familiarizar-se com manuais cuja leitura era, em si, quase impossível, a tal ponto a propensão de macaquear as "ciências" tornava o discurso literalmente ilegível.

O *incipit* de um dos manuais de referência em linguística, publicado em 1970, definia a frase por intermédio desta luminosa equação: "E = Const + P[160]. Mais adiante, explicava-se a natureza de um "sintagma preposicional" mediante esta fórmula esclarecedora: "SP -> Prép(p) + SN", com "Prép(p) -> De + Prép". Imagine-se a alegria daqueles e daquelas que entravam na faculdade de letras para ler e desfrutar a leitura, bem como para comparti-

---

160. J. DUBOIS. *Éléments de linguistique française: syntaxe*. Paris: Larousse, 1970, p. 17 e 113 para as citações.

lhar sua alegria. Notificava-se a eles que a gaia ciência não era deste mundo e que sua ciência seria tão cinzenta, feia e séria como os cubos e barras de concreto que eram construídos às pressas para "formá-los", prolegômenos aos colégios Pailleron que os acolheriam uma vez obtido o Capes (certificado de aptidão para ensinar). Ao longo de umas trezentas páginas, um manual desse tipo oferecia uma superabundância de fórmulas, equações, gráficos, árvores e esquemas que tinham a função de legitimar as disciplinas literárias atestando sua triste seriedade, à custa de uma alienação propriamente grotesca que forneceria matéria a tantas farsas infelizmente divertidas.

Corre-se pouco risco afirmando que o estruturalismo e a gramática generativa causaram mal às letras. No primeiro ano de aulas preparatórias para o concurso de entrada na Escola normal superior, para tentar aproximar-me da essência da poesia (e quando eu tivera a oportunidade de ler, desde o colégio, Rutebeuf e Rimbaud), meus camaradas e eu próprio éramos convidados a ler e a "arquivar" as *Estruturas da linguagem poética* ou as abundantes considerações o Grupo MU (MU, como na física), montanhas teóricas que pariam um rato: o poético, aprendia-se ali com uma sideração embasbacada, era principalmente a metáfora. Caramba! Sua *Retórica da poesia* prometia, a partir do subtítulo, uma iniciação à "leitura tabular", em oposição à "leitura linear". O amante da arte pela arte conceitual (eu o era) se precipitava então para ver em que medida "a alotopia" podia muito bem ser "geradora de poliisotopia":

> Dir-se-á que B e C constituem no enunciado ABC uma nova isotopia i2 (ou seja, i1 = ABC', i2 = BC). A biisotopia se estabelece mais claramente ainda num enunciado ABCDE, onde C e E, alótopos, são objetos de reavaliações proversivas (ou seja, ABC'DE'), mas apresentam entre si, independentemente destas reavaliações, uma recorrência sêmica, semelhante à regra de justaposição (temos então i1 = ABC'DE', i2 = CE)[161].

Esta produção de extratos pode parecer um jogo fácil: eles são, no entanto, representativos de certa maneira de conceber o trabalho literário, que conheceu seu momento de glória nos anos 1970, por intermédio solícito das Éditions du Seuil, particularmente. Nenhum anti-intelectualismo de nossa parte (seria o cúmulo), mas o suspiro lacrimoso de um apaixonado pelas letras, ou mesmo do "sentido comum" pedagógico, que Antoine Compagnon opõe tão longamente ao "demônio da teoria"[162].

Mais persistente na tarefa e inclinado de bom grado à abstração – os conceitos sempre me cumularam de con-

---

161. GROUPE MU. *Rhétorique de la poésie*. Paris: Seuil, 1977, reed. "Points", 1990, p. 61.
162. A. COMPAGNON. *Le Démon de la théorie. Littérature et sens commun*. Paris: Seuil, 1998, reed. "Points essais", 2014.

forto –, nunca consegui compreender o interesse da distinção, estabelecida pelo linguista Roman Jakobson, entre o eixo paradigmático e o eixo sintagmático para ler uma página de literatura. Embora eu compreenda muito bem todo o interesse do rigor de definição e da criação de um aparelho teórico, nunca julguei que estas considerações sejam essenciais para jovens empenhados num curso pluridisciplinar e animados pelo amor às letras – às quais assim os submetiam. A teoria mais ocultava do que elucidava: com seus conceitos e seus raciocínios, ela criava uma espécie de nova cultura, uma escolástica aristotélica, com a qual alguém podia saciar-se mais para ela própria e certamente menos para enriquecer a leitura que fazíamos de Châteaubriand ou de Céline.

Neste vasto movimento da "Nova Crítica" fortemente misturado com linguística, a obra de Gérard Genette era exceção: fortemente conceituais, suas leituras eram as de um escritor dotado de uma pena feliz e muitas vezes cômica. Ele integrava o panteão de minha biblioteca literária, ao lado de um Julien Gracq ou de um Jean--Pierre Richard.

Ao mesmo tempo, na virada dos anos 1960, assistia-se a uma desliterarização das matemáticas no ensino primário e secundário, com a introdução das matemáticas ditas "modernas". Foi em janeiro de 1967 que Christian Fouchet, ministro da Educação nacional – que devia, um ano mais tarde, alcançar a celebridade no decurso de um intercâmbio animado, em Nanterre, com o jovem Daniel Cohn-Bendit – criou uma comissão de reflexão sobre os programas de matemáticas cuja presidência ele confia a André Lichnerowicz, que em 1939 havia defendido uma tese sobre as matemáticas da teoria relativista na física. É, portanto, a um especialista das matemáticas aplicadas à física que se confia muito logicamente uma reflexão sobre o ensino de uma disciplina que deve permitir formar técnicos, engenheiros e especialistas das ciências da matéria.

Nestes anos de alto crescimento e de industrialização contínua, no âmago destes "vinte decisivos"[163] que veem suceder-se os planos quinquenais, os planos Montanha ou Litoral, a massificação do ensino secundário impõe uma reflexão sobre o que se deseja fazer para estes jovens sempre mais numerosos chegarem ao bacharelado. Esta reflexão é feita à sombra da bomba atômica, do transístor e dos satélites. Deste ponto de vista, os sucessos da Rússia, que chega a pôr em órbita o primeiro satélite artificial em 1957, produzem uma tomada de consciência e uma ansiedade reais no Ocidente: os soviéticos estão ganhando a corrida rumo à inovação científica, ao domínio do infinitamente pequeno (o átomo) e do infinitamente grande (o espaço). A escola de massa da República não pode ser um lugar de formação para a cultura decorativa e mundana das antigas elites burguesas: deixemos Proust

---

163. J.-F. SIRINELLI. *Les Vingt Décisives. Le passé proche de notre avenir (1965-1985)*. Paris: Fayard, 2007, reed. Pluriel, 2012.

à transmissão familiar, e dediquemos a escola ao sólido, às matemáticas e à física.

A comissão Lichnerowicz recomenda – prudentemente, sob a forma de uma experimentação – a transposição dos princípios de ensino do superior para o secundário. Ensinar-se-á às crianças e adolescentes a raciocinarem como o grupo Bourbaki ensina desde os anos 1930, e como as Universidades decidiram fazer desde o fim da Segunda Guerra Mundial: a intuição é revogada em proveito do formalismo, a experiência em proveito da axiomática. Tudo deve ser conceitualizado, definido e rigorosamente deduzido do exame lógico, e não mais induzido da intuição. Passaram por isso a relatividade e a física quântica, que são contraintuitivas: trata-se, portanto, de formar os alunos, desde a infância, para conceitos e métodos que diminuem o custo de entrada na física de ponta, para as tão numerosas aplicações estratégicas.

Suspendendo as recomendações da Comissão, o ministério começa uma reforma dos programas sem experimentação, que inaugura, desde a reabertura de 1969, o período das "matemáticas modernas", dominantes no colégio e no liceu até o início dos anos 1980. Os antigos manuais, considerados tagarelas e descritivos, numa palavra, literários, dão lugar a obras escolares que, hoje, temos dificuldade de imaginar que puderam ser dados para ler a crianças de 11 anos. Se os antigos manuais explicavam brandamente que uma linha reta é o caminho mais curto entre dois pontos (definição intuitiva e metafórica), os manuais de "matemáticas modernas" preferem defini-la como uma "bijeção".

O fundamento desta nova pedagogia era nem mais nem menos a pedra angular das matemáticas surgidas desde o final do século XIX e formalizadas cuidadosamente pelo grupo Bourbaki desde 1934: a teoria dos conjuntos.

Num manual da sexta série, classe onde a álgebra vai reduzir-se às operações sobre os números inteiros, o primeiro capítulo é dedicado ao "conjunto N" dos números inteiros naturais. Apresentam-se ali os prolegômenos da pertença a um conjunto, a interseção de dois conjuntos, ou sua reunião, uma propedêutica conjuntista indispensável no capítulo IV, que tenta definir a operação da adição. Ali, nada de contar nos dedos ou de aproximar-se da operação por meio de experiências da vida corrente. O aluno da sexta série é convidado a:

> [...] considerar os dois conjuntos seguintes: X = (m, n, s), Y = (p, r). Os conjuntos X e Y são distintos.
> Temos XUY = (m, n, s, p, r).
> O número de elementos de X é 3; o número de elementos de Y é 2; o número de elementos de XUY é 5[164].

---

164. M. MONGE. *Mathématiques. Classe de sixième*. Paris: Belin, 1979, p. 29.

Ecce additio... Tudo isto é justo e rigoroso e a passagem pela teoria dos conjuntos é fecunda tanto na álgebra como na geometria; mas, sem dúvida um pouco precoce na primeira série do colégio, ela tem seu lugar mais no liceu ou no ensino superior. Podemos ainda discutir aqui: o objetivo era a formalização lógica integral, para desembaraçar a linguagem matemática do inevitável *resto* próprio da língua comum, cujas palavras são certamente feitas de denotações, mas também, infelizmente, de conotações...

A reforma, que, num grande impulso de humanismo cientificista, devia converter as pessoas à clareza matemática, manifesta um estridente elitismo. O abandono da intuição é pouco proveitoso para a maioria e contribui para a reputação penosa, ou mesmo atroz, de uma disciplina no fundo tão poética, que não merecia tanta secura e frieza. A axiomática, a teoria dos conjuntos, as bijeções são um campo de esportes legítimo após o bacharelado. Mas não no colégio, sem dúvida.

Foi necessária aos "literatos", e ainda é, muita vontade e persistência para defender seu campo e sua arte num tal contexto epistêmico. Que as letras e suas irmãs, a filosofia e a história, sejam, mais do que úteis, essenciais, acaba sempre repercutindo no córtex de todo aquele que deseja captar a complexidade do mundo ou desvendar a trama de sua própria vida, no momento em que as questões fundamentais, varridas para debaixo do tapete da existência por todo tipo de diversões – entre as quais a "carreira", a "situação", o "trabalho"... – surgem com sua própria força e temporalidade.

No universo da ciência e da produção acadêmica do saber as coisas são diferentes, mas alguns foram bastante sensatos para zombar dos estigmas e ensinar às ciências da matéria e da vida que elas eram história pelo processo de sua própria dinâmica e que eram igualmente narrativa por sua estrutura argumentativa. Professor de literatura francesa moderna na Universidade de Gand, Fernand Hallyn tem como objeto de pesquisa e de reflexão o conjunto das obras científicas da Modernidade. Ele dedicou uma obra a Copérnico e Kepler, e outra a Galileu, cujos trabalhos ele lê com os instrumentos da análise, do comentário e da teoria literários. Disso ele deduz que o "ideal de uma representação científica alcançada fora de toda mediação entre o sujeito e o objeto" é um "mito"[165]. Com efeito, "a relação entre a coisa e a representação supõe sempre uma série de mediações"[166], ligadas ao estado da arte e dos saberes, à demanda social, à configuração do mundo da pesquisa, mas também ao estado da língua. Existe, portanto, um "lugar para uma abordagem retórica e poética dos textos científicos"[167]. A abordagem retórica se interessa pela "maneira como a ciência feita se apresenta a seu público",

---

165. F. HALLYN. *Les Structures rhétoriques de la science. De Kepler a Maxwell.* Paris: Seuil, 2004, p. 11.
166. Id.
167. Id.

como, "enquanto discurso, ou seja, como um conjunto de atos pelos quais ela se põe e se opõe", ela argumenta para convencer. A abordagem poética, por sua vez, "tem como objeto a ciência em formação", como campo onde se manifesta "um imaginário tropológico [...] e narrativo". O enunciado científico já não é estudado aqui como discurso destinado a uma sociedade, mas como "texto"[168].

As "ciências" se encontram assim postas novamente sob jurisdição literária, enquanto a literatura – é um eufemismo – parece ter atravessado sem obstáculo os múltiplos e repetidos anúncios de sua morte, tão antigos como ela, sem dúvida, mas particularmente frequentes no século XX. Na contribuição que dedica a este século na história da literatura francesa dirigida por Jean-Yves Tadié, Antoine Compagnon não pode deixar de constatar, em seu capítulo conclusivo, "o eterno recomeço"[169] da literatura e "descobrir, após o final da década de 1970, o retorno da narrativa – da história e da História – na literatura, ou seja, o despertar do gosto pela ficção"[170]:

> O sujeito em todos os sentidos do termo – o eu e o enredo – retorna ao primeiro plano do palco literário [...], as vanguardas se tornam

---

168. Ibid., p. 12.
169. A. COMPAGNON. "L'épuisement de la littérature et son éternel recommencement". In: J.-Y. TADIÉ (ed.). *La Littérature française* II. Paris: Gallimard, "Folio", 2007.
170. Ibid., p. 787.

mais discretas ou modestas [...]. Os gêneros e a língua, enfim, não estão mais submetidos a uma reconstrução indefinida[171].

Igualmente na disciplina histórica, o retorno da narrativa, ou mesmo deste pária que a biografia se tornara, é evidente. São numerosos os que assumem plenamente sua preferência literária, seu prazer de escrever e a literariedade de suas palavras, ao ponto de fazer delas, implícita ou explicitamente, uma proposição científica.

Em *La France à l'heure du monde*, Ludivine Bantigny dedica um comovente capítulo à literatura contemporânea, a da França pós-1981. No entanto, em vez de fazer dela, bem à moda clássica, uma exposição descritiva que, outrora, teria sido intitulada "Les lettres et les arts à l'époque de...", Bantigny problematiza de cara, pelo próprio título: a literatura contemporânea, da qual ela é aliás uma excelente leitora, interessa-lhe na medida em que vem "escrever o tempo"[172], nada menos. Os autores citados expressam o sentido, ou mesmo a verdade, de um tempo desencantado, neoliberal, individualista, ao mesmo tempo "trabalhando no futuro"[173], como a historiadora, que conclui sua obra com palavras ("Fazer história ainda")

---

171. Ibid., p. 788.
172. L. BANTIGNY. *La France à l'heure du monde. De 1981 à nos jours*. Paris: Seuil, "Histoire de la France contemporaine", 2013, p. 363.
173. Ibid., p. 383.

que expressam muito bem a vocação emancipadora da reflexão e da narrativa históricas:

> Escrever e ler história são diferentes maneiras de não renunciar à história. Trata-se até, talvez, de fazer história ainda e a partir de então saborear o futuro[174].

A literatura como guia, e a criação literária como hermenêutica do contemporâneo, sem dúvida. Mas a historiadora não se contenta com isso. Na dissertação de habilitação que ela dedica a maio de 1968, e no livro que dali ela extrai, Ludivine Bantigny previne:

> Estas páginas não pretendem neutralizar o acontecimento nem fazer dele um objeto frio sob um olhar distanciado. A escrita é sempre um compromisso, ainda que não se apresente como tal e ainda que se cale[175]. Há preferências no subtexto e, mais ainda, atrativos; é melhor confiá-los imediatamente. [...] A operação histórica é situada [...]. O "eu" pode muito bem se insinuar aqui, sair por um instante de seus bastidores: eu admiro sua coragem, sua determinação, seu riso e sobretudo seu grande desejo de mudar, pelo

---

174. Ibid., p. 456.
175. Substituiríamos de bom grado o "ainda que" por um "tanto mais que".

menos um pouco, o mundo tal como ele é. Sinto-me de seu lado[176].

Um "eu" presente, sem rodeios nem circunlóquios, um "eu de método", como diria Ivan Jablonka, no qual o discurso literário é explícita e plenamente proposição científica. Como homem organizado e de espírito kantiano, Jablonka entrega primeiro a teoria de sua prática em *L'histoire est une littérature contemporaine*[177]. Este "manifesto pelas ciências sociais" é um convite a reivindicar a natureza literária da postura e da escrita historiadoras, a contrapelo de uma evolução secular, que, com efeito, viu a história ser desmontada, e depois separada das "belas-letras" (na livraria) e das "letras" (na Universidade) desde a década de 1830, à medida que a história conquistava sua autonomia disciplinar e sua dignidade científica. Tudo isso foi eminentemente fecundo, mas ameaça doravante secar a pesquisa e, mais ainda, sua difusão numa sociedade em busca de saber, onde a "demanda social" de história e de elucidação historiadora permanece forte.

O autor propõe assim reencontrar o que os historiadores abandonaram um pouco apressadamente à literatura, ou seja, "o compromisso do eu, os desafios da pesquisa, as incertezas do saber, as potencialidades da forma,

---

176. L. BANTIGNY. *1968. De grands soirs en petits matins*. Pais: Seuil, 2018, reed. Points Histoire, 2020, n. 583, p. 23.
177. I. JABLONKA. *L'Histoire est une littérature contemporaine. Manifeste pour les sciences sociales*. Paris: Seuil, 2014.

a emoção": "A história é antes de tudo uma maneira de pensar, uma aventura intelectual que precisa de imaginação arquivística, de originalidade conceitual, de audácia explicativa, de inventividade narrativa"; em suma, é um estar-no-mundo e uma disposição fundamentalmente literários. Praticar uma verdadeira literatura científica é heuristicamente fecundo, a tal ponto "a compreensão do passado precisa de roteiro, de encenação, de descrições, de retratos e de figuras de estilo" que vêm reforçar essa "carga demonstrativa da literatura", da qual não se privaram grandes figuras da escola dos Anais e da "nova história", como Fernand Braudel e Georges Duby, mas pode também contribuir para a atratividade social de nossas disciplinas e "conjurar o desamor que as atinge na universidade como também nas livrarias". Esta profissão de fé, este manifesto, são tanto mais surpreendentes porque, por sua formação (a khâgne BL), Ivan Jablonka se situaria mais do lado de uma "história ciência social" e não tanto do lado de uma "história ciência humana".

Mais surpreendente ainda é o reforço que esta postura recebe de um defensor das ciências sociais puras e duras, um sociólogo do mercado de trabalho e dos partidos políticos, que, aliás, se inscreve numa cultura política emancipadora, de esquerda, que geralmente é pouco receptiva à compreensão literária do sujeito, por ser mais familiar do manejo dos grandes agregados estatísticos. Assim Oliver Nachtwey, professor de sociologia política e econômica na Universidade de Basileia, define a literatura como "o lugar da reflexão hipotética", de um "como se" ficcional que descreve e compreende o mundo: "No fundo, a abordagem de Max Weber, para quem as ações dos homens deviam ser compreendidas a partir do sentido que eles lhes conferem, é o princípio de base dos modernos romances de sociedade"[178], uma qualidade que interessa claramente ao sociólogo alemão, que apela para C. Wright Mills e sua obra clássica de 1959 *The Sociological Imagination*.

Depende também da literatura o gênero da "autobiografia sociológica", cujos "representantes" são autores como Annie Ernaux, Didier Eribon ou, na Alemanha, Christian Baron[179].

O exercício e o teste do método se encontram numa série de obras que ganharam devagarinho esta aposta da popularidade editorial, da pesquisa sociológica empática com a pesquisa judicial-biográfica, passando pela história familiar e pela "autobiografia de gênero", em *Un garçon comme vous et moi*. Como clínico das ciências humanas e sociais, Ivan Jablonka sabe que a existência sempre precede a essência, de acordo com os termos célebres dos que na França foram denominados existencialistas, e que são sobretudo bons leitores e divulgadores do Heidegger de

---

178. O. NACHTWEY. In: A. ERNAUX (*et al.*). *Pourquoi lire*. Paris: Premier Parallèle, 2021, p. 148.

179. Ibid., p. 224-225, nota 17.

Ser e tempo. Análise de um "percurso de gênero" durante o qual um menino, depois um homem, "integra o masculino"[180], "sócio-história de minha meninice"[181], a obra mostra os tempos (o tempo dos avós judeus e desaparecidos, o tempo dos pais marcados por toda a vida pela Shoah, o tempo de suas próprias filhas) e as redes (amizades e amores, camaradagens e relações sociais) com uma sagacidade de pesquisador que é, ao mesmo tempo, ternura empática de literato – ternura pelo menino que ele foi, ternura pelos amigos, às vezes desaparecidos, dos quais o autor esboça à sua maneira quadros que dependem do antigo gênero do *túmulo*, afeição amorosa às meninas e aos meninos de sua idade, de suas idades passadas em que o escritor opta pela *heráldica*.

A emoção empática e estética aparece como um catalizador heurístico e não como um obstáculo à inteligência, uma vã distração: Jablonka dá seu sentido mais acabado à bela palavra *compreender*, porque a natureza literária do texto, o trabalho do estilo, estiliza um mundo, o mundo dos anos 1970-1980 por exemplo, no qual o leitor se encontra preso e compreendido, por meio de apontamentos, de lembranças e de imagens que evocam, no sentido literal, um mundo enterrado sob a sedimentação de tempo, das ações e das paixões ulteriores. Como

---

180. I. JABLONKA. *Un garçon comme vous et moi*. Paris: Seuil, 221, p. 10.

181. Ibid., p. 259.

um historiador pode encontrar melhor o tempo perdido, senão fazendo-se escritor e fazendo surgir, do plano do papel, o espaço de um mundo? Encontramo-nos do lado de Jablonka, como Proust nos acompanha *Du Côté de chez Swann*, neste parágrafo muito famoso da obra:

> E como nesse jogo em que os japoneses se divertem mergulhando numa bacia de porcelana cheia de água pequeninos pedaços de papel até então indistintos que, mal são mergulhados, se estiram, se contorcem, se colorem, se diferenciam, tornando-se flores, casas, pessoas consistentes e reconhecíveis, assim agora todas as flores do nosso jardim e as do parque do Sr. Swann, e as ninfeias do Vivonne, e a boa gente da cidade e suas pequenas residências e a igreja e toda a comuna de Combray e suas redondezas, tudo aquilo que toma forma e solidez, saiu, cidade e jardins, da minha xícara de chá.

Para resumir a essência de sua profissão, o historiador observa: "Escrevo para dizer coisas verdadeiras, para tornar manifesta a presença dos ausentes"[182]. A escrita é assim:

> [...] um ato de amor [...] aos pupilos da assistência pública, aos abandonados e aos órfãos, aos pequenos exilados da Ilha da Reunião, a

---

182. Ibid., p. 194.

Letícia e Jéssica, aos meus quatro avôs, aos meus pais, ao meu irmão e à autocaravana que nos transportava felizes pelas margens do Mediterrâneo, à minha pequena família e à grande família, composta por aquelas e aqueles que se reconhecem nisto que escrevo[183].

A prática da história assim definida e exercida é "uma declaração": "trata-se de salvar os que eu amo", "de pôr-se a serviço dos fantasmas"[184]. Onde reencontramos Henri--Irénée Marrou, um cristão, professor de história antiga na Sorbonne, epistemólogo em *De la connaissance historique*: a prática da história é *agapê* (amor divino) e evocação – ela consiste em amar os mortos e fazê-los levantar--se pela voz. Ato religioso, ou mesmo místico: "Historiador, eu conto a vida dos que a perderam"[185]. O luto e a angústia, a hipocondria às vezes, estão bem presentes, mas dominados pela ascese, pela disciplina de vida e de saúde, pelo trabalho persistente, que vêm domesticar esta forma de "loucura que é a antecipação minuciosa de seu próprio desaparecimento"[186]. Então, se a história e a literatura, se a história como literatura, permitem expressar o que foi, elas permitem também encarar, serenamente, o que será:

---

183. Ibid., p. 195-196.
184. Ibid., p. 260.
185. Ibid., p. 263.
186. Ibid., p. 267.

Deter-me-ei numa tarde de verão [...]. Isto acontecerá num parque. Crianças correm sobre a grama. Bolas de futebol, livros, frutas, alegrias, lembranças, devolverei ao mundo o que lhe pedi emprestado. Então, confiando na existência que eu teria tido, rico de tudo o que não vivi, oculto sob a sombra de alguns acontecimentos maiores do que eu, poderei – conquistado pela serenidade – fechar o parêntese de minha vida[187].

O parêntese. A escrita, novamente, e para sempre.

---

187. Ibid., p. 282.

VI
Razões secretas e causalidade diabólica

A conspiração

"Conspiração" e "conspiracionismo" estavam fora de moda e fora de época. Nos anos 1990 e 2000, quase só historiadores das ideias experientes nas culturas políticas do século XIX e da extrema direita se interessaram por ela, sem dúvida também porque, como Pierre-André Taguieff, estavam atentos ao metabolismo internacional de "teorias da conspiração" europeias, ao destino de textos como os *Protocolos dos sábios de Sião*, passados da Rússia branca ao nazismo, em seguida ao Hamas que, em sua carta de 1998, os menciona explicitamente[188].

As mudanças tecnológicas (em particular a transição para a web 2.0 em 2005, cuja importância no desenvolvimento de movimentos militantes anteriormente marginais

---

188. P.A. TAGUIEFF. *L'Imaginaire du complot mondial. Aspects d'un mythe moderne.* Paris: Mille et une nuits, 2007.

todos realçam), bem como os grandes choques vividos pelas sociedades ocidentais desde então (crise dos créditos bancários de alto risco em 2008, pandemia da Covid-19 em 2020, em particular), enfunaram novamente as velas de uma maneira de ver o mundo que se podia acreditar confinada em grande parte aos manuais de história e antologias de textos obsoletos, situados em algum lugar entre as fulminações ultracatólicas contra a Revolução Francesa e o antissemitismo raivoso dos negacionistas.

Busca das razões secretas, identificação e denúncia diabólicas da causalidade: o imaginário da conspiração é ao mesmo tempo inesgotável e tranquilizador para seus profissionais e partidários. Expressão de uma melancolia heurística que não chega realmente a lamentar uma transcendência, ainda que nefasta e maléfica, ele é a expressão de uma nostalgia do sentido, de um sentido coerente, unificado e total – de preferência global. Em suma, constitui uma hermenêutica do pobre, não "o absoluto ao alcance dos *poodles*", como Céline definia o amor, mas o sentido ao alcance dos imbecis.

Uma breve olhada nas redes ditas sociais, nos vídeos difundidos pelos grandes canais da internet, ou mesmo nos balcões das livrarias, nos convence cada dia que isso não é verdade: editores que têm um nome na praça e estão em busca do próximo sucesso prestam-se a isto, enquanto os vídeos prosperam. Sendo impotente a crítica racional e científica, existem portanto fortes afetos que sustentam este gênero de discurso, ou mesmo esta cosmovisão, que nos parece proceder fundamentalmente de uma melancolia heurística, de uma nostalgia do sentido e de um sentido legível, simples e claro, de uma narrativa compreensível, num mundo mais complexo do que nunca (e de uma complexidade crescente) e ao mesmo tempo privado de discursos transcendentais e unificantes. Compreender as molas profundas destes apaixonados pelo sentido e a dimensão antropológica de sua busca permite talvez responder a isto, ou mesmo opor-se àquilo que ele acarreta de mais inepto e de mais nocivo.

É preciso especificar de imediato que os conluios e conspirações existem na literatura, que gosta de narrar o claro-escuro do poder e do segredo, mas também na realidade política e econômica.

O Código penal francês, em seu artigo 450-1, define muito bem a "associação de malfeitores", uma acusação formal com a qual, às vezes, altos responsáveis políticos podem ser manchados. A *common law* e o direito penal britânico e americano, por sua vez, reconhecem o *crime of conspiracy*, como sabem muito bem os historiadores: em Nuremberg, diante desta jurisdição militar internacional inédita que manda comparecer os criminosos nazistas, é justamente a *conspiracy* no *crime against peace* que constitui o primeiro crime lançado em rosto aos réus, aliás acusados de "crimes de guerra" e, categoria nova, de "crime contra a humanidade".

O que o tribunal queria dizer com isso? Que tinha havido de fato intenção de longa data, portanto um plano, para desencadear a guerra no solo europeu com a única finalidade de satisfazer os supostos interesses da Alemanha. Este plano era secreto, porque os nazistas, na década de 1930, só tinham na boca a palavra paz. Estavam constituídas, portanto, as três características da conspiração, ou do conluio: a intenção, o segredo e, evidentemente, a ilegalidade.

Além da estrita definição penal e da denotação, existe uma aura psicológica um pouco vaga e corrosiva, uma conotação nefasta em torno desta palavra: que o mundo seja governado em grande parte por forças ligadas aos interesses evidentes que têm precisamente pouco interesse em se tornarem públicos e revelados, é um fato que a sempiterna crônica dos acordos ilegais só confirma. Mas deduzir do segredo o oculto e ver em interesses medíocres, humanos demasiadamente humanos, forças obscuras, numa palavra, confundir a elucidação das sombras com o obscurecimento generalizado, os trâmites exotéricos do jornalista, do juiz de instrução e do historiador com o arrepio esotérico, é um método muito lastimável. Mas aqui não se trata de método, como deverá ter ficado claro.

Se conluios e conspirações existem de fato, a adição de um -ismo marca uma mudança de regime intelectual, ou melhor, a passagem do intelecto ao instinto. A disposição de ânimo que consiste em ver o oculto em toda parte é tão antiga e segura como toda pesquisa do sentido por trás do intrigante, do inexplicável ou do traumático – ou dos três ao mesmo tempo.

São numerosos os trabalhos de historiadores que estudam conluios comprovados e conspirações reais, que abundam, e que aprofundam o comentário para mostrar o que sua organização, seu sucesso ou sua repressão revelam acerca de uma época. Jacques-Olivier Boudon, em *Les Quatre Sergents de La Rochelle*, descreve a história de uma conjuração muito real, organizada por quatro militares revoltados contra o nepotismo frouxo de uma Monarquia obsoleta[189]. Este livro nos expõe os caminhos e os meios de conjurações republicanas que ritmaram o século, como também a reação, implacável, de uma monarquia tanto mais tentada a dar um exemplo por se saber fraca. Mostra igualmente a força do mito memorial para todos os amantes da liberdade, a começar pelo dono de um café na rua Descartes que rebatizou seu bar, chamado "Ao rei Clóvis", inspirando-se nos "Quatro sargentos de La Rochelle". Mito persistente até o fim da Segunda Guerra Mundial, quando outros mártires da liberdade iriam suplantar as vítimas do "último crime da monarquia".

O historiador Jean-Noël Tardy chega a ver no século XIX francês, marcado pela consolidação de um Estado

---

189. J.-O. BOUDON. *Les Quatre Sergents de la Rochelle. Le dernier crime de la monarchie*. Paris: Passés Composés, 2001.

cada vez mais poderoso, pelos abalos da modernização econômica e social e pelo advento de um regime democrático que se pretendia governo do povo e pelo povo, uma verdadeira *Era das sombras*. Escrever a história dos *Complots, conspirations et sociétés secrètes au XIXe siècle*, subtítulo do livro tomado de sua tese de doutorado[190], é explorar o submundo caro a seu orientador de doutorado, Dominique Kalifa, submundo do ressentimento político – de direita contra o advento de regimes mais democráticos, de esquerda contra uma República – segunda e terceira – que não caminha suficientemente rápido nem suficientemente longe na promoção da igualdade real.

É um escritor, Honoré de Balzac, quem realça a pertinência desta chave de leitura de seu século, em três romances (*Ferragus, La Duchesse de Langeais* e *La Fille aux yeux d'or*) reunidos sob o título *Histoire des treize* (1833-1834), romance de "treze homens igualmente atingidos pelo mesmo sentimento, todos dotados de energia suficientemente grande para serem fiéis ao mesmo pensamento, suficientemente probos para não se traírem, embora seus interesses fossem opostos, políticos suficientemente profundos para dissimular os laços sagrados que os uniam, suficientemente fortes para pôr-se acima de todas as leis, suficientemente ousados para empreender e suficientemente afortunados por terem sido quase sempre

---

190. J.-N. TARDY. *L'Âge des ombres. Complots, conspirations et sociétés au XIXe siècle*. Paris: Les Belles Lettres, 2015.

bem-sucedidos em seus propósitos", mas romance de um fracasso, porque, após terem dominado secretamente a sociedade graças à sua sociedade secreta, ei-los "fracassados, dispersos pelo menos", como escreve Balzac em seu prefácio. Para um romancista que pretendia, no prólogo a *La Comédie humaine*, descrever as "espécies sociais", assim como os naturalistas – que ele cita abundantemente – descrevem as "espécies animais", "tornar interessante o drama de três ou quatro mil personagens que uma sociedade apresenta", longe das "nomenclaturas secas e repulsivas de fatos chamados história" e "fazer concorrência ao estado-civil", esta excursão no oculto e numa forma de fantástico social tinha motivos para surpreender.

Uma rápida olhada na biografia e nas convicções políticas do escritor permite compreender melhor: Balzac é um "ultra", ultramonarquista e ultracatólico, que descreve uma sociedade francesa transtornada pela Revolução e pelo Império e que sustenta as intrigas e projetos de um Carlos X. Ele é partidário de uma Restauração dura, na medida do possível – não a restauração hábil e franca de um Luís XVIII, mas a de seu irmão, que erroneamente achou por bem tocar as escrófulas por ocasião de sua coroação, para estupefação consternada de numerosos monárquicos.

Ora, esse mundo, que não abdicou do maravilhoso, é alimentado pelo imaginário do conluio. É até mesmo, desde os anos 1790, a leitura dominante que esses meios propõem da Revolução Francesa. Quem apresenta sua forma mais eloquente e a síntese mais completa é um sacerdote jesuíta, Augustin de Barruel, que publica *Mémoires pour servir à l'histoire du jacobinisme*, entre 1797 e 1799, obra que obterá um imenso sucesso e uma repercussão duradoura.

A tese é simples e sua narrativa permite organizar o caos de acontecimentos precipitados que encantaram seu mundo e o mundo de seus leitores: a Revolução foi uma conspiração maçônica contra Deus, a Igreja e o Rei. Os maçons, que a Igreja condena com uma constância iterativa no século XIX, são livres-pensadores associados discretamente, senão secretamente, para poder tagarelar e refletir em paz sobre grandes questões filosóficas, fora das prescrições da Igreja Católica, que tem suas ideias acerca de tudo e pouco tolera a crítica ou a divergência. Opostos aos dogmas, os maçons apavoram a Igreja e apoiam de fato todo movimento de emancipação política e religiosa. Os maçons – eis o inimigo: a "seita maçônica" e suas "arrière-loges" (ainda mais secretas e ocultas do que as lojas!) difundiram ideias ímpias, mas também retiveram os cereais e provocaram penúrias que tiveram em 1788 e 1789 os efeitos nefastos que conhecemos.

Podemos seguir os desenvolvimentos e as metamorfoses desta poderosa narrativa explicativa ao longo de todo o século XIX, no qual o historiador Emmanuel Kreis constata a "multiplicação das teorias da conspiração, desde o antimaçonismo até o antissemitismo", numa notável antologia que ele dedica à fantasia dos "poderes da sombra"[191].

O termo fantasia aqui não é pejorativo: a fantasia é uma coisa séria, e a ser tomada como tal, como sabem todo os psiquiatras. Igualmente os historiadores da cultura e das ideias, que não se limitam a varrer apressadamente as futilidades conspiracionistas, mas tentam ver a quais perguntas estas ideias vêm responder, quais necessidades elas satisfazem, quais funções sociais elas assumem.

A sequência pós-revolucionária é exemplar deste ponto de vista e permite compreender melhor o imaginário conspiracionista: a Revolução Francesa constituiu um considerável traumatismo físico, psicológico e social para as elites do Antigo Regime, muitas vezes privadas de seus títulos e de seus bens, aterrorizadas pelo estado de exceção pública dos anos 1792-1793, atingidas no corpo dos membros de sua família, obrigadas ao exílio... Este traumatismo era pesado demais para não ser atribuído a um poder diabólico, supra-humano (por trás das lojas: o diabo). A conspiração maçônica permitia, paradoxalmente, reencantar o mundo: não, a Revolução não era um movimento democrático, conduzido por homens em busca de liberdade, derrubando Deus e o trono, mas uma

---

191. E. KREIS. *Les Puissances de l'ombre. La théorie du complot dans les textes*. Paris: CNRS Éditions, 2009, reed. "Biblis", 2012.

conspiração diabólica. No momento em que a Revolução proclamava a laicidade (que data de 1792 e não de 1905!), o imaginário conspiracionista reinstalava em seus direitos o sagrado, a magia, o maravilhoso, e oferecia a partidários confusos uma narrativa que os confortava em suas convicções profundas, os consagrava como mártires e os consolava (Deus seria *in fine* vencedor).

Um mitema arcaico, o da luta do bem contra o mal, dos anjos contra os demônios, tornava-se o esquema de leitura reconfortante do traumatismo: *quis ut Deus?* – pergunta o Arcanjo Miguel. Quem é como Deus, quem pode comparar-se a ele, igualá-lo? Ninguém, porque satanás é devolvido a seu lago de enxofre e de fogo.

Este esquema se laiciza ao longo do século XIX, século das ciências e da racionalização das concepções da natureza e da sociedade. É o que mostra Emmanuel Kreis em seus trabalhos dedicados ao antijudeu-maçonismo e ao ocultismo na França sob a III República: num mundo em vias de desencantamento, um pouco de maravilhoso permanece, o maravilhoso do Maligno, deste inimigo poderoso e dissimulado que doravante é o judeu[192].

Não que os maçons não interessem mais, como mostrarão as perseguições dos nazistas e do Regime de Vichy, mas os judeus interessam cada vez mais. Eram tutelados

---

192. E. KREIS. *Quis ut Deus? Antijudéomaçonnisme et occultisme en France sous la IIIe République*. Paris: Les Belles Lettres, 2017.

pela sociedade e mantidos em submissão forçada por uma judeofobia milenar, a de um cristianismo que, não podendo mais acusar Roma por ter matado Cristo quando Roma se tornou cristã, encontrou um culpado perfeito no "povo deicida", o povo de Judas, traidor e criminoso. O antijudaísmo religioso é recodificado, no século XIX, nos termos de um biologismo racista elaborado por ciências naturais em pleno desenvolvimento para parir um monstro, o antissemitismo, armado pelo poder milenar de uma mitologia religiosa feita de ódio, de repugnância e de rejeição, e chancelada pela ciência, da antropologia racial à medicina, das classificações racistas à psicose microbiana.

Não contentes por ter matado Cristo e degolado crianças para a Páscoa – rumores medievais bem mortíferos –, os judeus parecem ter-se mancomunado com as grandes agitações contemporâneas: e se a conspiração maçônica era um conluio judeu-maçônico, ou mesmo um conluio judaico simplesmente? Porque são justamente eles os principais beneficiários de uma Revolução que, ao emancipá-los, lhes permite sair do gueto, em todos os sentidos do termo. *Cui bono?* A quem aproveita o crime? Aos judeus, respondem os partidários da ordem antiga, aos quais se associam os adeptos do "socialismo dos imbecis" denunciado por um dos fundadores e presidentes do Partido socialista alemão, August Bebel (1840-1913), que se afligia porque alguns camaradas pouco esclarecidos confundiam anticapitalismo e antissemitismo.

Os trabalhos de Emmanuel Kreis nos permitem igualmente acessar os textos fundadores desta nova leitura do mundo contemporâneo, redigidos por falsos contemporâneos radicais, como Henri Gougenot des Mousseaux, fidalgo da corte de Carlos X, oposta aos Orléans, dinastia ilegítima, que lhe sucederam em 1830. Em *Le Juif, le judaïsme e la judaïsaion des peuples chrétiens* (1869) ele prepara o caminho para Édouard Drumont e *La France juive* (1886), notavelmente estudados por Grégoire Kauffmann[193]. No caso de Drumont, jornalista fracassado, personalidade angustiada e complexada, o ressentimento contra o mundo e a modernização são evidentes.

Ora, encontramo-los, junto com o traumatismo, em toda narrativa conspiracionista, como observa Pierre-André Taguieff no luminoso volume da coleção "Que sais-je?", dedicado por ele às teorias da conspiração[194], e onde ele entrega a substância de trinta anos de trabalhos sobre o tema: "o conspiracionismo aparece como a tentação permanente e o refúgio psíquico dos 'perdedores', cujo duplo sentimento de revolta e de impotência ele exprimiria ao reconfortá-los", respondendo a uma necessidade cognitiva de organização do caos, de explicação do traumatismo e de descodificação de um mundo

---

193. G. KAUFFMANN. *Édouard Drumont (1844-1917)*. Paris: Perrin, 2008.
194. P.-A. TAGUIEFF. *Les Théories du complot*. Paris: PUF, "Que sais-je?", 2021, p. 87 e 67 para as citações.

demasiadamente complexo mediante a identificação de um princípio ou de uma entidade geral (a "maçonaria", o "sistema", "o judeu", o ZOG", "Bill Gates"...) responsável e culpada. O "ressentimento, elaborado por Nietzsche e repensado por Max Scheler", esta "mistura de impotência e de ódio", encontra uma oportunidade de serenar num ódio abstrato sustentado por uma explicação totalizante.

Acrescentemos a isto a satisfação narcisista de ser iniciado, ou mesmo eleito, ou pelo menos de ter compreendido tudo aquilo que se trama e que nos ocultam, e compreendemos melhor o poder de atração daquilo que, do ponto de vista unicamente da análise racional, é de fato psicologicamente delirante e intelectualmente opressivo.

Deste ponto de vista, o ano 2020 foi um caso exemplar nos Estados Unidos. No contexto da epidemia da covid-19, que ele enfrentou com um misto de negação cínica e de incompetência burlesca, o presidente em exercício, inquieto com a hipoteca que os mortos e a recessão fazem pesar sobre a reeleição, torna-se um retransmissor cotidiano, em conversas com a imprensa ou no Twitter, dos rumores conspiracionistas mais absurdos sobre as futuras eleições próximas (fraudadas), sobre a suposta fraude sistemática dos democratas, sobre os perigos do voto por correspondência (ele não vota diferente), tudo isso acompanhado de homenagens apoiadas em tudo o que o país, de Charlottesville aos *proud boys*, engloba de racistas e de neonazistas. Após a derrota acachapante e contundente diante de Biden, o narcisismo mórbido do egômano social-darwiniano, aliás mentiroso compulsivo (mais de 20.000 mentiras num mandato, somente em sua expressão pública, de acordo com o *Washington Post*), leva o perdedor a negar a realidade de seu fracasso e manter a esperança messiânica de uma reviravolta da situação.

Esta campanha ativa encontra seu apogeu no dia da certificação dos votos pelo Congresso dos Estados Unidos: nesse 6 de janeiro de 2021, as fantasias *delusional* (ilusórias e enganadoras) semeadas pelo velho inculto e seus sectários na internet encontram a realidade dos militantes provenientes do *alt-right* [Direita alternativa] supremacista e neonazista, que se lançam ao assalto do Capitólio, para "enforcar Mike Pence" (o vice-presidente, acusado de traição por ter simplesmente reconhecido a evidência dos fatos) e Nancy Pelosi, *speaker* democrata da Câmara dos Representantes, odiada pelos republicanos extremistas por ser mulher e suposta protagonista de inúmeras conspirações, cuja descrição ou resumo, dificilmente possíveis, desafiam o entendimento ("Pizzagate", complô pedo-satanista, subversão reptiliana etc.).

É com este assombro que pudemos assistir ao sucesso crescente da comunidade Q-Anon (originada do nome, codificado, de um alto funcionário fictício), supostamente revoltada contra o "sistema" e semeando na internet mensagens sibilinas – sem dúvida dois ativistas da web de extrema direita, Jim e Ron Watkins, animadores do fórum 8chan. Após ter, bem no início, em 2017, anunciado a prisão iminente dos inimigos do povo americano, entre os quais Hilary Clinton, "Q" contentou-se mais habilmente em colocar "questões", incitando seus "*followers*" a "fazerem sua pesquisa" eles próprios, a fim de interpretar seus *posts* ou *drops* enigmáticos. Ao ver o sucesso, depois de cinco séculos, das "profecias" de Nostradamus, constatamos muito bem todo o interesse que há em vaticinar de maneira ambígua. Neste caso, observa Ethan Zuckermann, professor de ciências da informação na Universidade de Massachusetts (Amherst) e especialista das redes sociais, Q-Anon é uma comunidade participativa, um "ecossistema inteiro de intérpretes" que trocam e debatem mensagens de Q: "É lúdico, é uma espécie de *fanfiction* [narrativa ficcional escrita e divulgada por fãs] aplicada ao mundo real. Você escreve sua própria história"[195], adquirindo assim uma ilusão de domínio do curso dos acontecimentos, cujo sentido oculto o fã é potencialmente o primeiro a desvendar.

Num país fundamentado, desde as origens, na liberdade religiosa e na proliferação de seitas protestantes, Q-Anon responde igualmente a um desejo profundo: "Q-Anon pode tornar-se o novo ramo do cristianismo evangélico [...]. Temos uma história rica em matéria de criação de religiões, algumas igualmente loucas". Nesta "seita", que pode

---

195. *Le Monde*, 17 de outubro de 2020.

muito bem tornar-se uma "fé" e uma Igreja estabelecida, "o sacerdote é você", em boa lógica protestante. No entanto, é preciso não se enganar sobre a natureza dos fiéis, previne Ethan Zuckermann, com o risco de nada compreender quanto ao movimento e à sua força:

> Acreditamos muitas vezes, de maneira errônea, que os teóricos da conspiração são espíritos desordenados: é justamente o contrário. São espíritos que são demasiadamente ordenados. Eles criam ordem onde só existe caos[196].

A expansão desta comunidade e a proliferação de suas páginas no Facebook, contas no Twitter e símbolos por ocasião dos encontros de Donald Trump, se devem a acontecimentos como a prisão (e o suicídio na cela) do financista e pedófilo Jeffrey Epstein, ao traumatismo da covid-19, mas também, mais profundamente, ao fracasso geral dos Estados Unidos, tão manifesto durante o mandato de Trump: derrotas, ou não vitórias militares em série (Vietnã, Iraque, Afeganistão), falência de enunciados simplistas ("guerra contra o terrorismo", "eixo do mal", *America First*...), fracasso das instituições diante do Karina (2005), diante das mudanças climáticas e diante da pandemia, deterioração das infraestruturas e derrocada do sistema de saúde – bem documentada pelo historiador Timothy Snyder num livro recente, vibrante de cólera

---

196. Id.

contra uma saúde americana que escamoteia a cura em proveito do *care*, que transforma os médicos em prestadores de cuidado, que é enfim a medicina mais cara do mundo, e uma das mais medíocres.

A promessa de Q é de ordem propriamente escatológica: estranho ao "sistema", Donald Trump trabalha para o *great awakening*, esta tomada de consciência, este despertar diante da cabala pedo-satanista e reptiliana mundial, bem como para o *Storm*, esta tempestade que arrebatará os maus.

Convém considerar que, como prova a experiência dos inícios, é arriscado prometer o que não acontece – problema que se coloca a todos os milenarismos. Os *followers* ou fiéis de Q-Anon foram assim submetidos a uma rude prova desde o outono de 2020 e a derrota de Donald Trump nas eleições presidenciais de 3 de novembro. As esperanças se concentraram primeiro na data de 6 de janeiro, dia da certificação dos resultados, marcadas pela insurreição que conhecemos, estimulada pelo próprio presidente de saída, em público e diretamente. Diante do inelutável, tratou-se então de esperar um *storm* no dia 21 de janeiro, dia da posse de Joseph Biden, o presidente eleito: o "plano" era incontrolável – todos os maus (os democratas, bem como seu cúmplice, o vice-presidente Mike Pense) estariam reunidos em Washington, prontos a serem saqueados pela polícia e pelo exército.

O fracasso do "plano" (nada disso aconteceu no dia 21 de janeiro) adiou a esperança para março (antes do século XX, os presidentes tomavam posse nessa data), depois para agosto de 2021 (boato lançado pelo próprio Trump). O que acontece "quando a profecia falha", *When Prophecy Fails*, para retomar o título de um célebre estudo de psicologia social americana[197] dos anos 1950? Uma parte dos fiéis vai embora, decepcionada, ou mesmo revoltada por ter-se enganado e ter sido ridicularizada. Resta um núcleo duro, que se fortalece com o próprio fato do fracasso: a ausência momentânea do acontecimento anunciado relança com grande entusiasmo os comentários, interpretações e especulações sobre o "plano" e seu desenvolvimento. No final do III Reich, a presença das tropas soviéticas nas ruas de Berlim era para alguns a prova última e decisiva do gênio estratégico e tático do "Führer": a armadilha era perfeita, o contra-ataque seria terrível e o Exército vermelho seria esmagado.

Portanto, para certa parte de seu público, a profecia está de preferência confirmada por seu próprio fracasso, que, longe de invalidá-la, a reforça. Entramos em contato aqui com forças íntimas do religioso, mas também com a atratividade propriamente literária da conspiração. Um dos interesses da narrativa conspiracionista é, à semelhança do *thriller* ou do romance policial, a busca

---

197. L. FESTINGER (ed.). *L'Échec d'une prophétie*. Paris: PUF, 1993 [1956], reed. 2022 com um prefácio do Gérald Bronner.

da verdade que ela carrega, e a caçada aos elementos que permitiriam aproximar-se dela. Compreende-se melhor, portanto, a resistência ao choque do real e a fraca eficácia de um confronto com a realidade.

Que o segredo esteja onipresente, que o leitor, junto com o autor, deva pôr-se em busca da verdade por trás das aparências enganadoras – eis uma receita manjada, mas sempre fecunda, desses romances que os editores gostam de denominar *page-turners* e que se revelam às vezes *best-sellers* imponentes, como os romances de Dan Brown, de Maxime Chattam, ou mesmo de J.K. Rowling, sem falar dos grandes sucessos do cinema contemporâneo (*Matrix* 1, 2, 3) ou das séries de sucesso (*X-Files*). Compreende-se melhor que as "teorias da conspiração" sejam um dos campos de esporte dos literatos e dos semiólogos. Umberto Eco abrira o caminho, ao interessar-se pela literatura da conspiração e pela conspiração literária[198], mas a imensa massa dos *posts*, dos *drops*, dos *tweets* e dos vídeos da complosfera estão também totalmente sujeitos à jurisdição de uma análise narratológica e semiológica[199].

Portanto, para recolocar em perspectiva o caos trumpista, podemos recorrer a Peter Knight, professor de literatura inglesa na Universidade de Manchester. Já em 2000,

---

198. Cf. A. LEIDUAN. *Umberto Eco et les théories du complot. Contre le complotisme. Au-delà de l'anticomplotisme*. Nice: Ovadia, 2019.

199. A. LEIDUAN. *Critique de la raison narrative. Le récit dans l'ère digitale*. Nice: Ovadia, 2021.

Knight publicou seu ensaio *Conspiracy Culture* para justificar a preponderância do imaginário conspiracionista nos Estados Unidos: nação construída sobre a esperança (de um destino melhor) e o medo (dos ingleses, dos negros, dos peles-vermelhas...), país fundado na imigração (a abertura ao exterior) e num patriotismo intransigente (de bom grado solipsista), os Estados Unidos sofreram por muito tempo – e sofrem ainda – de um sistema escolar profundamente inigualitário e deficiente (no primário e no secundário), em que as competências da leitura crítica só são – é um eufemismo – mediocremente desenvolvidas, sendo a redação sacrificada ao teste e a literatura restante aos assinantes ausentes, como denunciava já em 1986 Allan Bloom em *The Closing of the American Mind* (*L'Âme désarmée*, em francês, mas literalmente: "O fechamento do espírito americano"[200]).

A conjunção entre um alto nível de conexão tecnológica e sobrerrepresentação de indivíduos pouco críticos, ou mesmo imbecis característicos, é uma das chaves da presidência Trump e de seus crimes. Em termos mais rebuscados, Pierre-André Taguieff apresenta o efeito Dunning-Kruger:

> [...] ou efeito de excesso de confiança, de acordo com o qual os menos qualificados, não tendo consciência de sua incompetên-

---

200. A. BLOOM. *L'Âme désarmée*. Paris: Les Belles Lettres, 2018.

cia, sobrevalorizam sua competência [...]. O fenômeno é o da meta-ignorância, ou seja, a ignorância de ignorância [...]. Muitos empresários e crentes conspiracionistas são ao mesmo tempo ignorantes, intelectualmente medíocres e seguros de si mesmos. Eles são desprovidos da menor dúvida quanto às suas capacidades cognitivas e aos seus conhecimentos, o que os torna impermeáveis à crítica e insensíveis ao ridículo[201].

Peter Knight realça precisamente que a desativação das narrativas conspiracionistas pressupõe competências literárias, porque elas obedecem a esquemas correntes na literatura[202]. Aliás *Plot*, em inglês, designa tanto o roteiro de um romance quanto o conluio ou a conspiração: muitas teorias da conspiração estão na origem dos textos literários, às vezes de natureza satírica, como o panfleto de Maurice Joly *Dialogue aux enfers entre Machiavel et Montesquieu* (1864), que visa Napoleão III, ou às vezes puramente romanescos, como o *Biarritz* de Hermann Goedsche (1869), cujo "discurso do rabino", no cemitério judeu de Praga, adquiriu sua autonomia para tornar-se a expressão pura e perfeita de um plano judeu para a dominação do mundo, alimentando *ad nauseam* o cinema

---

201. P.-A. TAGUIEFF. *Les Théories du complot*, op. cit., p. 88-89.
202. P. KNIGHT. *Conspiracy Culture. From Kennedy to the X-Files*. Nova York, Routledge, 2000.

(*Die Rotschilds*, filme nazista de 1940) e a literatura antissemita, inclusive os famosos *Protocolos dos sábios de Sião*. Umberto Eco, que publicou um romance intitulado *O cemitério de Praga*, está tão consciente disto que, além do título acima citado, dedicou um romance inteiro, *O pêndulo de Foucault*, a um jogo ficcional entre três amigos que, para divertir-se, imaginam uma conspiração que lhes escapa.

Peter Knight salienta que o gênero do *thriller* ou do romance policial é estranhamente popular nos Estados Unidos: a verdade está oculta, é preciso ir o seu encalço, como nos romances de Dan Brown, que restituíram uma juventude inteiramente inesperada aos *Illuminati*, e no *JFK* de Oliver Stone (1991), que desvenda na desordem americana as sequelas de um assassinato fundador, resultante também ele de uma conspiração – o assassinato de Kennedy em 1963. Na esteira de *Conspiracy Culture*, Peter Knight publicava em 2002 *Conspiracy Nation*, uma coletânea que se interessava, caso a caso, por todas as obsessões conspiracionistas americanas, da criatura de Roswell a *X-Files*, passando pelas tribulações, muito reais, da presidência Nixon, ou pela frenética caça às bruxas do macartismo.

Pioneira entre as séries televisivas de sucesso duradouro e maciço, *X-Files* (os "Dossiers X") irrigou o público americano, desde 1993, com um imaginário conspiracionista resumido no lema da série: "A verdade está alhures". Conjunção bem-sucedida entre o tema conspiracionista e o imaginário ufológico que introduz o paranormal e o fantástico como nova figura do oculto, a série remonta à origem da mentira generalizada, nesse ano de 1947 que viu a criação da CIA e a descoberta dita de Roswell. A série, como o filme rodado em 1998, abre-se com a seguinte citação do carismático agente do FBI Fox Mulder: "Eu sou o personagem-chave de uma maquinação governamental, de uma conspiração destinada a ocultar a verdade a respeito da existência dos extraterrestres. Uma conspiração mundial, cujos atores se encontram no mais alto nível do poder e que tem consequências na vida de cada homem, de cada mulher e de cada criança deste planeta". Nada menos.

O imaginário conspiracionista tem, portanto, efeitos muito além de imaginários, quando levam ao ato (a insurreição, o assassinato) ou à recusa do ato (recusa a reconhecer uma derrota eleitoral, a tomar a vacina etc.).

Os historiadores do nazismo e da Shoah deveriam sabê-lo. Léon Poliakov, que participou desde 1943 da criação de um fundo de arquivos que documentava, para a França, o genocídio em curso – o Centro de Documentação Judaica Contemporânea (CDJC), incorporado ao Memorial da Shoah em 2005 –, tornou-se após a guerra um historiador da Shoah pioneiro em muitos aspectos, notavelmente penetrante em sua maneira de abordar os criminosos nazistas e seu universo mental. Após ter editado, com Josef Wulf, antologias de universitários, médicos e altos funcionários nazistas que pensaram e fizeram o nazismo[203] muito mais do que um Hitler, por exemplo, e mostrado que *Bréviaire de la haine* estava muito longe de ser redutível a *Mein Kampf*, após ter explorado, no longo termo de uma história plurissecular, *Le Mythe aryen* e *Histoire de l'antisémitisme*, Léon Poliakov publicou em 1980 e 1985 os dois volumes de *La causalité diabolique*, em que ele se faz o historiador das paranoias ocidentais – da conspiração jesuítica à conspiração judaica, passando pela conspiração franco-maçônica. A consubstancialidade entre o imaginário conspiracionista e a sensibilidade religiosa é patente: nada é acidente, tudo é necessidade; todo acontecimento pode estar relacionado com causalidades ocultas; tudo está ligado.

Deste imaginário poderoso a direita e a extrema direita alemãs foram as herdeiras infelizmente muito banais num contexto de perturbações aparentemente inexplicáveis: a Grande Guerra, a morte em massa, a derrota jamais compreendida nem aceita, a revolução, em seguida uma quase-guerra civil e a hiperinflação. A montante: uma modernização rápida e brutal que, de 1871 a 1914, havia sem dúvida produzido aço e carvão, química, navios e canhões, mas também um desamparo em massa na esteira da urbanização e da proletarização aceleradas de um

---

203. L. POLIAKOV & J. WULF. *Das Dritte Reich und seine Denker*. Berlim: Arani-Verlag, 1959, reed. Munique, K.G. Saur Verlag, 1978.

país aliás em plena explosão demográfica... A conspiração mundial contra um país, a Alemanha, faminto por causa do bloqueio dos aliados, a modernização acelerada de um país que pavimentava suas cidades e a revolução social--comunista de 1918 mostravam o inimigo de sempre e de todo lugar (Moscou como Londres, comunista e capitalista), o cosmopolita apátrida que rejeitava a nação para abraçar o internacionalismo da revolução ou do capital.

As psicoses de conspiração judaica contra a cristandade, contra o rei, contra as crianças etc. têm, portanto, uma longa história, atestada na Idade Média. Ali elas são vizinhas de outros medos e angústias, alguns dos quais nos parecem hoje extravagantes, porque encontram pouca ressonância com o que sabemos dos séculos XIX e XX e com aquilo que ouvimos sussurrar nas redes sociais. Talvez haja no sorriso ou no riso, provocados pela natureza burlesca da conjuração dos leprosos, por exemplo, matéria para desarmar os conspiracionismos contemporâneos comparando-os com outras angústias mais antigas. Definitivamente, a comparação pode ter o mesmo efeito de desativação pelo ridículo e pelo riso que teve a célebre e antiga história a propósito da perseguição dos cabeleireiros ("– Hitler decidiu matar os judeus e os cabeleireiros / Por que os cabeleireiros?").

A grande conspiração dos leprosos recebeu a atenção de Carlo Ginzburg como também do medievalista Franck Collard. Sucessor de Colette Beaune na Universidade Paris-Nanterre (ex-Paris X), especialista brilhante das doutrinas e imaginários sociais e políticos da Idade Média francesa, Franck Collard dedicou sua tese de habilitação ao crime de envenenamento e àquilo que este crime revela acerca dos valores medievais[204]. Neste quadro, ele se interessou pela perseguição dos leprosos em 1321 no reino da França, atestada por crônicas e também por fontes judiciais: os "lázaros" ou "méseaux" (de *misellus*, diminutivo de *miser*, o miserável) foram acusados de envenenar os poços a fim de "causar a morte ou, pelo menos, infectar as populações sadias", "de vingar-se do desprezo dessas populações pelos leprosos e de apoderar-se, nem mais nem menos, dos reinos e senhorios do Ocidente"[205].

O historiador observa que os primeiros boatos se devem a banais, mas temíveis, conflitos de uso (os poços e fontes comuns eram interditos aos leprosos, e sem dúvida alguns se emanciparam disso) cuja novidade foi agravada pelo ressentimento crescente que atinge os "lázaros". O leproso, considerado um infeliz digno de compaixão e de esmolas, muda de estatuto num contexto de sistema fiscal crescente: ele se torna um miserável muito custoso, cuja morte pode aliviar os encargos, bem como a penhora dos bens dos leprosários. A isto acrescentemos o medo da

---

204. F. COLLARD. *Le Crime de poison au Moyen Âge*. Paris: PUF, "Le noeud gordien", 2003.
205. F. COLLARD. "Une rumeur médiévale. Le complot des Juifs et des lépreux". *L'Histoire*, n. 321, abril de 1999.

doença e da infecção, que, como todos sabemos, não tem nada de inofensivo nem de teórico, inclusive em sociedades higienistas hipermedicalizadas:

> A lepra age como um veneno que corrompe a carne e dá ao bafo de *"odor maligno"* um temível poder de contágio. No início do século XIV, o poeta Gautier de Coincy descreve assim um doente da lepra: "Ele está tão inchado que não vê absolutamente nada / Os venenos saem dele e repugnam / Por toda parte ao longo do rosto"[206].

A fúria de 1321 contra os leprosos permite ao historiador ler uma cultua e um contexto político e econômico. De maneira ainda mais interessante, a conspiração dos leprosos contra os poços entra em sinergia com as angústias concernentes a duas outras grandes alteridades da *christianitas* medieval, os muçulmanos e os judeus: as "conspirações locais" dos leprosos entram na economia mais geral de uma "megaconspiração" (Taguieff) fomentada pelos judeus do sul do reino (Narbonne), da Andaluzia e do Maghreb (Túnis), visando, por sua própria conta e/ou pela dos Infiéis, depor o rei e subverter a ordem cristã. Os islamo-judeus-leprosos do século XIV dão naturalmente motivo para sorrir. Por que, então, não valeria o mesmo para as outras conspirações?

---

206. Ibid.

VII
Falência das grandes narrativas e desintegração

Nenhuma linha, nenhuma palavra sobre as filosofias da história, como era previsível, no abundante número que a revista *Le Débat* dedicou, em novembro de 1992, à "Filosofia vindoura"[207]. O mesmo ocorre nos dois números da revista *Cités* dedicados à "Filosofia na França de hoje", em 2013 e 2014 – sendo a França o lugar emblemático dessa filosofia chamada "continental", que confere tradicionalmente uma legitimidade a estas questões, ao contrário da filosofia chamada "analítica", ultradominante nos países anglófonos e, agora, na Alemanha. Ainda em 1975, esses dossiês de revisão só trataram disso. A era das hipóstases (Espírito, Povo, Razão ou mesmo Deus-na-história) e das grandes periodizações (*à la* Hegel ou *à la* Auguste Comte), também chamada era da metafísica, realmente passou.

---

207. "La philosophie qui vient: parcours, bilans, projets". *Le Débat*, n. 72 (1992/5). Paris: Gallimard.

Em 1985, no terceiro tomo de *Temps et Récit*, Paul Ricoeur pronunciava a oração fúnebre das filosofias da história. Todos os elementos que encontravam um lugar, um sentido e uma coerência nas grandes narrativas filosóficas do progresso (do Espírito, do Homem etc.), graças ao conceito de "astúcia da Razão", aparecem apenas como "os *membra disjecta* de uma impossível totalização":

> O que nos parece altamente problemático é o próprio projeto de compor uma história filosófica do mundo que seja definida pela "efetivação do Espírito na história" [...]. Não estamos mais procurando a fórmula a partir da qual a história do mundo poderia ser pensada como totalidade efetuada.

A própria ideia da *Stufenfolge*, a sucessão de degraus de uma escada, cedeu o lugar, da melhor maneira possível, à ideia de um "desdobramento arborescente onde a diferença não cessa de prevalecer sobre a identidade"[208].

Na Alemanha, lugar destacado de escatologias de todas as naturezas – políticas, filosóficas e apocalípticas, como em 1945... – a demissão do milenarismo é perfeitamente clara desde 1949 no Ocidente, em seguida após 1990 para a Alemanha (re)unificada, de maneira tanto mais nítida porque esse novo país devia tranquilizar parceiros internacionais e opiniões públicas, prometen-

---

208. P. RICOEUR. *Temps et Récit* III. Paris: Seuil, 1985, p. 370-371.

do que um IV Reich sem dúvida não estava na ordem do dia. O velho lema da esquerda estudantil, dos ecologistas e dos cristãos de esquerda, esse *Nie Wieder Krieg* ("Nunca mais guerra") e *Nie Wieder Auschwitz* ("Nunca mais Auschwitz"), que se resumia, de maneira surpreendente, em *Nie Wieder Deutschland* ("Nunca mais a Alemanha"), tornava-se o alfa e o ômega da comunicação oficial do governo de Helmut Kohl e, em seguida, de seus sucessores Gerhard Schröder e Angela Merkel.

Nos departamentos de filosofia – essa disciplina que é sempre bom auscultar, de acordo com Heinrich Heine, para saber o que a Alemanha nos reserva – a filosofia da história não sobreviveu ao nazismo, e a Alemanha se tornou, de maneira propriamente estarrecedora, o lugar "continental" da filosofia dita analítica, que é situada um pouco apressadamente no mundo anglo-saxão, quando ela é em grande parte de proveniência europeia – entre o círculo de Viena e a obra de Wittgenstein.

A filosofia política e moral, por sua vez, é totalmente encarnada e representada, no grande público e no estrangeiro, pela grande figura de Jürgen Habermas, cuja criatividade e longevidade já fazem do personagem um fenômeno notável. Depositário das chaves do Templo (a Escola de Frankfurt), antes de confiá-las a Axel Honneth, Habermas é conhecido sobretudo, e amplamente, por dois conceitos: o de "patriotismo constitucional" (*Verfassungspatriotismus*) e o de "ética da discussão".

O primeiro não é obra dele: foi forjado por outro universitário, Adolf Sternberger (que gostava de ser chamado Dolf, por razões que podemos imaginar), num longo artigo do *Frankfurter Allgemeine Zeitung* em 1970. O conceito foi posto novamente em evidência no discurso que ele pronunciou em 1979 por ocasião dos trinta anos da "Lei fundamental" da RFA.

À antiga pergunta "Qual é a pátria do alemão?", feita sob o choque da invasão francesa e do desaparecimento do Sacro Império em 1806-1807, Sternberger responde que a Alemanha é um texto que se chama Constituição, que funda o Estado de direito e garante as liberdades como raramente no mundo. Jürgen Habermas, seguindo a boa tradição kantiana e *aufklärerisch* (das Luzes), retoma por sua própria conta o conceito, para instalá-lo definitivamente em 1986 – pouco antes da "reunificação". Contrariamente ao que os vizinhos da Alemanha podem temer, com base na experiência histórica e dolorosa de lembranças, este país adotou a definição dita francesa da nação (que repousa na livre-vontade e não no sangue, simplesmente).

Esta concepção do patriotismo, que muitas vezes é criticada por sua abstração e negatividade (não, não é um simples "teorema", uma "simples construção intelectual pálida e abstrata, um quebra-galho herdado da história de uma nação dividida e moralmente descreditada", segundo as palavras do Presidente federal Joachim Gauck, no dia

18 de janeiro de 2017), é, de fato, a expressão constitucional e política mais acabada daquilo que, em alemão, se chama *Nüchternheit* (uma espécie de sobriedade prosaica e terra a terra), ou seja, a exata antítese da *Schwärmerei* (delírio) escatológica recorrente demais num país regularmente provocado por tentativas milenaristas e catástrofes entendidas como fins do mundo.

O abandono que atinge filosofia da história, mas também a sua matriz, Hegel, é visível nos trabalhos que Habermas dedica – na esteira de Kant – à ética da discussão[209], para pensar as condições de uma coexistência pacífica entre seres humanos, num grupo chamado sociedade.

Não podemos deixar de salientar a *Nüchternheit*, mais uma vez, no longo texto que Habermas dedica às objeções formuladas por Hegel contra a filosofia moral e política de Kant, para refutá-las. Com Kant, e contra Hegel, trata-se realmente de pensar uma "moral deontológica, ao mesmo tempo cognitivista, formalista e universalista"[210]: "A ética da discussão não pode retomar uma teleologia objetiva e, em particular, uma violência que suprimiria"[211] a história. Toquem os tambores para encerrar a celebração.

---

209. J. HABERMAS. *De l'éthique de la dicussion*, trad. fr. Paris: Flammarion, 1999, reed. "Champs", 2013.
210. J. HABERMAS. "Les objections de Hegel à Kant", Ibid., p. 30.
211. Ibid., p. 31.

As grandes narrativas se esfumam e a língua sofre mutação. Uma mudança no estatuto da linguagem – alguns, mais axiológicos sem dúvida, falarão de "degradação" – pode ser observada no decurso deste período, sob a forma de uma redução ao estatuto de veículo comercial – os republicanos ou conservadores, defensores de uma escola à antiga e de outra concepção das letras, estimam até que o ensino das letras, transformado em curso de francês, se limita doravante ao aprendizado da redação de *curriculum vitae* [CV] e cartas de motivação.

A generalização do gênero – a "carta de motivação" – cuja exigência produz metástase em toda parte, faz a alegria dos ironistas e imitadores, como Julien Prévieux em suas *Lettres de non-motivation*, pulicadas em 2007: diante dos clichês (absurdo de vacuidade extática), da gestão, dos RH (recursos humanos) e das *public relations*, o autor resolveu explicar a cada autor de anúncio publicado na imprensa por que o emprego que ele propunha não interessava absolutamente – uma antologia da farsa social do emprego. Seu editor nas Éditions Zones, o filósofo Grégoire Chamayou, escreve na quarta capa:

> A carta de motivação é um jogo social que não engana ninguém, um exercício obrigatório no ritual do recrutamento. Julien Prévieux joga este pequeno jogo como alguém que escrevesse verdadeiras cartas, em resposta a ofertas de emprego que lhe teriam sido dirigidas

pessoalmente, e que, pouco a pouco, ficaria louco, resolvendo finalmente também ele enviar cartas automáticas, uma máquina que escreve para máquinas [...]. Compreende-se que na maioria das vezes esta carta, na qual supostamente o candidato se apresenta, expressa sua personalidade e seus desejos, será jogada no cesto de papéis antes mesmo de ser lida. Neste sentido, a carta de motivação aparece como a encenação da inferioridade do requerente e da onipotência da empresa. É neste exercício obrigatório da falsidade, da mentira em si e da humilhação, que as cartas aqui recolhidas, em suas formas variadas, proliferantes, muitas vezes loucas e sempre obstinadas, provocam disfunção. Na hora do "trabalhar mais" para viver menos, estas cartas de não motivação nos ensinam novamente algo fundamental. Reencontrar esta capacidade, aprazível e libertadora, de responder: não[212].

Assim, a um patrão que propõe um cargo de "gestor de base de dados", Prévieux responde que não fez nada de errado e não merece essa sanção. A um anúncio de um produtor de maionese ele confessa seu "apetite imoderado pelo *junk food*", que acarreta no entanto deficiências físicas que doravante o tornam incapaz de se deslocar para o

---

212. J. PRÉVIEUX. *Lettres de non-motivation*. Paris: Zones, 2007.

lugar de trabalho proposto. A outro encarte ele responde que examinou cuidadosamente este pedido, mas que o pedido não é aceitável. Enfim, sendo absurdo todo este jogo social, uma das suas cartas, composta de sinais aleatórios e simples borborigmos, conclui da seguinte maneira: "Ta pi ku kulki ka kruk krax krax. Jeur re fûse leupe. Auste!"

A palavra "clichê" que empregávamos surgiu tão prontamente como a lembrança dessas autobiografias obrigatórias que cada candidato à adesão ao Partido Comunista da União Soviética devia redigir e que Nicolas Werth estudou bem cedo graças a um fundo de arquivos apreendido pelos alemães em 1941, mais tarde confiscado pelos americanos em 1945. O impetrante, de acordo com as instruções, devia redigir "um longo *curriculum vitae* que devia 'ressaltar os detalhes da vida do postulante, sua origem social precisa, sua fortuna, as diversas atividades exercidas no campo social e político e as motivações que o levam a entrar no Partido comunista'".

O historiador escreve então, em 1980, aquilo que qualquer universitário, confrontado desde 2019 com o procedimento "Parcoursup", experimenta diante das cartas ditadas pelo medo e, portanto, pelo conformismo mais angustiado: "Documentos impressionantes estas autobiografias escritas numa ortografia e numa sintaxe aproximativas!"[213] Além da forma, perfectível, é o fundo

---

213. N. WERTH. "URSS: être communiste sous Staline". In: *Le Cime-*

que é consternador, misturando cada impetrante, a grandes golpes de fórmulas estereotipadas, todos os elementos que lhe permitem conformar-se estritamente ao que ele pensa ser as expectativas dos leitores-examinadores, desde o estatuto proletário (demonstrado às vezes de maneira bem acrobática) até às declarações de dedicação, de abnegação e de obediência ("estou fervilhante de atividade", "sinto-me preparado", "quero participar da marcha para o socialismo", "serei um trabalhador ativo e me comprometo a executar firmemente e sem hesitar todas a ordens do partido"[214]), que, no fundo, equivalem a afirmar que a realização de si passa, antes de mais nada, pela renúncia de si, ou uma total alienação do sujeito ao "coletivo": "Entrando no Partido, quero ter a possibilidade de realizar mais energicamente as tarefas previstas pelo poder soviético"[215].

Esta aproximação entre as cartas dos anos 1930 e as cartas ditadas pelo nada administrativo contemporâneo não invalidam a periodização proposta por Jean-François Lyotard, que em 1979 diagnostica o fim das grandes narrativas? Ao tempo das utopias teria sucedido de fato, desde os anos 1960, o tempo do desencantamento, em que o mecânico prevalece sobre a mística. Os dossiês estudados por Nicolas Werth datam dos anos 1930... Não ne-

---
tière de l'espérance, op. cit., p. 196.
214. Ibid., p. 204.
215. Ibid., p. 203.

cessariamente, se considerarmos que, na URSS e no PCUS, a glaciação ocorre bem cedo, com Stalin e o Terror. No fundo, o Partido, desde os inícios da década de 1930, sobreviveu a si mesmo, mas no estado de fantasma, e isso até o fim. Os membros e os funcionários do Partido não têm mais nada a ver "com os primeiros bolcheviques, que passeavam com pastas de couro e revólveres. De tudo isso não restava senão uma terminologia guerreira: 'os soldados do partido', a 'frente de trabalho', 'o combate pelos resultados'... As pessoas não se julgavam mais soldados do Partido, todos eram seus empregados [...]. Não havia mais necessidade de soldados, havia necessidade de executantes" no que não era mais "um estado-maior", mas "um aparelho; uma máquina", que só vive de "ritos", de "rituais" e de "relatórios"[216] – observa Svetlana Alexievitch.

A falência das grandes narrativas, metanarrativas ou outras metanarrações está associada à figura e à obra de Jean-François Lyotard, especialmente à obra de 1979 intitulada *La Condition postmoderne*, cujo próprio título se tornou o epônimo de um tempo (o nosso) e de uma maneira singular de estar no mundo (a nossa, de novo). Esta noção foi evidentemente mais discutida do que contestada, e alguns observadores sensatos do contemporâneo propuseram outras, como a de hipermodernidade (Gilles Lipovetski) ou, mais paradoxalmente, de não moderni-

---

216. S. ALEXIEVITCH. *La Fin de l'homme, ou le temps du désenchantement*. Arles: Actes Sud, 2013, p. 71.

dade (Bruno Latour). O fato é que foi a noção de modernidade, pensada e teorizada antes de Lyotard, mas popularizada por ele, e dinamizada por uma conexão com a problemática da narrativa, que levou a melhor.

Lyotard é um grande abrasado pelo sentido, que falou muito, escreveu muito, quis muito agir, e que pôde chegar à conclusão de uma espécie de desencantamento intelectual e hermenêutico com o qual fez uma leitura do mundo contemporâneo. Professor de filosofia na Universidade Paris VIII Vincennes (mais tarde Saint-Denis, após a destruição do campus de Vincennes), Lyotard teria gostado de ser monge, pintor ou historiador. Empenhou-se no marxismo através de e com Pierre Souiry, no tempo em que, jovens professores, se encontraram em seu liceu argelino. Sua experiência comum da Argélia colonizada os edificou, revoltou e levou à militância, antes de um recuo nítido nos anos 1970, comparável ao recuo, muito mais brutal por ser proporcional à intensidade de seu compromisso, descrito por Virginie Linhart a propósito de seu pai, Robert Linhart, jovem normalista brilhante, chefe carismático de um grupo de extrema esquerda, depois autor bem conhecido de duas obras importantes sobre a crítica social e política contemporânea.

Virginie Linhart cita uma carta enviada de Beijing por seu pai Robert à sua mãe Nicole. Robert Linhart, jovem chefe e jovem esperança do maoísmo francês, encontra, no convite do PCC, a confirmação de suas esperanças: "É justamente assim que o imaginávamos. É o caminho luminoso que percorrerão todos os famintos do mundo, todos os camponeses da zona das trevas e das tempestades"[217]. Mas, "concentrado totalmente em sua organização, ele não vê chegar o Maio de 68", porque, observa Virginie Linhart, trata-se de manifestações "nem previstas, nem desejadas, nem desencadeadas pela organização". Robert Linhart avalia que a prática e o real são falsos quando estão em contradição com a teoria. A UJD(ml) dirigida por ele permanece longe do maior movimento social francês desde junho de 1936, e seu chefe é hospitalizado[218]. Segue-se o decênio de 1970 dedicado a experiências sociais e a uma atividade à altura de sua reputação intelectual. Ele não procura mais ser chefe, mas simplesmente procura e testemunha a respeito das causas da dominação social. Dois livros o consagram: *L'Établi*, que conta sua experiência de operário nas fábricas de automóveis, e *Le Sucre et la Faim* (1980).

Em abril de 1981, algumas semanas antes da vitória da esquerda, que verá muitos de seus antigos camaradas, companheiros de luta ou aliados objetivos ocuparem posições de poder ou de influência (Henri Weber, Lionel Jospin, no, Serge July, à frente do cotidiano *Libération*...), Robert Linhart desmorona e entra numa longa de-

---

217. V. LINHART. *Le jour où mon père s'est tu*. Paris: Seuil, 2008, p. 35.
218. Ibid., p. 36.

pressão, que paralisa tanto mais sua filha porque a injução familiar consiste sobretudo em não falar sobre o caso[219].

Outra grande figura do maoísmo, ao mesmo tempo *alter ego* e concorrente de Linhart na UJC(ml), Benny Lévy acompanha Jean-Paul Sartre, como secretário particular, nos anos 1970, antes de ler Levinas e depois encontrar, pouco a pouco, o caminho de um judaísmo ortodoxo, última etapa de uma busca de absoluto que havia falhado em realizar-se no militantismo maoísta[220].

As publicações filosóficas pessoais de Lyotard aguardam igualmente os anos 1970, marcados pela publicação de *L'Économie libidinale* (1975), em que ele dialoga com Bataille, Freud, Marcuse, Deleuze e Guattari para caracterizar o regime pulsional próprio da sociedade contemporânea, a da produção-consumo-definhamento. Ele se torna um ícone da *french theory*, que triunfa nos *campi* americanos e tem a vantagem de oferecer um caminho (e uma voz) diferentes do marxismo ortodoxo e do estruturalismo dogmático.

Numa entrevista concedida a Philippe Lançon[221], Jean-François Lyotard fala de seus anos militantes como se fossem "uma experiência sacrificial", de uma espécie de apostolado laico, exigente, quase jansenista. Durante

---

219. Ibid., p. 16.
220. S. REPAIRE. *Sartre et Benny Lévy*. Paris: L'Harmattan, 2013, prefácio de Jean-François Sirinelli.
221. *Libération*, 2 de novembro de 1996.

esses anos de militantismo ascético, diz ele confidencialmente, "não escrevi uma linha sequer que não fosse ligada à causa. Fiquei deprimido com isso". De fato, Lyotard escreve muito para esclarecer debates que hoje nos parecem totalmente obscuros e desprovidos de qualquer interesse, mas que revestiam uma importância vital, e uma seriedade mortal, para os contemporâneos comprometidos com a teoria e a prática política da esquerda. No grupo "Socialismo ou barbárie" discute-se sobre a validade do marxismo como hermenêutica do mundo contemporâneo e do marxismo-leninismo como pragmática da emancipação: seria ainda operatório um pensamento elaborado no século XIX? As discussões são implacáveis e apaixonadas:

> Pensava-se que a verdade não transigia [...]. Houve arranca-rabos imensos para saber onde passava a fronteira de classe, se um executivo médio era explorado ou explorador. Tudo isso parece ridículo hoje, mas era trágico. Logo que alguém falava, o outro dizia: É falso! De repente era preciso interromper[222].

Lyotard, portanto, escreve muito, mas textos de oportunidade, de intervenção ou de catecismo. Sua obra aguarda os anos 1970, fortemente alimentada, ainda que *a negativo*, por essa experiência exigente e intensa. Este pensador de repercussão mundial, observa Philippe Lan-

---

222. Ibid.

çon, impressionava por sua humildade. Será que era por não ser um filho que segue a profissão do pai, um universitário proveniente da burguesia intelectual? Ou era preciso ler ali a disposição de caráter fundamental de uma pessoa humilde que queria ser monge ou pintor? No necrológio emocionado que lhe consagra no jornal *Libération*, Robert Maggiori observa, citando-o:

> Tornemo-nos fracos e doentes como Proust. Apaixonemo-nos realmente. E perceberemos talvez a pomba pousar em silêncio. Cézanne permanece assim, sem gesto, enquanto seu olhar varre a montanha Sainte-Victoire na expectativa de que nasça "a pequena sensação" como ele dizia, a cor de sua ingenuidade[223].

Num de seus últimos textos, *Chambre sourde*, publicado em 1998, Lyotard escreve que "Deus e o Homem estando mortos, e os grandes projetos modernos desativados, o mundo sobrevive, sem cauda nem cabeça, roendo seu cadáver". Confidenciava mais ou menos a mesma coisa a Philippe Lançon, a quem ele descrevia um mundo "onde o homem se torna completamente supérfluo, onde o desenvolvimento se desenvolve sem fim nem valor".

La Condition postmoderne, que lhe vale uma reputação mundial, é menos crepuscular. Este livro surgiu de um relatório sobre "Os problemas do saber nas sociedades

---

223. R. MAGGIORI. *Libération*, 22 de abril de 1998.

industriais mais desenvolvidas", encomendado pelo Conselho das Universidades do Governo do Québec – tema amplo no qual Lyotard traça o roteiro de seu tema: o da legitimidade dos saberes e das narrativas que os sustentam.

O contexto desta questão é "o saber nas sociedades informatizadas", num tempo eletrônico e cibernético no qual o *conhecimento* tende a tornar-se *informação*. Assim como Nietzsche se perguntava o que significava pensar no momento do telégrafo, Lyotard leva a sério os apoios e as infraestruturas técnicas da produção e da difusão do saber *informatizado*: "o conhecimento pode ser traduzido em quantidades de informações"[224]. Entramos numa era em que "o saber é e será produzido para ser vendido" e teremos com ele a relação "que os produtores e os consumidores de mercadorias têm com estas últimas". O conhecimento, transformado em informação, terá um simples valor de troca e não um valor intrínseco: o saber "deixa de ser para si mesmo seu próprio fim, ele perde seu valor de uso". Como não ler nestas linhas uma antecipação bastante genial do comércio mundial dos dados ou dos megadados, "mercadoria informacional indispensável para o poder produtivo"?[225]

---

224. J.-F. LYOTARD. *Les problèmes du savoir dans les sociétés industrielles les plus développées*. Rapport fait au Président du Conseil des Universités auprès du Gouvernement du Québec. Paris, abril de 1979, p. 6.
225. Ibid., p. 6-7.

Para pensar o estatuto do saber é preciso, portanto, referir-se aos meios de sua produção e de sua transmissão, mas também ao contexto epistêmico de seu advento – às narrativas que o sustentam, o fazem surgir e lhe dão sentido. Num contexto que ele ainda não chama de neoliberal, Lyotard observa uma "decomposição" generalizada – da sociedade em átomos individualizados e das grandes narrativas tradicionais em segmentos de injunções pouco mobilizadoras:

> Não é entusiasmante consagrar-se a "alcançar a Alemanha", como o presidente francês parece oferecer como finalidade de vida a seus compatriotas. Pois não se trata verdadeiramente de uma finalidade de vida. Esta é deixada à diligência de cada cidadão. Cada qual é entregue a si mesmo. E cada qual sabe que este *si mesmo* é muito pouco[226].

A dispersão do social e a dispersão do narrativo são, mais do que concomitantes ou análogas, plenamente consubstanciais:

> Desta decomposição das grandes Narrativas, que analisamos mais adiante, segue-se aquilo que alguns analisam como a dissolução do vínculo social e a passagem das coletividades sociais ao estado de uma massa composta de

---

226. Ibid., p. 21.

átomos individuais lançados num absurdo movimento browniano[227].

Lyotard não pretende ceder à nostalgia de uma "sociedade orgânica perdida". Resta que, se não está nunca totalmente sozinho, o horizonte oferecido ao átomo social é realmente "a maximização de suas performances"[228], e só ela.

O desbotamento das metanarrativas, no entanto, não marca o fim da narrativa ou da necessidade de narrativa: "Não se [...] exclui que o recurso ao narrativo seja inevitável" e "seria preciso reconhecer uma necessidade de história irredutível" no fato de que, por exemplo, a própria ciência fala de si no palco midiático, político e público, para se promover e para obter créditos: os cientistas chamados a responder às mídias "contam a epopeia de um saber que, entretanto, é totalmente não épico. Satisfazem assim as regras do jogo narrativo", esperado "pelos usuários das mídias", mas também proveniente do "foro interior" dos cientistas, seres de linguagem e de narrativa como todo mundo[229]. Mais profundamente – e Lyotard não o diz – a ciência é uma história, portanto uma narrativa: a narrativa de suas descobertas, de seus questionamentos, de seus no-

227. Id.
228. Ibid., p. 21-22.
229. Ibid., p. 38.

vos sucessos, eles próprios questionados... O critério da falseabilidade, posto em grande evidência por Karl Popper e, portanto, a natureza essencialmente falseável do saber científico (que só é válido se puder ser refutado por uma argumentação racional e por provas mais comprobatórias), assinalam muito bem o fato de que a ciência é história, no processo de sua vinda.

Destas reflexões sobre a validade dos enunciados, a legitimação do saber e as condições de formulação de um discurso verdadeiro, Lyotard recolhe uma lição mais geral que é, a bem dizer, a lição que guardamos de seu relatório e, posteriormente, do livro que ele extraiu desse relatório, e sobre a qual ele se explica numa entrevista concedida ao jornal *Le Monde*, no dia 15 de outubro de 1979, na qual ele explicita:

> Este termo [*pós-moderno*], que tomo emprestado dos americanos, designa um estado da cultura. Podemos chamar de modernas as sociedades que ancoram os discursos de verdade e de justiça em grandes narrativas históricas, científicas. Sem dúvida, encontramos ali variantes múltiplas. Os jacobinos franceses não falam como Hegel, mas o justo e o bem estão sempre contidos numa grande odisseia progressista. No pós-moderno, no qual vivemos, o que falta é a legitimação do verdadeiro e do justo. Ora, eram essas noções que permitiam exercer aqui o terror, ali lamber as bo-

tas do rei da Prússia, acolá ser estalinista ou maoísta [...]. A crise não é apenas o fato de o petróleo custar caro; é – em minha opinião – a crise destas narrativas.

Lyotard observa que nós vivemos doravante um tempo das crises sem narrativa, ao passo que, anteriormente, as crises eram fecundas, ricas em revoluções ou transtorno, interpretadas e lidas como tais pelo menos; elas até constituíam, enquanto acontecimentos por excelência, todo o sal das narrativas:

> Parece-me que as concepções gerais da sociedade abandonaram a ideia de uma unidade, de uma história universal, de tudo o que implica um modelo de previsão possível. Tudo isto – evidente nas ciências desde a grande crise do final do século XIX – circula agora massivamente no social.

Em outras palavras, e é o antigo militante que fala aqui: "Ninguém mais acredita realmente nas salvações globais".

A cesura com a Modernidade é nítida:

> Nas sociedades clássicas, o saber é regulado por narrativas míticas, por lendas, e esse saber – que não despareceu completamente – nunca é simplesmente saber. Ao pequeno camponês tradicional ensina-se a cultivar o trigo; mas ao mesmo tempo se lhe diz o que é pre-

ciso ouvir, como falar, como se inscrever nas narrativas. A ordem clássica ensina ao mesmo tempo o real, o belo e o justo. Tudo isso se fragmentou há muito tempo e os tempos modernos fabricaram – com as Luzes – uma grande narrativa da natureza, da sociedade. O romance é o saber-dizer e o saber-ser desta modernidade. Nosso saber-viver, nosso saber-ouvir, experimentam sem grande narrativa.

Irremediável melancolia? Depressão da inteligência? Não necessariamente, porque o fim das metanarrativas, das grandes narrativas, pode aparecer – e Lyotard o experimentou pessoalmente – como um caminho de emancipação, por reabertura do futuro:

> Alguns se regozijam por libertar-se das coações da metafísica, outros não sabem suportar a perda dos objetos de crença. "O que resta fazer" se não se precisa mais lutar nem sofrer para libertar a humanidade, nem lutar para enriquecer? Existe aqui uma vacuidade, uma flutuação, mas esta pode ser muito rica e muito inventiva.

De um ponto de vista epistêmico, ou mesmo epistemológico, esta proclamação de um fim das grandes narrativas coincide com certo ato de violência narratológico por parte dos literatos que se interessam pela historiografia (Hayden White especialmente), ou mesmo de certos historiadores preocupados, diante de um positivismo mesquinho e de um cientismo ingênuo, em reabilitar a natureza literária da história, como Paul Veyne.

O impressionante, ou mesmo intimidante, desenvolvimento da narratologia desde os anos 1950, a espantosa fecundidade dos trabalhos de Roland Barthes e de Tzvetan Todorov, para citar apenas estes, não podiam deixar à beira do caminho de investigação esta forma particular de literatura, este discurso em todo caso, que é a história. É na literatura que, numa obra publicada em 1973, Hayden White se interessa por (ou critica) um quase Santo dos Santos dos historiadores, a historiografia do século XIX, que pretendeu fundar a história como ciência. Michelet, Burckhardt, Ranke e Tocqueville são submetidos à questão da análise literária e identificados, cada um deles, com uma determinada figura de estilo (metáfora, metonímia...) correspondente a um tipo de roteiro, a um modo de representação do real e a uma finalidade argumentativo-política próprios. Assim Leopold von Ranke, uma das autoridades supremas da história-ciência, é o homem da sinédoque, tropo adequado de um modo integrativo de figuração da natureza organicista e de pretensão conservadora. A obra em que White desenvolve esta leitura, *Metahistory*, estuda, portanto, *The Historical Imagination in Nineteenth-Century Europe*, como se a atividade historiadora fosse (apenas) uma questão de imaginação[230]. É a

---

230. H. WHITE. *Metahistory*. Baltimore: Johns Hopkins University Press, 1973.

conclusão tirada por muitos, que proclamaram que um *linguistic turn* havia feito rodopiar o olhar historiador, mas também a própria natureza da atividade historiadora.

O risco, após os corajosos livros de Paul Veyne (*Comment on écrit l'histoire*, 1971) e de Hayden White (1973), que pareciam amalgamados e coroados pelo de Lyotard (1979), era o risco de uma diluição da história como discurso e da História como realidade referencial numa espécie de narrativa, como se tudo não passasse de palavras, de vaidade linguística e de evanescência subjetivista – tudo num contexto histórico de falência hermenêutica da outra Igreja, no momento em que o PCF, por exemplo, abandona a "ditadura do proletariado" (1976) e contesta, mediante o eurocomunismo, a tutela teórica e prática, dogmática e política, do "grande irmão do Leste".

A história, nos dois sentidos (pelo menos) do termo, não passaria de palavras? A questão não é apenas epistemológica, mas é também política e moral, no momento em que, desde entrevistas de Louis Darquier de Pellepoix (*L'Express*, 15 páginas de entrevista, no dia 28 de outubro de 1978, sob o título "Em Auschwitz só gaseificamos piolhos") a colunas de Robert Faurisson (*Le Monde*), o negacionismo se instala no âmago da cidade e dos discursos legítimos. No dia 29 de dezembro de 1978 *Le Monde* publicou um artigo intitulado "O problema das câmaras de gás, ou o rumor de Auschwitz", deste professor titular de letras, professor adjunto de literatura contemporânea em Lyon-II e especialista em Rimbaud, que conclui:

> O nazismo está morto, e realmente morto, com seu Führer. Permanece hoje a verdade. Ousemos proclamá-la. A inexistência de "câmaras de gás" é uma boa-nova para a pobre humanidade. Uma boa-nova que não temos o direto de manter oculta por mais tempo.

O uso das aspas para falar das câmaras de gás e a asserção firme de sua "inexistência" transforma este universitário apaixonado pela leitura críptica no papa mundial do negacionismo até sua morte em 2018, aos 89 anos de idade. Tendo-se tornado um pária na universidade francesa, "falsificador da história" denunciado como tal por seus antigos colegas, recebe em 2006 do Presidente Mahmoud Ahmadinejad, antissemita e antissionista assumido, a oferta de uma tribuna, senão de uma cadeira, na Universidade de Teerã.

Diante da tentação narratológica, convém lembrar que o discurso, ou a narrativa histórica, se distingue da ficção literária por um referente real e não se limita à acumulação de simples efeitos do real, no sentido de Barthes. O historiador não é aquele que coloca barômetros em cima de pianos para, à semelhança de Flaubert, arremedar a realidade sociológica concreta de um interior burguês; o historiador é aquele que, pelo cotejo das fontes e das testemunhas, vem tropeçar na dureza de um real irredutível e indissolúvel nos vapores fantasmáticos dos negadores, que, não contentes em apoiar os assassinos e em falar sua língua (para os nazistas, de fato, só se gaseificavam piolhos[231]), assassinam até a lembrança do assassinato e das vítimas do genocida. Os falsificadores da história são assim, de fato, uns "Eichmann de papel", como afirma com vigor um historiador especialista na Antiguidade grega, Pierre Vidal-Naquet, que, após conduzir uma pesquisa combativa, ou um combate com os meios da pesquisa historiadora, contra a tortura na Argélia, convoca as consciências e as competências contra os "assassinos da memória" e esses homicidas ao quadrado, e não nas entrelinhas, que são os negacionistas.

Jean-François Lyotard foi marcado pelo que rapidamente se tornou o "caso Faurisson". Trata-se de salvar a história como disciplina de conhecimento(s) e formulação de um discurso verídico – o que não havia escapado nem a Paul Veyne, sem dúvida, nem a Hayden White, que precisou mudar de ideia, ao longo dos anos 1970 e 1980, acerca das implicações e dos limites da *Metahistory*. Leitura literária e narratológica legítima desta narrativa particular que é a história, ele não decretava a dissolução, nem formulava a impossibilidade de um discurso verídi-

---

231. Cf. J. CHAPOUTOT. "Éradiquer le typhus: imaginaire médical et discours sanitaire nazi dans le gouvernement général de Pologne (1939-1944)". *Revue historique*, n. 669 (2014/1), p. 87-108, retomado em *La Révolution culturelle nazie*. Paris: Gallimard. "Bibliothèque des Histoires", 2017, cap. IX: "Contamination et exermination".

co. Estes textos foram publicados em francês sob o título acertado, porque pertinente, que resume admiravelmente a tese de White: *L'histoire s'écrit*[232], evidentemente, mas pode-se escrever coisas verdadeiras.

Sensível ao que se pensa e se escreve no momento do *linguistic turn* – este desafio lançado à história como possibilidade de um discurso verídico, atingido pela concomitância com o surgimento, ou a ressurreição (porque estava escondido nas profundezas geológicas da política europeia), do negacionismo – Lyotard publica *Le Différend* em 1984, alguns meses após a prisão e extradição de Klaus Barbie da Bolívia para a França; obra levemente irônica porque se abre com um panorama geral oferecido obsequiosamente pelo autor aos leitores apressados, antes de começar realmente com uma refutação do discurso negacionista.

Dez anos após a publicação de *La Condition postmoderne*, a constatação de uma falência das metanarrativas parece confirmada de maneira notável pelas revoluções de 1989 que abalam, e depois desmontam, o bloco do Leste e, em seguida, a própria URSS.

Neste contexto parece que a dinâmica se submete à hibernação: nascida do confronto dialético entre dois discursos (o do "mundo livre" e o da "pátria do proletariado mundial"), a história, que era guerra – embora fria –, não

---

[232]. H. WHITE. *L'histoire s'écrit*. Paris: Éditions de la Sorbonne, 2017.

existe mais. A constatação do "fim da história", rapidamente adotada a ponto de tornar-se clichê jornalístico e banalidade escolar, é formulada de maneira surpreendente por um professor americano de ciências políticas, Francis Fukuyama. Este literato de formação, formado em *classics* (letras clássicas) e depois em literatura comparada em Yale, leitor de Barthes e de Derrida, familiarizado com Hegel através da leitura dos seminários de Kojève, defende finalmente uma tese de ciências políticas em Harvard. Em 1992 publica *The End of History* para defender que, com o desaparecimento da contradição soviética, a dialética histórica terminou, para dar lugar ao reino doravante pacificado e infinito da democracia liberal capitalista. Assim ele formula sabiamente o que é esperado e proclamado pelo governo de George H.W. Busch, ex-diretor da CIA, ex-vice-presidente de Ronald Reagan e presidente dos Estados Unidos de 1988 a 1992, e que, em razão de seu ofício, teve que acompanhar, negociar e ratificar o fim da guerra fria.

Sabemos que a continuação dos acontecimentos – porque houve uma continuação – se encarregou de desmentir o que era ao mesmo tempo uma profecia e uma profissão de fé, o verde substituindo o vermelho, quando o antagonismo islamista-terrorista se tornou manifesto.

Se as grandes narrativas hegelianas puderam talvez provisoriamente desaparecer, a necessidade de sentido permaneceu e, com ela, a das narrativas, mesmo que sejam pequenas narrativas ou *stories*, para utilizar um termo anglo-americano que se generalizou a ponto de tornar-se comum nas redes sociais.

Pesquisador de literatura no CNRS, especialista da ficção e do romance contemporâneo (foi aliás o assistente de Milan Kundera), Christian Salmon soube, com seu estilo iluminador, dar o devido nome a esta época: a era do *storytelling*[233], esta maneira de contar que equivale a "fabricar histórias" para "formatar as mentes". No momento em que vender um carro supunha contar uma história para suscitar o desejo, a necessidade e a identificação, impunha-se uma reflexão sobre esta arte transformada em simples técnica e, por esta razão, sempre mais ensinada, de maneira muitas vezes dogmática e estereotipada, nessas fábricas de autores, nessas fazendas de escritores para séries televisivas que são as formações de *creative writing*.

O *storytelling* está em toda parte, observa Salmon: na produção de um futuro presidente dos Estados Unidos, na promoção do *soft power* americano através do cinema e das séries, no *storytelling management* das empresas privadas preocupadas em dizer e fazer dizer belas histórias por sua conta.

Salmon poderia ter-se contentado em parar por aí: no fundo, seu livro se tornou ao mesmo tempo um clássico,

---

233. C. SALMON. *Storytelling. La machine à fabriquer des histoires et à formater des esprits*. Paris: La Découverte, 2007.

um epônimo e um *best-seller* – o que é muito no campo da publicação em ciências humanas e sociais. Mas, em 2019, ele atenua suas teses de 2007 no tocante à evolução do discurso público e político, especialmente após os dois acontecimentos que abalaram o ano de 2016 – o voto pelo Brexit e a eleição, *a priori* improvável, de um Donald Trump para a presidência dos Estados Unidos. Em alguns anos, observa ele, passou-se da era do *storytelling* à era do *clash*[234], caracterizada pela fragmentação febril dos enunciados, pela grande rapidez de sua rotação e pela violência de sua formulação:

> Se as fábulas são a história dos tempos grosseiros, como escrevia Voltaire, acontece que a grosseria dos tempos é tal que a época não se contenta mais com fábulas nem com quaisquer narrativas. Os tempos não inspiram senão pulsões, rupturas e transgressões; o clash/tweet que viraliza substitui a narrativa; ora, contrariamente à *story*, que pode ser retocada conforme as circunstâncias, mas precisa mesmo assim manter um fio contínuo para permanecer crível, o clash/tweet precisa repetir-se sem cessar[235].
> [...] a volatilidade dos enunciados prima doravante sobre sua validade. A produção dos

---

234. C. SALMON. *L'Ère du clash*. Paris: Fayard, 2019.
235. Ibid., p. 344.

enunciados nas redes sociais não tem a finalidade de produzir ou compartilhar conhecimentos, mas de acelerar a velocidade das trocas, de intensificar a circulação[236].

Por trás do ruído e do furor, dos *flatus vocis* e da besteira, o semiólogo pode portanto desvendar um sentido que não é simplesmente conjuntural (o surgimento e a ferocidade vocal de um homem político particularmente estúpido de brutal) ou infraestrutural (o instrumento – a web 2.0 – criando a atividade), e sim mais profundamente cultural, ligado à lógica ou ao espírito do tempo, que Salmon desentoca sagazmente na analogia que existe entre o funcionamento das redes sociais e o dos mercados financeiros.

Com efeito, nos dois casos o que prevalece é a abstração, o desapego quase total de qualquer realidade. É preciso compreender que "os mercados financeiros, nos nossos dias, são pincipalmente mercados derivados", apostas especulativas permanentes e cada vez mais rápidas e frequentes nas "opções", esses famosos produtos derivados, que são garantias "contra os riscos de evolução do curso de outros ativos". *Quid* a respeito da economia real? Os "mercados financeiros são alimentados tanto pelo rumor como pelos fatos. E, na era do *trading* de alta frequência, não é impor-

---

236. Ibid., p. 342-343.

tante para os especuladores que o curso de uma ação reflita a performance de uma empresa"[237].

A relação com a realidade, com a economia real, é tão efêmera quanto a relação dos enunciados das redes com a verdade factual – o essencial é chocar, levar a falar de si e provocar o maior número possível de *retweets*: "a racionalidade dos mercados e a das redes sociais [...] funcionam em transgressão numa espécie de espiral, o que tem como corolário o fato de preferirem a antipatia à empatia, a clivagem à pertença, a ruptura à continuidade". Doravante, "a atualidade [...] é menos ritmada pela intriga do que pelo choque" e a "sismografia" substituiu o *storytelling*: "o confronto é para a narrativa o que guerrilha é para a guerra convencional, uma agonística fundada na provocação, na transgressão, no sobrelanço para especular na baixa sobre o descrédito geral e agravar os efeitos", a meta consistindo em "acelerar a rapidez das trocas, intensificar a circulação"[238].

Esta homologia das esferas (financeira e discursiva) foi estimulada por acontecimentos históricos perfeitamente situáveis, em 2008 exatamente, data na qual "a última grande narrativa política do século XX", a da "revolução neoliberal" dos Thatcher e Reagan, se viu presa em flagrante pelos fatos: "No momento em que o *storytelling*

---

237. Ibid., p. 342.
238. Ibid., p. 339-343.

triunfava, explodiu a crise financeira, que destruiu sua credibilidade. A crise financeira de 2008 deu um golpe fatal na grande narrativa neoliberal", a ponto de "gangrenar a própria possibilidade de uma narrativa"[239]. Este triunfo do *storytelling* foi a eleição de Barack Obama para a presidência – o mesmo Obama que, aposentado da política em 2017, aderiu à Netflix.

Chegamos a este ponto.

---

239. Ibid., p. 339.

VIII
Os istmos do contemporâneo

Os istmos do contemporâneo são esses -ismos que permitem mais ou menos continuar o exercício de simulação. São estas narrativas que sobrevivem, em estado fragmentado, senão em forma de ruínas, no fim de um século XX que terá conhecido o fim irrevogável do providencialismo clássico, em seguida das teodiceias e teologias e, finalmente, das religiões políticas imaginadas e formuladas para fazer sentido apesar de tudo – um século, portanto, que no Ocidente poderia em parte, mas também essencialmente, ser definido como a história de um longo luto por Deus.

É sem dúvida o que tinha em mente o filósofo Jean-Luc Marion quando, como jovem professor na Universidade de Poitiers, após concluir suas duas teses sobre Descartes, entrega à revista *Le Débat* uma reflexão sobre "a modernidade sem futuro" – não no sentido desencantado, ou mesmo insensível, de que a Modernidade seria refutada como conceito doravante obsoleto, num filão pós-modernista que lhe é pouco caro, mas no sentido de que a própria Modernidade, este fenômeno galileu-cartesiano do século XVII, não oferece nem propõe um futuro. O filósofo observa uma "maneira de encerramento do futuro". O futuro se desenrola, o presente sobrevive a si mesmo sem que nada [...] aconteça", nada de notável ou "pensável". O que domina o campo das ideias é "a moda, que pretende ser, à maneira de Mallarmé, a última moda"[240] e surge sempre "como a primeira verdade". É difícil, no contexto do início dos anos 1980, não pensar nas proclamações coruscantes dos pretensos "novos filósofos", fenômenos de "retorno" literário e de "golpe" midiático.

O presente patina, o futuro chega mecanicamente, porque o passado é despedido: "A moda, que desvenda a falência da memória, homologa a incapacidade de inovação" – constatação surpreendente quando conhecemos a importância desta palavra e desta injunção ("inovar"), tornando-se a inovação um novo ídolo e a panaceia, porque, desde que nos preocupamos com a devastação do planeta e do vivente, parece que é a inovação, esta tentativa de reintroduzir o infinito no finito, que nos salvará.

Marion constata de preferência uma "coleção impressionante de falsos começos, que não têm de radical senão sua incapacidade de inovar"[241]. Para se convencer disto, basta escutar determinada personalidade política

---

240. J.-L. MARION. "La modernité sans avenir". *Le Débat*, 1980/4, p. 54-60.

241. Ibid.

falar de "revolução", de "novo mundo" e de projeção resoluta na Modernidade, embora se limite a falar a língua de ontem ou de anteontem, a língua do reaganismo estúpido dos anos 1970, decênio do nascimento do neoliberalismo.

Ora, a inovação, escreve Jean-Luc Marion, "exige um poder de repetição: só a repetição permite reinterpretar como derivados todos os conhecimentos do pensamento que precedem o que a inovação pretende instaurar como um começo teórico primeiro, mas cronologicamente último"[242]. Na realidade, nosso tempo mal e mal consegue, sobre o fundamento de sua leitura quantitativa do mundo, passar da análise à previsão graças à estatística. Nós conhecemos e projetamos algo quantitativo ordenado, já conhecido, sobre um eixo matemático que simboliza o tempo, graças à estatística preditiva: "o futuro, pensado a partir do presente [...], se resume totalmente num prolongamento do presente" mediante "a prospectiva e a futurologia, que preveem não só o desenvolvimento do saber e da produção, mas sobretudo os prazos para descobrir aquilo do qual ainda não temos nenhuma ideia". Os pesquisadores – doravante intimados a responder a "convites à apresentação de projetos", expondo de antemão, de acordo com um sequenciamento preciso e um panorama rigoroso, todas as descobertas futuras – não podiam se

---

242. Ibid.

expressar melhor. O "futuro" assim concebido nos "deixa viúvos de qualquer futuro autêntico"[243].

Portanto, passamos aqui em revista "narrativas do tempo", esta comparação dos discursos de doação e de dotação de sentido, cuja validade escatológica e força mobilizadora – o poder de crença (ou de credulidade) – se pretendem comparáveis, senão equivalentes, às grandes narrativas passadas ou que, pelo menos, permitem, no sentido próprio, passar o tempo, suportá-lo ou mesmo investi-lo.

Ilimitismo

No sentido doravante literal da expressão, existe uma crença segundo a qual *only sky is the limit* – só o céu é o limite, o que equivale a dizer, mais ou menos, que não existe nenhum limite à inteligência humana e à sua bendita filha, a inovação.

O ilimitismo se desenvolve no espaço (no sentido próprio) como também no tempo. Alegando que "a internet nunca para", seria necessário permitir uma abertura ilimitada dos lugares de consumo e o trabalho permanente, em nome desta bem específica relação espaço/tempo, extensão/tempo, matéria/tempo que é a rentabilidade, e

---

243. Ibid.

em virtude deste valor tão especial que é a performance – valor em si, absoluto, que não se refere a nada de preciso.

Assim, no plano dos indivíduos, isto proporciona a valorização da intensidade ("*make the most of it*") e o culto do culturismo, um pouco fora de moda (a musculação excessiva, em voga na década de 1980, desfigura, ou mesmo mutila e dá à luz monstros), suplantado pelo culto da maratona, do *iron man* e do *ultra-trail*. Os deuses destas disciplinas concluem o GR20 na Córsega em 30 horas, ao passo que um caminhante comum muito competente demora 16 dias.

No campo econômico, e no imaginário social complacentemente mantido por uma promoção midiática insistente, um tanto obsoleta, mas revitalizada pela fantasia de uma decolagem e de uma partida em massa para o espaço, isto produz o que se poderia chamar de *estratosferismo*, mesmo que se trate, entre os magnatas e os mandachuvas contemporâneos, de ir muito além da estratosfera.

Jeff Bezos, bilionário da logística (Amazon), declarava numa conferência pronunciada no dia 9 de maio de 2019:

> A Terra já não é mais grande. A humanidade é grande. [...] Temos uma demanda cada vez maior crescente de energia. Avançar na eficiência energética não permitirá resolver este problema [...]. Se considerarem a demanda atual, vocês podem atendê-la cobrindo todo

o estado de Nevada com painéis solares. [...]. Mas, dentro de duzentos anos, será necessário cobrir a superfície de todo o planeta. Isto nunca acontecerá[244].

Eis uma maneira muito entusiasmante, conforme ao espírito da inovação e do progresso e à mentalidade pioneira dos grandes descobridores, de resolver a equação muito sombria do crescimento (demográfico, econômico) e das coações, do progresso ilimitado num mundo de limites:

> Cabe a nós a escolha. Queremos a estagnação e o racionamento? Ou queremos o dinamismo e o crescimento? É uma escolha fácil", porque "se nos deslocarmos para o Sistema solar, para todas as nossas atividades correntes, temos recursos ilimitados"[245].

A ideia é de uma simplicidade genial: nossa espécie incorrigível cresce, consome, esbanja e destrói. Acabemos com este planeta e procuremos um outro. O único recurso que não é limitado são os nossos neurônios e as nossas sinapses. A caminho da galáxia, portanto! Como Bezos é ecologista (como não o ser), ele não diz isso. Evidentemente é preciso preservar nosso planeta; faremos dele um grande lugar de lazer tranquilo, um imenso parque natural.

---

244. *Le Monde*, 11 de junho de 2021.
245. Id.

O mesmo se aplica a outro profeta, Elon Musk. Ele pode vangloriar-se de aproveitar todas as possibilidades. Com seus carros elétricos, os Tesla, ele pratica a ecologia em atos. Com seus foguetes, prepara um futuro sem limites e mantém aberta uma opção sobre o *"abandon ship"* global:

> Se pudéssemos resolver a questão da energia durável e transformar-nos numa espécie multiplanetária com uma civilização autônoma num outro planeta para poder administrar a pior das eventualidades, penso que isso seria realmente bom[246].

Este ilimitismo é solidário com um *tecnicismo* que constitui um dos seus fundamentos e se associa de bom grado a um *trans-humanismo*. O futuro está, portanto, cheio de promessas, contrariamente ao que repetem as Cassandras ecologistas.

Ignorantismo (ou obscurantismo)

Trata-se mais de uma técnica de dominação das massas do que de uma narrativa que dá sentido ao futuro; mas sua existência, sua difusão e sua popularidade nos governos de velhos países ou grandes potências europeias (Polônia, Hungria, Reino Unido) ou americanas (Estados

---

246. Citado em *Le Monde*, 29 de junho de 2015.

Unidos, Brasil), sem esquecer a Turquia, é o sintoma de uma falência da razão em democracias nas quais certas elites apostam no iliberalismo e no populismo nacional-conservador (ou mesmo reacionário).

Se tivéssemos sido mais dispostos ao anglicismo e menos rebeldes ao barbarismo, poderíamos ter falado de *bullshitismo*, dessa palavra – *bullshit* – que se tornou muito corrente em inglês, até e inclusive na literatura científica desde o gesto inaugural do professor Harry Frankfurt, que, ocupando então um cargo em Yale, pronunciou em 1984 uma conferência que rapidamente conquistou celebridade por tocar manifestamente um ponto sensível e elucidar um tema de interesse público. Publicada em 1986 com o título burlescamente acadêmico de *On Bullshit* (*De la connerie frénétiquement proférée*, poderíamos traduzir[247] para o francês), ela consagra este termo *bullshit* (literalmente: *bosta de touro*) dificilmente traduzível, mas que é tão operatório heuristicamente que teríamos vergonha de omiti-lo e não tentar o desafio da transposição: disparates, besteiras, idiotices, tagarelice, conversa fiada, parvoíces, asneiras, bagatelas... Quanto a mim, opto por "qualquer coisa", porque é justamente disso que se trata – no enunciado (o *bullshiter* passa seu tempo contando geralmente

---

247. H. FRANKFURT. "On Bullshit", *Raritan Quarterly Review*, 1986, reed. Princeton UP, 2005. Cf. S. DIÉGUEZ. *Total Bullshit! Au coeur de la postvérité*. Paris: PUF, 2018.

qualquer coisa, de acordo com o humor, o momento, o interesse, o lugar, o interlocutor...) como também na disposição geral, na cosmovisão, na concepção do real (foda-se, não me interessa, depois de mim o dilúvio, cada um se vire...).

Os observadores atentos da atualidade política americana dos anos 2015-2020 terão reconhecido Trump, mas é de preferência em Derrida e na *french theory*[248] que Frankfurt pensava nesses anos de 1980, que viam a citada *theory* triunfar nos *campi* americanos, enquanto um ator que começava a envelhecer – que, em comparação com alguns dos seus sucessores republicanos, como Bush filho e, sobretudo, Trump, parecia doravante um quase-intelectual – ocupava a Casa Branca.

Frankfurt observa que "um dos traços mais característicos da nossa cultura é a onipresença da conversa fiada":

> O campo da publicidade, o das relações públicas e o da política, hoje estreitamente ligado aos dois anteriores, abundam em disparates tão completos e absolutos que constituem verdadeiros modelos clássicos deste conceito[249].

---

248. F. CUSSET. *French theory: Foucault, Derrida, Deleuze & cie et les mutations de la vie intellectuelle aux États-Unis*. Paris: La Découverte, 2007.
249. H. FRANKFURT. *De l'art de dire des conneries*. Paris: 10/18, 2006.

Preocupado, enquanto filósofo sério e desejoso de clareza conceitual, em "esboçar uma definição da conversa fiada e em mostrar em que ela difere de algumas noções semelhantes", Frankfurt a distingue principalmente da "mentira", operando uma distinção muito esclarecedora, que problematiza a própria noção de *bullshit*: "O mentiroso é, antes de tudo, alguém que proclama voluntariamente uma coisa falsa". O mentiroso está, portanto, "obrigatoriamente interessado pela preocupação com a verdade. Antes de arquitetar uma mentira, ele precisa procurar determinar o que é verdadeiro. E, para que sua mentira seja eficaz, sua imaginação precisa deixar-se guiar pela verdade". Em suma:

> [...] um mentiroso leva em consideração a verdade e, em certa medida, a respeita. Quando um homem honesto fala, diz apenas o que acredita ser a verdade; ao passo que, para o mentiroso, é indispensável que ele considere falsas as suas declarações.

Isto é absolutamente decisivo, porque o *bullshiter*, aquele que profere qualquer coisa, se situa num universo mental totalmente diferente:

> Esta ausência de qualquer preocupação com a verdade, esta indiferença em relação à realidade das coisas constitui a própria essência da conversa fiada.

O tagarela inveterado não considera suficientemente a verdade ao ponto de querer negá-la. Aos seus olhos esta questão não é fundamentalmente pertinente, assim como a existência de um mundo comum, de um universo de referência acessível a todos os homens. Só existe seu interesse, sua pessoa, seu prazer. Como deve ter ficado claro, "o tagarela é um inimigo maior da verdade do que o mentiroso", porque ignora até sua existência ou até o questionamento sobre sua possível existência. Um eu-me-lixismo radical, que muitas vezes talvez tenha sua origem numa configuração pulsional particular, na idiossincrasia de um cínico, de um narcisista, de um perverso, mas que possui também seu fundamento numa cultura filosófica, numa cosmovisão, num estado do real e de nossa relação com o real que era, em meados da década de 1980, o alvo primário de Frankfurt:

> A proliferação contemporânea da conversa fiada tem origens ainda mais profundas nas diversas formas de ceticismo que negam toda possibilidade de acessar uma realidade objetiva e, por conseguinte, de conhecer a verdadeira natureza das coisas. Estas doutrinas "antirrealistas" solapam nossa confiança no valor dos esforços desinteressados para distinguir o verdadeiro do falso, e mesmo na inteligibilidade da noção de pesquisa objetiva.

Na linha de mira está a "desconstrução", um dos conceitos que permitem subsumir a diversidade das abordagens próprias de Lacan, Barthes, Foucault, Deleuze e Derrida, tão populares nos departamentos de *romance languages*, e às vezes até, como em Yale, de filosofia, das Universidades americanas sob o nome de *french theory*.

Esta nova episteme tem, de acordo com Frankfurt, consequências científicas e práticas desastrosas. Afastamo-nos do mundo exterior, atingido por irrealidade ou, pelo menos, postulado como incognoscível, repudiamos a objetividade do objeto, e nos voltamos para a subjetividade do sujeito, no entanto muito difícil de conhecer.

O resultado, afirma Frankfurt numa crítica tão luminosa quanto esclarecedora para o nosso tempo, é que o ideal de *verdade* é vítima de obsolescência em proveito de outro ideal, o de *sinceridade*, que se torna desde então o único fundamento de legitimidade do discurso. Pouco importa dizer a verdade (que exige aliás uma pesquisa assídua e muito trabalho...), se somos sinceros (o que implica apenas a regurgitação de um simples *flatus vocis*, esta flatulência da boca[250] que é apenas um som, e certa-

---

250. "Quando dizemos que um discurso 'é vento', queremos dizer que só sai da boca do orador um simples vapor e nada mais. Suas palavras são ocas sem substância nem conteúdo. Por isso mesmo seu manejo da linguagem não tem nenhuma utilidade para a finalidade à qual se destina. O orador não comunica mais informações do que se se contentasse em expirar o ar de seus pulmões". In: H. FRANKFURT. *De l'art de dire des conneries*, op. cit.

mente não um enunciado digno deste nome na medida em que se referiria a uma realidade comum):

> Esta perda de confiança acarretou um abandono da disciplina necessária a toda pessoa desejosa de se dedicar ao ideal da exatidão, em favor de outro tipo de disciplina: a requerida pelo ideal alternativo da sinceridade. Em vez de tentar chegar a uma representação exata do mundo, o indivíduo se esforça para apresentar uma representação honesta de si mesmo. Convencido de que a realidade não possui uma natureza inerente, que ele poderia esperar identificar como a verdadeira essência das coisas, o indivíduo tenta ser fiel a si mesmo. No entanto, é absurdo imaginar que nós próprios somos seres definidos e, portanto, capazes de inspirar descrições corretas ou incorretas, se antes nos mostramos incapazes de dar uma definição precisa de todo o resto [...]. Nenhuma teoria ou experiência apoia esta opinião extravagante segundo a qual a verdade mais fácil de conhecer para um indivíduo seria a sua. Os fatos que nos concernem pessoalmente não impressionam nem por sua solidez, nem por sua resistência aos assaltos do ceticismo. Todos nós sabemos que nossa natureza inapreensível, para não dizer quimérica, é muito menos estável do que a das outras coisas. A sinceridade, por conseguinte, é conversa fiada.

E reciprocamente, poderíamos dizer.

O *bullshitismo* está ligado consubstancialmente ao *managerialismo*, esta linguagem do vazio, este novo clichê enfático, ou mesmo entusiasta e perfeitamente vão, que é também uma concepção do homem e do grupo humano, da cidade e, portanto, da política, que concebe o real em termos otimizadores de cálculo, de *kits*, de *process* e de *nudge*[251].

Messianismo

Uma forma de messianismo político apareceu, na França como também nos Estados Unidos, desde as revoluções dos anos 1776-1789. A França, deste ponto de vista, foi mais ambiciosa, porque sua *Declaração dos direitos do homem e do cidadão* legisla, em nome do direito natural, para o conjunto do gênero humano. Nenhuma surpresa, portanto, no fato de que estes representantes, na primavera de 1792, tenham sido tentados a iluminar a Europa e trazer-lhe a liberdade. Conhecemos as palavras famosas de Robespierre, reticente em conquistar a ferro e fogo o continente. Desde outubro de 1791, ele ridicularizava "o retrato brilhante e profético dos sucessos de uma guerra concluída pelos abraços fraternais de todos

---

251. Cf., por exemplo: S. VELUT. *L'Hôpital, une nouvelle industrie. Le langage comme symptôme*. Paris: Gallimard, "Tracts", janeiro de 2020, e *Sabotages*. Paris: Verticales, 2021.

os povos da Europa" e, se "uma guerra empreendida para ampliar o reino da liberdade" podia seduzir, ele prevenia, com a clareza que lhe é habitual:

> Pertence à natureza das coisas que a marcha da razão seja lentamente progressiva [...]. A ideia mais extravagante que possa surgir na cabeça de um político é acreditar que basta um povo invadir à mão armada o país de um povo estrangeiro para levá-lo a adotar suas leis e sua constituição. Ninguém ama os missionários armados; e o primeiro conselho dado pela natureza e pela prudência é repeli--los como inimigos[252].

É preciso difundir o saber, educar, discutir, convencer e não forçar a entrada a golpes de mosquete. Robespierre não foi ouvido e a declaração de guerra "ao Rei da Boêmia e da Hungria", no dia 20 de abril de 1792, inaugura um longo ciclo de vinte e três anos de guerras europeias, chamadas guerras da Revolução e do Império, que só terminam com a segunda derrota – final – de Napoleão I no dia 18 de junho de 1815 em Waterloo.

Após o Congresso de Viena, o messianismo francês se torna mais discreto, menos intrépido; mas é reativado sob o segundo Império por Napoleão III, de 1852 a 1870,

---

[252]. M. DE ROBESPIERRE. "Sur la guerre", discurso pronunciado no clube dos jacobinos, no dia 18 de dezembro de 1791.

sobretudo por ocasião das guerras de independência e de unificação da Itália.

A República, a partir da década de 1870, transforma o messianismo francês num dos fundamentos de sua identidade, seja na política externa ou no projeto colonial. A Escola pública é encarregada de instruir a juventude da França neste sentido. Como escreve Ernest Lavisse, "o professor primário nacional", num dos inúmeros manuais em que promove o romance nacional patriótico, revanchista e universalista:

> Ao defender a França, nós defendemos a terra em que nascemos, a terra mais bela e mais generosa do mundo. Defendendo a França, nos comportamos como bons filhos. Cumprimos um dever para com nossos pais, que tanto labutaram desde séculos para criar a nossa pátria. Defendendo a França, trabalhamos em prol de todos os homens de todos os países, porque a França, desde a Revolução, difundiu pelo mundo as ideias de justiça e de humanidade. A França é a mais justa, a mais livre, a mais humana das pátrias[253].

Esta anáfora inspiradora encontraria sua confirmação na guerra ao mesmo tempo aguardada e temida contra a Alemanha, travada em prol da liberdade do mundo. Os maiores espíritos do tempo, como Lavisse, Durkheim, Bergson – os

---

253. E. LAVISSE. *Cours Moyen*. Paris: Hachette, 1912.

dois primeiros, no entanto, incensadores da objetividade e do positivismo – prestam ajuda ao discurso, à *narrativa*, diríamos hoje, que faz da França a defensora da civilização e do direito contra a barbárie alemã. Esta convicção é admiravelmente resumida pelo ministro da Educação pública, o radical-socialista Albert Sarraut, no outono de 1914:

> A França é a nação-luz. Ela é a glória do patrimônio humano e a segunda pátria de todo homem pensante [...]. Todas as grandes ideias que transfiguraram a alma e a face do mundo brotaram em seu solo. Ela é a terra clássica do idealismo, do cavalheirismo, da bondade, do altruísmo. Ela iluminou todas as estradas escuras do progresso. Ela traçou os caminhos de todas as nobres cruzadas. O seu gênio, imutável no movimento dos tempos e na diversidade da história, obedece eternamente às mesmas inspirações de generosidade, quer vá, pela noite dos tempos medievais, entregar a doçura primitiva do sonho de amor e de fraternidade encerrado nas paredes do Santo Sepulcro, ou vá, na aurora dos tempos modernos, regenerar o vasto universo levando às multidões oprimidas, nas palavras da Declaração do Direitos do homem, a magnífica esperança do Evangelho da nova lei[254].

---

254. Albert Sarraut, ministro da Educação pública, 2 de outubro de 1914.

É apenas com um pouco mais de sobriedade que o chefe do governo, o radical Georges Clemenceau, anuncia a vitória na Câmara dos Deputados no dia 11 de novembro de 1918: "A França, ontem soldado de Deus, hoje soldado da humanidade, será sempre o soldado do ideal".

A República ultrapassa, portanto, a mensagem da Revolução: os revolucionários, preocupados em se distinguir do Antigo Regime, quase não se referiam às cruzadas, ao passo que a República, em busca de legitimidade e de enraizamento, não hesita em afirmar continuidades históricas que vão muito além da simples proclamação racional dos direitos humanos. Em outras palavras, ela troca de bom grado o fundamento racional pela origem histórica ou, de preferência, por uma espécie de genética mitológica que permite a De Gaulle proclamar, num discurso de 1941, que "existe um pacto vinte vezes secular entre a grandeza da França e a liberdade do mundo"[255].

O choque entre o messianismo francês e o messianismo americano foi flagrante por ocasião do debate na ONU sobre uma possível intervenção da comunidade internacional no Iraque contra as "armas de destruição em massa", fraudulentamente denunciadas pelo governo de George W. Bush e Dick Cheney. O discurso que Dominique de Villepin, literato aclamado, licenciado em letras e apaixonado pela poesia, pronunciou diante do Conse-

---

255. Londres, 1º de março de 1941, em *Discours et Messages*, t. I, p. 73.

lho de Segurança em Nova York no dia 14 de fevereiro de 2003, foi seu apogeu, em benefício, simbólico e político, da França. Foi um discurso técnico, que falava de armamentos, de inspeção e da resolução n. 1441, mas do qual sobressaiu a peroração, clímax retórico que ressoou num *pathos* gaullista:

> Neste templo das Nações Unidas, nós somos os guardiães de um ideal, somos os guardiães de uma consciência. A pesada responsabilidade e a imensa honra que nos cabem devem levar-nos a dar prioridade ao desarmamento na paz. E quem vo-lo diz hoje é um velho país, a França, de um velho continente como o meu, a Europa, que conheceu as guerras, a ocupação, a barbárie. Um país que não esquece e sabe tudo o que deve aos combatentes da liberdade vindos da América e de outros lugares. E que, no entanto, não cessou de manter-se de pé diante da História e diante dos homens. Fiel aos seus valores, ele quer agir resolutamente com todos os membros da comunidade internacional. Ele crê na nossa capacidade de construirmos juntos um mundo melhor.

No entanto, o primeiro encontro verdadeiro entre o messianismo francês e o messianismo americano remonta à Grande Guerra, na qual os americanos intervieram tardiamente, mas de maneira decisiva, a partir da primavera de 1918, ao proclamar "La Fayette, nous voilà", como se a ajuda francesa à revolução americana encontrasse assim sua contraparte. Mais precisamente, o encontro remonta à "Conferência da Paz" que se inicia em Versailles em janeiro de 1919, e é John Maynard Keynes que a descreve, na obra documentada e sutil a respeito destas negociações, nas quais participou como conselheiro econômico do governo britânico.

Keynes descreve Clemenceau como um gato astuto, superior e soberano, desdenhoso e sarcástico, obcecado pela segurança da França e pelo desejo de obrigar a Alemanha a restituir na marra o que conseguira por meios ilícitos, ou seja, concluir o que Keynes não hesita em qualificar, várias vezes seguidas, como "paz cartaginesa". A Antiguidade está tanto mais presente porque ele "pensava acerca da França o que Péricles pensava acerca de Atenas"[256], mestra das democracias e matriz da liberdade. Este retrato impressionante do Tigre como velho cardeal autoritário e maquiavélico discorda do retrato que ele pinta de um Woodrow Wilson, esperado, de fato, como o Messias: "Que lugar o Presidente ocupava no coração e na esperança do mundo, quando embarcou para a Europa no *George-Washington*! E que grande homem chegou à Europa naqueles primeiros dias da nossa vitória!" E, no entanto:

---

256. J. M. KEYNES. *Les Conséquences économiques de la paix*, tr. fr. Paris: Gallimard. "Tel", 2002 [1919], p. 51.

[...] o Presidente era como um pastor não conformista, um presbiteriano talvez. Seu pensamento e temperamento eram essencialmente teológicos, não intelectuais [...]. Acreditava-se que o Presidente [...] tinha traçado um esquema abrangente [...]. A verdade, porém, não era essa: levadas à prática suas ideias eram nebulosas e incompletas. Ele não tinha um plano, um esquema, quaisquer ideias construtivas para revestir com a carne da vida os mandamentos que trovejara da Casa Branca. Podia pregar um sermão sobre qualquer um deles, ou dirigir uma prece solene ao Todo-poderoso, implorando o seu cumprimento; mas não tinha condições de dar forma à sua aplicação concreta na situação europeia[257].

Keynes expressa em termos discretos e sarcásticos, aliás não desprovidos de afeição, sua profunda consternação de negociador experiente diante de um profeta que vaticina, mas obtém pouco, e que, alguns meses mais tarde, devia ser desautorizado pelo Congresso dos Estados Unidos: Wilson havia criado a Sociedade das Nações, mas seu país não era membro. O retorno à doutrina Monroe (os Estados Unidos se preocupam com seu hemisfério), doravante designada pelo lema "*America First!*", devia triunfar até o dia 7 de dezembro de 1941 e o ataque de Peal Harbour pelos japoneses.

---

257. Ibid., p. 45.

Declinismo

A contrapartida do messianismo, seu duplo lógico ou, para retomar uma imagem corrente, o reverso da medalha, não seria o declinismo? Ele está presente, ou mesmo cheio de sentido, na narrativa negativa, e até sinistra, que a extrema direita americana, e Trump em primeiro lugar, mantêm sobre o suposto estado do país.

O declinismo constitui também um elemento estruturante do imaginário ou da narrativa francesa, sobretudo após os anos 2000, os de uma longa presidência Chirac geralmente descrita como uma ofegante cabotagem radical-socialista – Chirac havia herdado a circunscrição de Henri Queuille na comuna de Corrèze. Um ensaísta da moda fez dela seu estabelecimento comercial editorial entre "Les trente Piteuses" (1998) e "La France qui tombe" (2003), despertando a ira de um pilar do chiraquia, Dominique de Villepin, sempre contra os "declinólogos"[258]. Entre o discurso que chamou a atenção na ONU e meditações sobre Napoleão, o homem-sombra que se tornou flamejante ministro e Primeiro-Ministro tentou encarnar uma espécie de brio francês, com mais boas maneiras e letras do que seu predecessor que, para fortalecer a alma francesa, citava paradoxalmente o título de uma canção de sucesso em franglês, a "positive attitude" de uma jovem estrela de cinema rapidamente esquecida. Alguns

---

258. Trata-se do ensaísta Nicolas Baverez.

anos mais tarde, um ex-jornalista que se tornou ideólogo de extrema direita acentuava a mensagem, com *Mélancolie française* (2010) e, além disso, *Suicide français* (2014), textos apressados, enrolados e muito mal escritos, que, no entanto, encontraram um amplo círculo de leitores[259].

Estas teses, com efeito, encontravam uma tendência de fundo, um plano de fundo político e cultural insistente desde as crises petrolíferas de 1973 e 1979, a "estagflação", o desemprego em massa e a tomada de consciência de que a França, de acordo com as palavras do próprio Valéry Giscard d'Estaing, não era senão uma "potência média". Mas é preciso sem dúvida remontar a tempos anteriores, à perda do Império colonial entre 1944 (início da guerra da Indochina) e 1962 (fim da guerra da Argélia), ou, de preferência e sobretudo, à catástrofe de 1940.

É o historiador Robert Frank que, em *La Hantise du déclin*[260], nos convida a isso, ao falar de uma "síndrome dos quarenta", no sentido de "choque que deixa sequelas", de "traumatismo profundo que se manifesta através de sintomas às vezes contraditórios"[261]. A derrocada miliar, a decadência das autoridades e a provação do êxodo deixaram rastros: "O meu sentimento de pertencer a um grande povo [...] havia sofrido alguns cortes. Vivi o ano

---

259. Ter-se-á reconhecido Éric Zemmour.
260. R. FRANK. *La Hantise du déclin. La France de 1914 à 2014*. Paris: Belin, 2014.
261. Ibid., p. 203

de 1940: nem preciso dizer mais" – escrevia François Miterrand em 1978 em *L'Abeille et l'Architecte*[262].

Robert Frank está bem situado para terçar armas com a mitologia do declínio: atacando por trás o discurso, instalado por Vichy, de acordo com o qual a França da Frente popular havia desarmado moral e materialmente a França e assim precipitado o país na derrota, Frank havia, com *Le Prix du réarmement français, 1935-1939*, publicado em 1982, defendido uma tese de doutorado que mostrava muito bem que, com o plano Blum-Daladier, a maioria de esquerda gastara mais "com canhões" do que "com manteiga", em razão de uma justa avaliação do perigo nazista e por vontade de reativação econômica, mas também em detrimento de uma política social menos generosa do que previsto. Este retorno aos fatos permitia varrer de uma vez por todas o próprio princípio do processo de Riom, que aliás fora interrompido porque os acusados, Blum e Daladier em primeiro lugar, se defendiam muito bem.

Apesar dos trabalhos de Robert Frank e dos trabalhos, igualmente pioneiros, de Élisabeth du Réau, o mito de uma Frente popular coveira do poder francês tem uma vida difícil na direita, em que o tema e a tese do declínio permitem, "com palavras de direita", "denunciar males da esquerda" ou supostamente tais, como o peso do Estado

---

262. Citado por R. FRANK, Ibid., p. 203.

social e fiscal. A esquerda, histórica e culturalmente, não fala de declínio, porque "é, de preferência, a ausência de movimento e de progresso que a atormenta"[263].

É divertido, e esclarecedor, contextualizar esta obsessão do declínio, termo que designa de preferência o enfraquecimento do poder (econômico, militar, geopolítico, demográfico), mas que muitas vezes se funde com outras desesperanças, como a da decadência (moral) e da degenerescência (biológica).

Esse eterno refrão francês vem de longe, de muito mais longe do que este século XIX em que ele é denunciado por Flaubert, em seu *Dictionnaire des idées reçues*: "Época (a nossa): Trovejar contra ela – Queixar-se por ela não ser poética – Denominá-la época de transição, de decadência".

A obsessão do declínio se inscreve numa concepção ansiosa, ou mesmo angustiada, do tempo, concebido como o lugar do desperdício físico e da perda moral. Em Atenas, os adversários, ou mesmo os inimigos, da democracia, como Platão e Xenofonte, não cessam de exaltar a *Patrios politeia*, a cidade dos pais, ao passo que Esparta, a viril, lhes parece oferecer uma imagem viva na época – e, a seus olhos, não é um acaso que a cidade lacedemônia vença a guerra do Peloponeso. Tudo isto ainda é solúvel numa concepção cíclica do tempo: crescemos, degenera-

---

263. R. FRANK. *La Hantise du déclin*, op. cit., p. 9.

mos, nos corrompemos e morremos, antes de renascer para o tempo e para a história. No momento do eclipse de Atenas, após a derrota e a submissão à Macedônia, Aristóteles, próximo de Alexandre, rei da Macedônia e filho do Rei Filipe, que submeteu a seu cetro as cidades gregas, fixa esta concepção definitivamente tranquilizadora do tempo, uma *anacyclosis* que Políbio, mais tarde, aplicará à história dos Impérios.

Esta concepção cíclica do futuro é menos sólida em Roma, e é precisamente entre os romanos que encontramos, de maneira obsessiva, esta psicose da decadência. Também de maneira involuntariamente cômica, porque os pensadores e historiadores romanos fulminam vereditos decadentistas e diagnósticos declinistas num momento que nos parece um dos apogeus de sua história, um fim da República certamente perturbado, mas um nascimento do principado, com Augusto, de preferência promissor. Poeta oficial do regime augustano, beneficiário junto com alguns outros do favor do príncipe, e de seu amigo Mecenas, que deu seu nome ao mecenato, Horácio, em sua *Arte poética*, não se priva aliás de criticar os não contemporâneos, esses *laudatores temporis acti* (literalmente: os louvadores do tempo passado – *Arte poética*, 173), muito inconscientes de sua boa sorte: viver no século de Augusto, que o próprio Horácio celebra em seu *carmen saeculare*.

É provavelmente, além de Catão, o historiador Salústio (86-35 a.C.) quem, nos parágrafos introdutórios à

Conjuração de Catilina (especialmente 6-13), estabelece o breviário de uma leitura decadentista de Roma: na origem, *"Cives cum civibus de virtute certabant"* (os cidadãos rivalizavam em virtude), escreve Salústio, que não desperdiça nenhuma hipérbole para celebrar os louvores desses duros e rudes romanos que conquistaram o mundo. Os valorosos pais da Cidade brilhavam por sua coragem e sua resistência, coisas que os tornavam aptos para os duros trabalhos da guerra:

> Punha-se o prazer mais nas belas armas e nos cavalos de batalha do que nas meretrizes e nos banquetes. Para tais homens, portanto, nenhum esforço parecia insólito, nenhum lugar muito acidentado ou muito escarpado, nenhum inimigo armado temível: seu valor vencia tudo.

Bons costumes tornados proverbiais em latim, que fala do *mos maiorum*, o costume ou a virtude dos antepassados, exemplo a imitar:

> Portanto, na paz ou na guerra, praticavam-se os bons costumes, a concórdia era grande, a avareza era mínima, e o que os levava a respeitar o direito e o bem não eram tanto as leis, mas sim sua natureza própria.

Concórdia, generosidade, coragem, fidelidade, equidade, magnanimidade... Esses romanos são tão virtuosos que, no exército, se deve punir os legionários que tardam em deixar o campo de batalha após o toque de retirada:

> Na guerra em geral punia-se mais frequentemente aqueles [...] que, dado o sinal, haviam tardado demais em abandonar o combate do que aqueles que não recearam em abandonar suas insígnias e bater em retirada.

Quadro edificante – que não hesita em utilizar a hipérbole – e fustigante contraste com a depravação do presente, causada pelo encontro com a Grécia e o Oriente, que efeminou os romanos varonis.

Tudo corria bem neste mundo de bons antepassados, de cidadãos honestos e de corajosos soldados quando interveio o cataclisma, que transformou a Cidade, outrora resplendente de virtude, num lupanar de fazer vomitar até esses efeminados *graeculi*. Os romanos são unânimes em estabelecer a conquista do mundo, especialmente do Oriente e da Grécia, como a data da ruptura. Antes os romanos eram pobres e virtuosos. Doravante são ricos e corruptos – *In Tiberim defluxit Orontes* ("O Orontes veio escoar no Tibre") –, como escreve Juvenal, que lamenta, como tantos outros, que a prosperidade tenha, *in fine*, vencido o vencedor:

> Foi então que o exército do povo romano se habituou pela primeira vez a fazer amor, a beber, a admirar as estátuas, as pinturas, os vasos burilados, a retirá-los das casas particu-

lares e dos lugares públicos, a espoliar os santuários, a emporcalhar tudo, tanto o sagrado como o profano.

Com efeito, "a prosperidade acabou vencendo a resistência dos sábios". Portanto, o dinheiro subverteu o sistema de valores dos antigos romanos. A importância dada à aparência cresceu e, com ela, o desejo de parecer e não mais de ser. Os romanos se tornaram, portanto, falsos e hipócritas:

> A ambição levou muitos homens a tornar-se falsos, a ter um pensamento no coração e outro nos lábios, a estimar as amizades e as intimidades não conforme seu valor em si, mas conforme o interesse, e a possuir uma bela aparência mais do que um belo caráter.

Os valores tradicionais, mais do que subvertidos, se tornam invertidos:

> A virtude se embotou; começou-se a considerar a pobreza como uma desonra, a desprezar a integridade. Após as riquezas, apoderaram-se dos jovens o gosto pelo lucro e a cupidez, unidos à ignorância: as pessoas pilharam, esbanjaram, desdenharam a própria fortuna, desejaram a dos outros, não tiveram nem consideração nem preocupação com a honra, com a pureza dos costumes, com as leis tanto divinas quanto humanas.

Em sete parágrafos, o edificante quadro da Roma das origens se inverteu: Roma está doravante corroída pelo vício. A Cidade se tornou exatamente o contrário dela mesma. A condenação é explícita. Em *Guerra de Jugurta*, outro grande escrito histórico de Salústio, o autor expressa a náusea que lhe inspiram seus contemporâneos: "Os costumes desta cidade só me inspiram vergonha e desgosto"[264].

Salústio entoa uma ladainha que será retomada por todos os historiadores e escritores romanos do século I e dos séculos seguintes. A deploração da decadência, a careta de desdém diante do presente e a celebração de um passado glorioso e virtuoso vão tornar-se um *topos*, lugar-comum e passagem obrigatória de todo discurso sobre Roma. A decadência era legível no espaço de um memorial muito singular, a cabana de Rômulo, piedosamente conservada no Capitólio: ela confina com os palácios de mármore dos ricos senadores e comerciantes.

Em sua carta 86 a Lucílio, Sêneca se maravilha com o desconforto da sala de banhos, "estes banhos escuros e grosseiramente rebocados", de Cipião o Africano:

> Foi, portanto, um grande prazer eu comparar os costumes de Cipião com os nossos. Pense, neste pequeno retiro, o terror de Cartago, a quem Roma deveria agradecer por não ter

---

264. Referências.

sido capturada mais de uma vez, costumava banhar seu corpo cansado de trabalhos nas batalhas! Pois ele estava acostumado a manter-se ocupado e a cultivar o solo com as próprias mãos, como os bons e antigos romanos costumavam fazer.

Tito Lívio (59 a.C. – 17 d.C.) confidencia a seu leitor que se refugiou no estudo e na redação da história para não ter constantemente diante dos olhos o triste espetáculo de seu próprio século: "Procurarei afastar-me [...] para longe do espetáculo de desventuras que nossa época presenciou durante tantos anos". É que, para ele, o tempo seguiu inexoravelmente ladeira abaixo, desde inícios muito gloriosos até este presente de decadência:

> Tendo-se em seguida afrouxado progressivamente os princípios, deveremos seguir com o pensamento primeiramente o desmoronamento dos costumes, em seguida a maneira como eles se afrouxaram cada vez mais e como começaram a ruir por terra, até chegarmos à nossa época na qual não podemos suportar nem nossos vícios nem os seus remédios.

O outro grande nome da historiografia latina, Tácito (55-117), vai procurar e reconstruir a imagem dos virtuosos romanos das cabanas nas florestas da Germânia. Na verdade, ele nunca pôs os pés ali; mas, inspirado nas narrativas dos legionários que ali combateram, redigiu sua *Germânia*, onde esboça um quadro estereotipado do germano que corresponde ponto por ponto à ideia que se tem dos romanos das origens: sem nunca ter visto nenhum deles, ele carimba nos germanos a imagem do antepassado varonil e virtuoso. Tácito redige um escrito especular: apresenta a seus contemporâneos um espelho, uma imagem da virtude bárbara para estigmatizar sua própria decadência. Vede estes germanos, dignos pares de vossos pais! O caráter admirativo e laudatório do relato de Tácito tem igualmente um valor de advertência: foi sendo e vivendo assim que vossos pais conquistaram o mundo. Tomai cuidado com estas populações que poderão um dia ultrapassar o *limes* e vir submeter-vos.

A posteridade deste escrito teve um papel considerável na elaboração da identidade alemã e na criação de um mito ariano nórdico.

A ideia fixa da decadência, que pode parecer uma verdadeira obsessão, não continuou sendo o apanágio dos romanos. Com o pessimismo, ou mesmo a "sinistrose" (conceito médico transposto de bom grado para a análise política), que parece caracterizá-los, sem esquecer o fascínio mimético pelo vigoroso vizinho alemão fantasiado, seriam os franceses decididamente os romanos de nosso tempo? O fenômeno não é novo neste país: no primeiro fascículo de *La lanterne*, revista satírica nascida em 1868 no final do Segundo Império, Henri Rochefort escreve divertidamente que "a França conta com 36 milhões de súditos, sem contar os súditos do descontentamento". Confronto entre o ideal e o real? As promessas de emancipação (liberdade), de dignidade (igualdade) e de comunidade (fraternidade), tão generosas, ou mesmo sublimes, são talvez muito raramente mantidas e, portanto, a França não está nunca plenamente à altura da ideia que ela faz de si mesma.

Algumas ideologias políticas, no entanto, se caracterizam por um pessimismo mais acentuado, às vezes duplo de um voluntarismo reacionário, que deve restaurar um tempo anterior fantasiado, custe o que custar. Os pensamentos políticos da decadência são antes o apanágio de certa direita e extrema direita, como vimos nos exemplos de Gobineau, Vacher de Lapouge, Chamberlain e em seus discípulos nazistas. O nazismo, por sua obsessão de recriar a primordialidade e a aurora de uma raça nórdica germano-grega após milênios de decadência e de mistura racial, é um bom exemplo de pensamento da decadência e de suas aplicações práticas.

Na França, a extrema direita está assombrada pela obsessão da decadência, que alimenta um pensamento reacionário irrequieto acerca de um passado de fantasia. Barrès estava atormentado pelo medo dos "crepúsculos do Ocidente", que ele via pesar sobre sua velha França, e utilizava metáforas biológicas e médicas para traduzir sua angústia da degenerescência. Ao mesmo tempo, à esquerda, a obra de Zola, marcada pelo determinismo de uma biologia deteriorada, por uma hereditariedade infeliz, não respira particularmente o otimismo mais fresco. Muito pelo contrário, os personagens da série romanesca dos Rougon-Macquart são os instrumentos de um atavismo deplorável que, desde pulsões violentas até alcoolismo impenitente, os conduzem às mais sórdidas desgraças e aos maiores crimes.

Jihadismo

O fato de ser necessário levar os discursos religiosos radicais a sério deixa pouca dúvida entre os pesquisadores, não no sentido de um determinismo cultural de massa, que lançaria "os muçulmanos" ao assalto do "Ocidente", mas como maneiras de ler, de ver e de conceber o mundo por parte de indivíduos em busca de sentido, no duplo sentido de inteligibilidade e de direção a seguir.

A primeira concepção foi popularizada pouco após o fim da URSS, que havia deixado desempregados tantos sovietólogos, por Samuel Huntington, politólogo americano especialista em exército na democracia, que orientou suas reflexões para os mundos emergentes: em *O choque das civilizações* (1996), ele desenvolve uma cartografia grosseira das supostas zonas etnoculturais do mundo, definidas de maneira essencialista e determinista. Ele entrega assim uma gramática cômoda ao binarismo da política exterior neoconservadora americana sob os dois mandatos de George W. Bush (2000-2008) e alimenta ainda muitos editorialistas apressados. Dotar o vasto mundo muçulmano, tão diverso, de uma identidade compartilhada, de uma coerência firme e de uma finalidade comum, equivale definitivamente, e de maneira especular, a propor a mesma leitura do mundo dos próprios fundamentalistas e terroristas muçulmanos, da Al-Qaeda ao Daesh, que consideram infiéis ou traidores os muçulmanos não empenhados em sua *jihad*.

Na França, país dotado de uma islamologia científica fecunda, o debate recaiu sobre a religião como ideologia. Poder-se-ia considerar a radicalização violenta um fenômeno endógeno ao Islã, atormentado por velhos demônios belicistas e expansionistas incontrolados, e ver na violência terrorista uma radicalização do Islã? Ou deveríamos adotar uma perspectiva mais exógena, mais contextual, como faz Olivier Roy ao falar de islamização da radicalidade? Em *Le Djihad et la Mort*, Roy explica:

> Em lugar de uma abordagem vertical que iria do Alcorão ao Daesh [...], supondo uma invariante (a violência islâmica) que se manifesta regularmente, prefiro uma abordagem transversal, que procura compreender a violência islâmica contemporânea em paralelo com as outras formas de violência e de radicalidade, que lhe são muito próximas (revolta geracional, autodestruição, ruptura radical com a

sociedade, estética da violência, inscrição do indivíduo em ruptura numa grande narrativa globalizada, seitas apocalípticas[265]).

Diante da ausência de perspectiva, de esperança e de justiça, Roy observa uma ressurreição do niilismo entre os atores da violência, comparável à dos membros da Fração do Exército Vermelho na Alemanha e das Brigadas Vermelhas na Itália, nos anos 1970. A tese, claramente enunciada, é potencialmente rica em orientação das políticas públicas e tem o mérito de oferecer uma alternativa à única guerra sem fim contra a Hidra. Ela permite também explicar por que convertidos que não têm nenhum elo com a história do Império colonial francês e com a imigração norte-africana se encontram entre os engajados na *jihad*:

> O Daesh recorre a um reservatório de jovens franceses radicalizados que, aconteça o que acontecer no Oriente Médio, já entraram em dissidência e buscam uma causa, um rótulo, uma grande narrativa para colocar nela a assinatura sangrenta de sua revolta pessoal. A derrocada do Daesh não mudará esta revolta.

Este engajamento é "oportunista":

> O problema essencial para a França não é, portanto, o califado do deserto sírio, que mais

---

265. O. ROY. *Le Djihad et la Mort*. Paris: Seuil, 2016.

cedo ou mais tarde se evaporará como uma velha miragem transformada em pesadelo; o problema é a revolta destes jovens.
[...] por que o Islã? Para a segunda geração, é evidente: eles retomam por sua conta uma identidade que, em sua opinião, seus pais haviam desperdiçado: eles são "mais muçulmanos do que os muçulmanos" e, em particular, do que seus pais. A energia que eles gastam em reconverter (em vão) seus pais é significativa, mas mostra até que ponto eles se encontram num outro planeta (todos os pais têm uma narrativa a fazer destas mudanças). Quanto aos convertidos, eles escolhem o Islã porque só existe isto no mercado da revolta radical. Unir-se ao Daesh é a certeza de aterrorizar[266].

Especialista do Irã desde antes de 1979, em seguida autor de numerosos "temas" na França desde os anos 1990, no momento em que a guerra civil argelina atingia o território francês, pioneiro do estudo do jihadismo, Farhad Khosrokhavar pleiteia desde 2002, num livro publicado pouco após os atentados de 11 de setembro de 2001, um estudo internalista e abrangente do fenômeno, retomando os atos a partir da categoria dos atores:

---

266. O. ROY. "Le djihadisme est une révolte générationnelle et nihiliste". Le Monde, 23 de novembro de 2015.

Tentaremos penetrar, na medida do possível, a subjetividade destes atores e descrever fenomenologicamente sua motivação, sua intencionalidade, sua construção mental do mundo e sua maneira de nele inserir-se contestando-o[267].

Esta metodologia é a do sociólogo Fabien Truong, que, como professor de ciências econômicas e sociais nos liceus do subúrbio norte de Paris a partir de 2005, resolveu seguir o percurso de seus alunos e ex-alunos após sua partida para a Universidade Paris VIII (em 2010). A partir disso ele elaborou uma obra, *Jeunesse française*[268], que mostra a integração à sociedade francesa de uma juventude estigmatizada pela escola e pelos estudos superiores, um pouco à maneira de Stéphane Beaud, antes de se interessar pelos trajetos de "radicalização" de alguns jovens que ele seguiu a longo prazo, numa perspectiva de etnografia longitudinal que privilegia a escuta atenta de indivíduos escolhidos em vez do estudo estatístico transversal de uma população mais numerosa: uma "arte da escuta", portanto, "quase anacrônica numa sociedade inundada por quinze minutos de glória digital que proporcionam a ocasião de se exprimir sem ouvir aqueles que, no entanto,

---

267. F. KHOSROKHAVAR. *Les Nouveaux Martyrs d'Allah*. Paris: Flammarion, 2002, p. 11.
268. F. TRUONG. *Jeunesse française. Bac + 5 made in banlieue*. Paris: La Découverte, 2015.

têm uma necessidade imperiosa de articular as contradições de sua vida"[269].

As contradições são patentes, porque são tão numerosas as lealdades, para jovens em busca de vínculos, de socialização e de valorização – lealdade à família, ao grupo de amigos, à República, à escola, ao "lugar de trabalho", ao "business", ao Islã... É necessário constatar que, para homens em situação irregular, "a religião tornou-se incontestavelmente um recurso moral que tem poucos equivalentes na vida social de muitos jovens"[270], porque está dotada de uma força hermenêutica (intelectualmente), integrativa (socialmente) e tranquilizadora (psicologicamente) que nenhuma outra perspectiva ou utopia consegue oferecer no mundo social atual. Muito acertadamente, o sociólogo lembra que os jovens radicalizados saíram de "grandes conjuntos"[271] que foram, em sua concepção e em seus inícios, terras de utopia. Durante os Trinta Anos Gloriosos, falava-se nem mais nem menos que de uma "segunda revolução francesa"[272]:

> O florescimento dos grandes conjuntos encarna esta promessa em quase todo o território [...]. No centro histórico da cidade, as pedras de cantaria de um passado glorioso,

---

269. F. TRUONG. *Loyautés radicales*. Paris: La Découverte, 2017, p. 23.
270. Ibid., p. 21.
271. Ibid., p. 28.
272. Ibid., p. 27-28.

nos subúrbios florescentes o concreto de um futuro radiante[273].

A conversão e às vezes a radicalização de alguns é também uma crise da narrativa e uma crise do futuro: como "se acomodar a um mundo capitalista que não leva mais a sonhar", quando "seu desejo de reconhecimento é negado" e "seu desejo de escola rejeitado", e "não existe mais projeto alternativo ao projeto neoliberal"[274], só violência social-darwiniana, "projetos" parcelados e individuais, simples demonstração da força num espaço desesperadamente imanente.

Uma "perspectiva antropológica"[275] é desenvolvida por Jean-Pierre Filiu numa obra extraída de sua habilitação a dirigir pesquisas, que aborda a cultura apocalíptica no Islã, no longo prazo das heranças escriturísticas e teológicas, e no médio e curto prazo do confronto com a modernidade[276]: "O fim do mundo é um tema sério, sobretudo para os que se preparam para ele" – observa o autor na quarta capa de sua obra, num resumo surpreendente de sua abordagem, mas também do interesse de seu tema.

---

273. Ibid., p. 28.
274. F. TRUONG, entrevista com *The Conversation*, 23 de outubro de 2017.
275. F. KHOSROKAVAR. *Jihadist Ideology. The Anthropological Perspective*. Centro de Estudos sobre Islamização e Radicalização (CIR). Aarhus: Scandinavian Book A/S, 2011.
276. J.-P. FILIU. *L'Apocalypse dans l'Islam*. Paris: Fayard, 2008.

O apocalipse é fim do mundo e ao mesmo tempo renascença, desmoronamento violento e estrondoso e revelação. Ele é coletivo, mas também individual, sob a forma da conversão, de que nos dão testemunho séries inteiras de dossiês policiais e judiciários.

Por ocasião de um processo, entre cem outros, de "radicalizados" suspeitos de atentado, um acusado, como muitos, e cujo perfil se torna banal (meliante, bandidozinho que reencontrou a "fé"), declara ao juiz que o interroga: "O Islã é a verdade". Esta profissão de fé, absolutista, exclusivista, tem implicações políticas claras: "A República democrática não é compatível com o Islã", se acreditarmos neste "fiel" que, de roubos a projetos de assalto à mão armada, raramente respeitou de fato as leis de uma sociedade humana um pouco civilizada. A rejeição do Estado de direito liberal e democrático acompanha o repúdio de todos os que não compartilham suas convicções: "Quem renega seu criador é um criminoso" – um "criminoso" cuja sorte podemos imaginar que seria pouco invejável na teocracia com a qual o acusado parece sonhar.

Sonho, fantasia, investimento existencial do fanático (aquele que penetrou no *fanum*, o templo, em oposição ao profano, que permaneceu diante do templo sem entrar), do entusiasta (aquele que está em Deus, ou que tem Deus nele – em *theos*):

O Islã é a melhor coisa que me aconteceu. Melhor do que minha mãe, melhor do que meu pai, melhor do que meu filho. É como se antes eu estivesse morto e depois revivi. Descobre-se a verdade absoluta. Se não houver julgamento no fim, a vida não tem nenhum sentido. Deus criou o homem para que o adore, através da verdadeira lei que ele revelou[277].

Como todo fenômeno social – e mais ainda quando se trata de fenômenos paroxísticos como estes engajamentos que implicam a utilização de sua própria vida, o combate até a morte, o suicídio do martírio – o jihadismo é, como mostram os debates que evocávamos, um fenômeno multifatorial. Também não há dúvida de que a dimensão propriamente religiosa, embora rude e inculta, é um destes fatores, que para alguns é predominante e determinante: é nada menos do que a certeza de que é adquirida (a do absoluto da Revelação), a solidão que é vencida (pela relação com Deus e com a comunidade dos verdadeiros crentes) e o sentido que é encontrado (o sentido que permite, enfim, conduzir bem sua vida e encontrar o caminho das recompensas celestes).

---

277. Toadas as citações em *Le Monde*, 23 de março de 2021. Resumo do processo de Réda Kriket e da "célula de Argenteuil", onde foi descoberto em 2016 um esconderijo de armas de guerra pelos serviços antiterroristas.

IX
Ler e viver o tempo

O filólogo e filósofo franco-alemão Heinz Wismann, alemão de nascimento e juventude, francês por opção e por amor, que "pensa entre as línguas" e em todas as línguas (acrescente-se o grego, o latim, o inglês...), este "deslocado" está bem-posicionado para saber que as línguas pensam de maneira diferente, de acordo com a lógica de sua sintaxe e a textura de sua semântica: "O alemão designa a realidade com o nome de *Wirklichkeit*, termo que indica que ela é de fato uma ação (o verbo *wirken* significa agir no sentido bem geral e dá também o substantivo *Werk*: obra, trabalho). Não é, portanto, a *res* latina"[278], que deu nossa realidade.

As implicações destas distinções semânticas e etimológicas são estonteantes. Na Alemanha, e em alemão, o real é ação, crescimento, dinâmica – como em grego, que diz *physis* e que, portanto, dá aos *físicos* um objeto dinâ-

---

278. H. WISMANN. *Penser entre les langues*, tr. fr. Paris: Albin Michel, 2012, p. 77.

mico, em permanente crescimento e evolução, não um volume estático instalado no espaço ou no plano.

No direito, disciplina que nomeia e normatiza o real, isto implica alguns mal-entendidos. Meus trabalhos anteriores me apontaram um problema dessa ordem: os juristas alemães, desde a Renascença, mas muito mais no século XIX, quando se tratava de esperar e, em seguida, de pensar um direito alemão para uma pátria unificada, travaram um debate com o direito romano (e, portanto, desde Napoleão, com o direito francês), não só porque era o monumento acabado do direto positivo codificado, mas também e precisamente porque era codificado, fixado nas palavras, nas seções e nos artigos do Código – estático, portanto. Ao direito estatístico, codificado e fixo dos romanistas, os germanistas opunham o direito dinâmico, jurisprudencial e evolutivo dos antigos germanos mais ou menos fantasiados, ainda vivo na *common law* britânica[279]. O direito não era escrito, mas oral. Não era geral, mas factual, casual, relacionado e adaptado a cada fato, a cada caso. No limite, não era e não devia ser erudito, mas instintual, espontâneo.

Este confronto universitário, intelectualmente apaixonante, teve efeitos políticos e institucionais no momen-

---

279. Poder-se-á ler com proveito os trabalhos de Olivier Jouanjan, especialmente sua apaixonante e muito completa obra da coleção "Leviathan" sobre a questão: *Une histoire de la pensée juridique allemande (1800-1918)*. Paris: PUF, 2005.

to dos grandes debates dos anos 1871-1900 sobre a codificação do direito no Reich (parcialmente) unificado e das traduções terrificantes e criminosas após a chegada dos nazistas ao poder em 1933[280].

É compreensível, neste exemplo como em milhares de outros: o historiador age com prudência ao ser bom linguista e excelente literato, atento aos sussurros da língua e aos imaginários que a semântica evoca – no sentido primeiro de suscitar, fazer chegar pela voz (*ex-vocare*).

Ouvir e compreender a língua implica ter um bom ouvido semântico – alimentado de cultura literária –, mas também um fino tímpano sintáxico. Em alemão, os dois estão ligados, como explica Heinz Wismann, que salienta "o papel eminente do verbo", mais importante, nesta língua, do que o sujeito: "A ordem sujeito-verbo-complemento da frase afirmativa não é absolutamente a ordem de base, porque é sempre a especificação verbal que é prioritariamente determinante". Interessante quanto à relação com o real (que é crescimento e ação), interessante também para compreender a fecundidade filosófica da língua alemã, que é fundamentada sintaxicamente sobre "uma interrogação implícita": "A afirmativa na qual constatamos a presença de uma 'inversão' sujeito-verbo é de fato a resposta a uma questão que não foi expressa".

---

280. Cf. J. CHAPOUTOT. *La Loi du sang*. Paris: Gallimard, 2014, reed. "Tel", 2020, e *La Révolution culturelle nazie*. Paris: Gallimard, 2017.

Heiz Wismann prossegue, luminoso:

> A complexidade que preside a elaboração destas frases afirmativas especiais obriga a formular perguntas que de outro modo não teríamos feito. O receptor se vê então levado a uma abordagem intelectual que está a uma distância igual da certeza dogmática e da perplexidade: num meio-termo que a própria língua regula e que é o espaço da reflexividade[281].

É um fato muito conhecido que existe afinidade da Alemanha e do alemão com a filosofia. Que a língua, além disso, cria as condições de possibilidades ideais da expansão da democracia é o que mais surpreende se nos ativermos à imagem militarista que nos foi legada pelo Reich guilhermino, o do *Hurrah-Patriotismus*, da fanfarronada chovinista e da libertinagem virilista complexada. O *Sonderweg* alemão, se constatarmos o nível do debate público e a qualidade da imprensa nesse país, bem como as modalidades de exercício do poder (parlamentar, racional, preciso, factual – do qual Angela Merkel terá sido, até à caricatura, a encarnação tranquilizante), não seria o do vínculo língua-debate-voto de preferência ao do caminho "de Lutero a Hitler"?[282]

---

281. H. WISMANN. *Penser entre les langues*, op. cit., p. 82-83 para todas as citações.

282. J. CHAPOUTOT. *Histoire de l'Allemagne, de 1806 à nos jours*. Paris: PUF, "Que sais-je?", 2014.

Como mostra Wismann, a língua alemã é feita de tal modo que somos obrigados a ouvir nosso interlocutor até o fim da frase. É muito desagradável, porque não se pode conversar à francesa, com saltos e cambalhotas, mediante borbotões e interrupções. Na Alemanha, Madame de Staël "lamenta os sussurros de sua sala de estar. Todos falam ao mesmo tempo e todos se entendem"[283], ao passo que os saraus alemães parecem colóquios universitários. É terrível: é preciso escutar o outro!

O fato de a Alemanha ser, sintaxicamente, uma terra de liberdade junta-se à intuição já muito antiga, que encontramos nos teóricos políticos franceses do século XVI, em luta contra a absolutização monárquica[284], até Montesquieu, grande louvador da "liberdade germânica" ou liberdade das florestas. Mais antigamente ainda, o fenômeno democrático fascinava o romano Tácito, em sua *Germânia*[285]: múltiplas tribos, que elegem seu chefe, por ocasião de uma assembleia chamada *thing*,... não é em Roma, nem na França, que veríamos isso.

A distinção das línguas, tão visível no documento comovente que são os *Juramentos de Estrasburgo* (842), é igualmente uma divergência das concepções do mundo.

---

283. Citado por H. WISMANN. *Penser entre les langues*, op. cit., p. 82.
284. C. NICOLET. *La Fabrique d'une nation: la France entre Rome et les Germains*. Paris: Perrin, 2003.
285. Cf. M. WERNER. "La Germania de Tacite". In: *Lieux de mémoire allemands*. Paris: Gallimard, 2007.

Não se pensa a realidade da mesma maneira em alemão e em francês, porque ela não é dita da mesma maneira. O mesmo vale para a liberdade: o mundo latino é estruturado pelo *pater familias* e seu poder jurídico imenso, ao passo que o mundo alemão é "um universo de irmãos [...] que remete à noção grega de *eleutheria* (que contém a raiz alemã da palavra *Leute*, as pessoas); portanto, ele é de preferência democrático e horizontal", ao passo que o universo latino é "patriarcal, vertical, reconfortante ao custo de uma desapropriação"[286]. Em latim, e nas línguas latinas, "só somos livres na medida em que o pai nos protege. O termo alemão *Freiheit* provêm do vínculo de amizade contraído entre os irmãos que, em caso de guerra, se acorrentavam e se lançavam sobre as legiões romanas. Cada um era o fiador do outro, mas todos expressavam também, por esta concatenação, sua recusa da escravidão à qual os teria consagrado inevitavelmente sua derrota"[287], um fenômeno que, novamente, deixava estupefato o romano Tácito.

O estilo brilhante, a imensa cultura e as aproximações operadas, *cum grano salis*, pelo filólogo, têm motivo para surpreender. Para qualquer pessoa que leva a sério o fenômeno humano, ou seja, o ser cultural, estas reflexões são, no mínimo, incentivos a refletir e a trabalhar, contri-

---

286. H. WISMANN. *Penser entre les langues*, op. cit., p. 50.
287. Id.

buições preciosas para a compreensão do outro e do outro no tempo. O que Wismann escreve aqui é um prisma decisivo, entre outros, para ler, conhecer e compreender a diferença de regime político entre uma Alemanha parlamentarista, onde o Parlamento governa, comanda o exército e exerce, em caso de necessidade, os plenos poderes, e uma Constituição francesa paternalista, monarquizante, onde qualquer pessoa pode fazer-se passar por pai da nação ou senhor da guerra.

Todo o esforço do historiador consiste em tornar-se antropólogo, na língua e pela língua, e acessar, se não um outro mundo, pelo menos um mundo visto de maneira diferente.

Esta maneira de fazer história, se é o caso de escolher, podemos denominá-la história cultural, que não é uma história da "Cultura" limitada aos objetos legítimos da "grande cultura". Como diz Pascal Ory, ela trabalha "de Goya a Chantal Goya"[288], porque não se trata de dizer que Chantal Goya equivale a Goya (este julgamento axiológico e hierarquizante não é a intenção), mas de saber como e por que Goya teve sucesso em vida, por que ele continua a tê-lo e a que pode responder uma cantora de músicas populares para crianças para conhecer tal reputação.

---

288. P. ORY. Qu'est-ce que l'histoire culturelle? Paris: PUF, "Que sais-je?", 2004.

Explorar o universo mental nazista, como fiz, é uma história cultural? Não totalmente no sentido francês da expressão. Parece-me que, em sua maioria, os trabalhos franceses, que – no que concerne os especialistas no século XX, pelo menos – reivindicam esta qualidade, desenvolvem tradicionalmente, de preferência, uma abordagem social das instituições culturais (teatros, galerias...) e pouco levam em conta o programa sugerido por Pascal Ory em *Qu'est-ce que l'histoire culturelle?*, que se propõe tomar como objeto "o conjunto das representações coletivas próprias de uma sociedade" determinada. *Cultural history* ou *Kulturgeschichte*, portanto: no caso do nazismo, esta sensibilidade historiográfica foi ilustrada magistralmente por historiadores como George Mosse e Fritz Stern – que estudaram sobretudo a gênese da cultura nazista – ou Peter Reichel, que vê no nazismo um empreendimento (bem-sucedido) de "fascinação" das massas.

Uma história da "cultura nazista", em todo caso. A expressão colocada aqui entre parênteses pode amedrontar pelo curioso oxímoro que ela é, mas eu a prefiro a qualquer outra. Falar de ideologia sempre me incomoda um pouco: a palavra é carregada de uma suspeita de mecanicidade e de superficialidade (a ideologia, na linguagem comum, é o que os alto-falantes impõem a uma massa embrutecida e aterrorizada). Se, em compensação, fazemos as pazes com o sentido etimológico de um discurso (*logos*) composto de ideias, o emprego da palavra reencontra sua pertinência. Como alternativa resta a palavra alemã *Weltanschauung* não traduzida, ou sua tradução francesa – visão do mundo – que me parece designar bastante adequadamente o tema que tento abordar: a categorias (termo muito genérico) que informam, ou seja, que dão forma e sentido a esta experiência de si, do exterior e do outro que se torna, por estas operações, um mundo – e para isto a narrativa é uma boa porta de entrada.

Trata-se, portanto, de explorar o mundo deste "animal simbólico" que é o homem. Ernst Cassirer, em seu *Ensaio sobre o homem*, publicado em 1946, define o homem como um animal simbólico, um animal que se move num universo de símbolos. O espírito do homem se materializa a cada época por meio de símbolos que exprimem este espírito, formando assim um universo cultural específico. O historiador, que estuda o homem, tem como objeto, portanto, o símbolo, o sinal ou o artefato: o que o historiador "encontra já no início de sua pesquisa não é um mundo de objetos físicos, mas um universo simbólico – um mundo de símbolos": tudo é mensagem, tudo faz sentido. É preciso, portanto, "aprender a ler estes símbolos", porque "o historiador é mais um linguista do que um sábio", e não só no sentido de que o apaixonado pela Antiguidade precisa estar armado de gramática grega e de epigrafia latina. Mais profundamente, a história é "um ramo da semântica": "São as normas da semântica [...] que constituem os princípios gerais do pensamento histórico. A história se inscreve no campo da hermenêutica"[289].

A história é, portanto, leitura de uma linguagem cultural própria de um tempo e de um lugar social determinados. No entanto, o interesse dos historiadores profissionais contemporâneos pela dimensão semântica da história, pela ressurreição do universo simbólico de uma época, pela leitura de um período com a chave de seu código, que primeiramente adotou o nome genérico e impreciso de história psicológica, e mais tarde de história das mentalidades, foi afinal de contas tardio.

O pioneiro desta história foi Lucien Febvre, especialmente num livro intitulado *Le Problème de l'incroyance au XVIe siècle. La religion de Rabelais*, publicado em 1942. Este livro vem responder a historiadores da literatura moderna que afirmam que Rabelais foi um autor ateu. Ora, de acordo com Febvre, pensar um mundo sem Deus é impossível no século XVI, por falta de "ferramentas mentais" adequadas, essas palavras e essa língua de que dispomos para pensar, dizer e ler o mundo. Ora, nos diz Febvre, faltam muitas palavras que são indispensáveis para pensar um mundo sem deus. Estas palavras que faltam são as da reflexão filosófica:

---

[289]. E. CASSIRER. *Essai sur l'homme*. Paris: Minuit, 1975 [1947], p. 246-251.

[...] nem absoluto, nem relativo, nem abstrato, nem concreto, nem confuso, nem complexo, nem adequado [...] nem virtual [...]: nenhuma destas palavras pertencem ao vocabulário dos homens do século XVI [...]. Mas os substantivos, como estão ausentes! Nem causalidade, nem regularidade, nem conceito, nem critério, nem condição [...] nem análise, nem síntese [...] nem dedução (que ainda significa apenas narração), nem indução [...]: nenhuma destas palavras correntes, destas palavras que, para filosofar, não poderíamos realmente dispensar, figura [...] no vocabulário dos contemporâneos.

Era difícil, portanto, não pensar o mundo senão como uma realidade mágica, habitada pela presença de Deus através do milagre. Tudo será diferente no século seguinte: os homens do século XVII pensarão o universo "como um mecanismo, como um sistema de petelecos e deslocamentos num plano conhecido" e não mais "como um organismo vivo", movido pelo milagre permanente da Presença.

Febvre observa que, além das palavras, falta também a sintaxe: a "desordem perfeita de suas construções [...] mistura contínua dos tempos, simples e compostos [...] impressão de saltitação e de incoerência", está ainda longe do "emprego mais concordante, mais regular dos tempos, [que] permitiu aos escritores introduzirem progressivamente ordem em seus pensamentos". Enfim, Febvre ressalta as carências de instrumentos e linguagem científicos (lupa, termômetro, telescópio, álgebra formalizada que possibilita cálculos um pouco elaborados), sem contar – podemos repeti-lo – a medida do tempo, ainda aproximativa ("Os homens ainda não haviam sido sujeitados à precisão pelas rudes disciplinas horárias que conhecemos: a hora civil, a hora religiosa, a hora escolar, industrial, militar, ferroviária"). É impossível, num tal contexto cultural, ser ateu: o século em que Rabelais viveu foi de fato "um século inspirado. Um século que, acima de todas as coisas, procurava primeiramente o reflexo do divino".

É impossível ser ateu no século XVI. Podemos talvez concluir reciprocamente que, alguns séculos mais tarde – num universo humano reduzido, entre outras coisas, pela física mecanicista a um plano de imanência, a um jogo de forças puramente endógeno, que exclui radicalmente a transcendência – não é mais possível crer.

No século XVI a mentalidade mágica e a presença do milagre, a Presença simplesmente, e seus sinais, fazem sentido. Em 1994, foi possível compreender isso em *La Nuit de la Saint-Barthélemy. Un rêve perdu de la Renaissance*, obra em que Denis Crouzet explica que a noite de São Bartolomeu, se foi realmente ordenada por Carlos IX, era um "crime de amor"[290]. O paradoxo era impressionante:

---

290. D. CROUZET. *La Nuit de la Saint-Berthélemy. Un rêve perdu de la Renaissance*. Paris: Fayard, 1994.

nesse mesmo ano de 1994, podia-se assistir no cinema *A Rainha Margot*, filme de Patrice Chéreau, adaptado de Dumas, cujas imagens barrocas e violentas me haviam causado um mal-estar vagal. A ideia de Crouzet só me parecia mais interessante porque era embasada no contexto cultural no qual a monarquia francesa, na Renascença, hauria seu sentido e sua essência: a literatura (a *Franciade*, de Ronsard), a filosofia (*O Platão francês*) e a pintura (Louis Caron) permitam ver e compreender uma realeza neoplatônica, ordenadora do tempo e das estações, dispensadora de harmonia e de amor. Na obra de Louis Caron, "a realeza aparece como a grande ordenadora do tempo cíclico [...]. O rei deve velar para que possa desabrochar esta primavera do mundo, que será o tempo do retorno do amor entre os homens". Aliás, o casamento entre Henrique de Navarra e Margarida deveria inicialmente ser celebrado na primavera. Só foi adiado em razão da morte de Jeanne d'Albret, mãe de Henrique de Navarra: "Esta cerimônia tinha realmente um caráter mágico: tratava-se de arremedar uma ordem divina e, ao mesmo tempo, de conformar com ela o reino", mediante um casamento que selava a grande Reconciliação após as guerras de Religião.

Sabemos que as coisas ocorreram de outra forma e que, no calor sufocante do verão parisiense, agravado pelos sermões apocalíticos de um lado (os pregadores católicos) e pelos cálculos do outro (os Guise), a harmonia deu lugar à grande discórdia e ao massacre, sem dúvida com o aval do Rei. Por que este soberano neoplatônico, que acreditava no amor e na harmonia, consentiu neste crime? Aqui "só podemos adiantar hipóteses, fazer história virtual" de acordo com Crouzet, que neste caso acrescenta "não ter pretensões positivistas". O historiador vê na noite de São Bartolomeu um "crime de amor", um "sonho perdido da Renascença", no triplo sentido de um sonho esquecido, porque se perdeu o código do tempo (o sonho e a cultura platônicos nos escapam e Crouzet reconstitui sua economia – os princípios, os conceitos, os discursos, as práticas), de um sonho que perdeu, porque o reinado de Carlos IX marca o fracasso da política de amor e a retomada das guerras de Religião, e de um sonho perdido como pode ser um soldado perdido, transformando-se o sonho de amor em prática do ódio, mas para salvar o amor *in fine*. Eliminar, por falta de coisa melhor, a heresia no seio do reino deve reconduzi-lo à harmonia.

A violência tem, portanto, sua gramática e o massacre é uma linguagem: o historiador moderno acabava de mostrá-lo em sua tese de doutorado, *Les Guerriers de Dieu*, na qual ele já lia o assassinato e a mutilação *post-mortem* de Coligny como uma mensagem, tanto mais surpreendente porque o corpo foi entregue à vingança das crianças[291]. Não recuando diante de quase ne-

---

291. D. CROUZET. *Les Guerriers de Dieu: la violence au temps des troubles de religion, vers 1525-vers 1610*. Paris: Champ Vallon, 1990.

nhum objeto-limite, escandaloso para a história e as ciências humanas e sociais, Denis Crouzet devia dedicar uma obra inteira à violência das crianças, fenômeno cuja forte presença ele constata nos anos 1560-1600, no paroxismo das guerras de Religião.

Os filhos são imagens vivas de Cristo em sua pureza e sua inocência. São eles, os santos inocentes, semelhantes ao cordeiro vingador do Apocalipse joanino, que são estimulados a mutilar cadáveres de huguenotes para revelar sua malignidade demoníaca: ao emascular, estripar, retirar órgãos, decapitar e desmembrar os corpos dos supliciados ou dos linchados, as crianças revelam a torpeza satânica e o fedor do herege, purificando a Cidade terrestre da presença dele. O fato de serem crianças assinala, além disso, a sentença de Deus, do qual elas são os braços armados. A extrema violência, indefensável, das crianças deleita os católicos, porque eles leem ali a vontade de Deus, revelada em sua brancura deslumbrante.

Neste contexto, a violência das crianças é miraculosa, prodigiosa (ela mostra na ordem profana a presença sagrada de Deus, expressando sua cólera e sua justiça), e é também soteriológica (portadora de salvação para os carrascos, mas também para a comunidade dos verdadeiros crentes) e escatológica. As crianças, puras de toda inibição cultural e de todo interesse social, mostram de fato o caminho da redenção, notificando aos adultos a insuficiência de suas sentenças e de sua própria violência, pois não é raro, como mostra Crouzet, que as crianças reproduzem procedimentos judiciários de condenação e de execução de hereges por suas próprias brincadeiras em simulacros que agravam os procedimentos dos adultos.

Portanto, a violência das crianças participa plenamente desta lógica do reencantamento, própria dos católicos: ao golpear os corpos dos protestantes, manifesta-se a presença do Deus vivo, vingador e realmente atuante. Diante da mensagem demasiadamente racional e austera dos luteranos e, mais ainda, dos calvinistas, os católicos querem saturar a presença de Deus neste mundo tornando-se seus braços armados. Esta violência de reencantamento atinge as pessoas e os corpos, ao passo que a dos protestantes atinge, com raras exceções, as coisas e os padres. Os protestantes desencantam praticando um iconoclasmo que decapita as estátuas e subverte os ritos sagrados no carnaval: padres montados em burros e despojados de suas vestes sacerdotais, relíquias e hóstias queimadas... Causa pouca surpresa, portanto, não encontrar violências infantis, pueris e adolescentes entre os protestantes, salvo pouquíssimas exceções.

Abandonando o século XVI, abandonamos a Idade Média, o mundo mágico do milagre, dos sinais e da presença, para entrar no mundo galileu-cartesiano da física mecanicista, dos volumes matematizados e do grande livro da natureza escrito em sinais matemáticos. Esta cesura entre os séculos XVI e XVII é visível em Michel Pastoureau.

Este medievalista desenvolveu dois campos principais de pesquisa: a história da cor, portanto da visão e do prisma da visão, e a história da relação com o animal, da qual sua *Histoire symbolique du Moyen Âge occidental* (2004) apresenta uma exposição sumária. Ali Pastoureau retoma artigos dedicados aos processos de animais, dos quais recolhi algumas lições sólidas para abordar e ler o nazismo.

Michel Pastoureau conta especialmente a triste história da porca de Falaise. No ano da graça de 1386, uma porca teve o deplorável impulso de devorar um bebê – acidente frequente nesses tempos em que os porcos, omnívoros, são tão onipresentes. Detida, a porca é submetida à tortura e, tomando seus grunhidos como confissão, é apresentada ao tribunal do Visconde, onde foi defendida por um defensor público. O pobre homem não pode fazer nada diante de um dossiê tão arrasador e do mutismo da acusada, que é condenada à morte. Tendo a pena valor de exemplo, a porca morrerá da mesma forma como ela matou: por ter devorado o braço e o rosto do bebê, o carrasco lhe corta uma pata e, em seguida, o focinho, antes de executá-la diante da quase-totalidade do povo porcino da região, reunido diante do cadafalso a fim de que ninguém ignore o caso. Pastoureau conta também a edificante história dos gafanhotos excomungados por um bispo e de todo tipo de arganazes igualmente privados dos santos sacramentos[292].

---

292. M. PASTOUREAU. *Une histoire symbolique du Moyen Âge occidental*. Paris: Seuil, 2004.

Tudo isto se presta ao riso: engraçada e pitoresca Idade Média! Assim se compreende melhor certa comédia que expunha ao ridículo estes senhores. Esta primeira reação é perfeitamente legítima – mas leva a um segundo exame: a história e o historiador não estão presentes para compreender por que nós rimos, enquanto para os contemporâneos estas práticas eram evidentes? Nós não julgamos animais, e nossa abstenção ou nossa recusa têm um sentido. O historiador, no entanto, estabelece a hipótese de que a ação dos contemporâneos também tem um sentido porque, uma vez que entra na ordem do humano, ele penetra na ordem do sentido, da posição, da atribuição, da afirmação de sentido.

Michel Pastoureau mostra assim que o estatuto do animal mudou desde o século XVII: é nessa época que Racine começa a provocar riso com *Les Plaideurs* (1668) e os processos de animais, e que Descartes teoriza o animal-máquina (1637). A ideia de que o animal possa ser aquilo que o termo designa (um ser animado por uma *anima*, uma alma, embora diferente da alma do homem) se esfumaça e quase não é mais levada a sério. Visto que é pura materialidade, o animal já não é livre nem responsável: o estábulo onde Cristo nasceu é esvaziado de seus asnos e de seus bois, e o Salvador só veio à Terra para salvar os homens.

Estando as coisas em pé de igualdade, é a este trabalho de antropólogo historiador que somos convidados quando estudamos o nazismo: por mais curioso que isso possa parecer, as práticas de violência exibidas pelos atores do crime nazista – inéditas em intensidade e extensão – assumem um sentido aos olhos de seus atores. É à leitura deste sentido que me dediquei, com o que se costuma denominar as "representações", que Roger Chartier define como "categorias mentais [...que são as matrizes das classificações e dos julgamentos]". Ele acrescentava:

> Tal como a entendemos, a noção não distancia nem do real nem do social. Ajuda os historiadores a se livrarem da "ideia muito magra da realidade", como escrevia Foucault, que há muito lhes pertence, ao enfatizar a força das representações, sejam interiorizadas ou objetivadas. As representações não são simples imagens, verídicas ou enganosas, de uma realidade que lhe seria exterior. Elas possuem uma energia própria que convence de que o mundo, ou o passado, é precisamente o que elas dizem que é.

Luminosa definição que eu descobri no momento em que imaginava meu curso na Escola Politécnica sobre "O homem contemporâneo e o sentido", que passava em revista diversas concepções do tempo, diversas representações de si e do mundo, e que mostrava sua eficácia histórica (em termos de produção de acontecimentos) como também sua pertinência historiadora (em termos de leitura do passado considerado).

As representações são, portanto, essas construções mediante as quais nós adotamos uma atitude que será bem-percebida pelo mundo, mediante as quais o tornamos presente para nós. Nossos "óculos", nossas "lentes", nossos "filtros", para falar como um ótico ou um fotógrafo, ou nossas "categorias", para prestar homenagem a Kant, que se interessa menos pelo objeto a conhecer e mais pelo sujeito conhecente e pela maneira como ele constrói seu conhecimento. A revolução copernicana de que fala Kant está presente: o número – o objeto em si – é inacessível e incognoscível, mesmo que exista, porque ele é a fonte dos *stimuli* que constituem a percepção (ele se encontra, portanto, aquém da percepção). O aparelho perceptivo e a razão não podem conhecer o número, nem responder a algumas questões essenciais que se encontram fora de sua jurisdição (como a questão da origem ou da existência de Deus). A operação crítica, em Kant, distingue entre o que o entendimento humano pode e o que ele não pode, e estabelece uma linha divisória entre, por um lado, o que nossa razão pode (e deve) investir e, por outro, o domínio, vasto e profundo, de um agnosticismo tranquilo.

É possível, escreve Kant, estudar as condições de apreensão do número, sua constituição em fenômeno pelo sujeito. Kant dedica assim um volumoso livro ao conhecimento das categorias do entendimento, as que constituem o objeto em objeto para o sujeito conhecente: *Crítica da razão pura*. Esta filosofia do conhecimento é facilmente transponível para a história; e foram aliás os epistemólogos e filósofos neokantianos da chamada escola de Heidelberg que forjaram, no século XIX, a noção de *Geisteswissenschaft* (ciência do espírito). O que estava em jogo era importante: já que Kant mostrou que é possível conhecer a natureza, e em que medida, os neokantianos desejavam doravante enfrentar a cultura e as criações do espírito.

Um deles, Wilhelm Dilthey, sucessor (longínquo) de Hegel na cátedra de filosofia da Friedrich-Wilhelm-Universität de Berlim (ela só se tornará a Humboldt-Universität muito mais tarde), enuncia com precisão as definições e distingue as metodologias em sua obra *Einleitung in die Geisteswissenchaften* (*Introdução às ciências do espírito*, 1883). Ali Dilthey examina a *Natur*, regida pela necessidade, e conhecida pela experimentação como também por sua formalização matemática. Os enunciados produzidos pelas *Naturwissenschaften* (ciências da natureza) são leis hipotético-dedutivas, que estabelecem se A está presente quando (necessariamente) B acontecer. Estas ciências são chamadas nomotéticas, porque formulam leis de necessidade que explicam o real pelo encadeamento das causas e das consequências.

O mundo do *Geist* é, ao contrário da *Natur*, o mundo da liberdade e da criação humana: nenhuma explicação causal é possível e nenhuma lei é formulável nesse reino, porque nas ações dos homens "aparecem fins sobre os quais a natureza nada sabe"[293]. Heinrich Rickert, neokantiano e professor de filosofia em Heidelberg, o exprime assim em seu *Ciência da cultura e ciência da natureza*, em 1899:

> Os produtos da natureza são os que crescem livremente da terra. Os produtos da cultura são os que são gerados pelo campo que o homem lavrou e semeou. De acordo com isto, a natureza é o que se produz por si [...]. Ela se opõe à cultura, que é aquilo que é produzido diretamente por um homem que age em vista de fins aos quais ele confere um valor[294].

Portanto, as ciências do espírito, a história em primeiro lugar, são as que procuram abordar a realidade humana identificando os fins e os valores que orientam os atos, compreendendo seu sentido.

Por outro lado, idiográficas e não nomotéticas, as *Geisteswissenschaften* descrevem situações e casos singulares que nunca se reiteram de modo idêntico, porque, como se sabe muito bem desde Heráclito, raramente alguém se banha duas vezes no mesmo rio. Incapazes de *explicar* mediante relações causais necessárias, as "ciências do espírito" têm como vocação *compreender*.

---

293. W. DILTHEY. *L'Édification du monde historique dans les sciences de l'esprit*, tr. fr. Paris: Le Cerf, 1988 [1910], p. 33.

294. H. RICKERT. *Sciences de la culture et sciences de la nature*, tr. fr. Paris: Gallimard, 1997 [1899], p. 42.

É contra Dilthey e seu método abrangente, e porque desejava conformar as ciências humanas ao cânon de cientificidade erigido pela física ou pela biologia, que Émile Durkheim, em suas *Règles de la méthode sociologique*, desejará "considerar os fatos sociais como coisas". O "positivismo" nas "ciências" humanas *põe* assim um objeto a conhecer diante de um sujeito conhecente, sem demorar-se muito na mútua participação do sujeito e do objeto (posto e suposto), que às vezes compartilham, ambos, o duvidoso privilégio de serem homens. Se é de bom tom hoje zombar de Durkheim e de sua ingenuidade positivista, constatamos que, especialmente entre os historiadores, sua posteridade (embora inconsciente) é rica e sua prole numerosa. No caso de um "objeto" como o nazismo, por exemplo, a distinção estrita entre sujeito e objeto e a profissão de positivismo parecem muitas vezes o único recurso.

O debate idiográfico e nomotético, a narrativa do particular ou a ciência do universal, não era recente no século XIX. Remonta, para dizer a verdade, à Antiguidade. A história diz a verdade narrando "o que fez Alcibíades, ou o que lhe aconteceu", observa Aristóteles, em algumas linhas devastadoras, que mortificaram gerações de historiadores; pelo menos é o que imagino eu, que fiquei tão melindrado, na *khâgne*, ao ler estas passagens da *Poética* (literalmente: a arte de fazer narrativas) onde ele rebaixa o historiador ao estatuto de medíocre cronista do que ocorre no tempo (e por que não do tempo que ele constrói?). Fiquei muito descontente com aquele que, vangloriando-se da filosofia, nos humilhava com seu desprezo – mas eu não havia compreendido muito bem o que ele dizia, nem o que, enquanto historiador aprendiz, eu fazia e faria.

O historiador expressa "o particular", "o que ocorreu", num momento determinado e num lugar preciso. É, aliás, a prerrogativa dele, como é prerrogativa do jornalista não contar qualquer coisa, ou prerrogativa do juiz de instrução estabelecer a verdade. Ter um discurso verídico não é pouca coisa: aliás, diante dos negacionistas é tudo. Dizer a verdade não é apenas esse imperativo moral dissimulado que, de acordo com Nietzsche, visa subjugar o homem poderoso, levando-o a temer a falta, o pecado e o castigo, submetendo-o à confissão, à contrição e à absolvição. Dizer a verdade é criar um espaço comum, um plano cognitivo onde todos os sujeitos racionais possam se encontrar para intercambiar, debater e decidir – mas Nietzsche, que tinha muitas qualidades, não tinha a qualidade de ser um grande democrata.

A atividade historiadora é idiográfica, ou seja, ela escreve o fato particular e – repitamos – é também muito trabalho: a veridicidade implica uma *pesquisa*, é exatamente o nome que Heródoto dá à sua metodologia, feita de compilações de testemunhos (o que hoje denominamos história oral), de pesquisas de documentos, de cruzamentos e de comparações entre todas estas peças[295].

Quanto à poesia, ou seja, a literatura e mais especificamente a tragédia, ela não diz o particular, mas "o geral", isto é, "aquilo que podemos esperar". "É por isso – escreve, implacável, Aristóteles – que a poesia (a literatura) é uma coisa mais filosófica e mais nobre do que a história": aos historiadores, a rubrica dos cães esmagados, seja pelas cavalarias de Murat ou pelos tanques de Guderian; aos escritores, a unção, o nimbo do filósofo, estágio supremo do saber, enteléquia da inteligência em atos.

Quanto a *compreender*, esse modo de elucidação próprio das "ciências do espírito", em oposição à explicação das "ciências da natureza", isso parece muito difícil. Marc Bloch, em plena Segunda Guerra Mundial, quando, por ser judeu e resistente, é perseguido pelos nazistas, escreve, em *Apologie pour l'histoire*, que a vocação do historiador consiste em compreender e não em julgar. Compreender – palavra magnífica – e não qualificar, absolver ou condenar, com a empáfia do retardatário e a prosápia do anacrônico impenitente. Mas compreender os nazistas?...

> Uma palavra, para dizer a verdade, domina e ilumina nossos estudos: compreender [...].
> Palavra carregada sobretudo de amizade. Até

---

295. C. DARBO. *L'Historia. Commencements grecs*. Paris: Gallimard "Folio", 2007.

na ação nós julgamos demais. Nunca compreendemos o suficiente.

O historiador fala de "inteligência das almas", de "encontro fraternal". Será que ele sonha com a Idade Média, da qual é especialista, com esses camponeses, esses clérigos e esses reis que ele estudou, ou será que pensa também naquilo que ele está vivendo e do qual se faz o historiador imediato e brilhante (*L'Étrange défaite*)? Compreender os reis taumaturgos e seus contemporâneos, sem dúvida, mas os carrascos da França e da Europa?

Toda abordagem compreensiva implica uma empatia – mesmo quando o objeto é fundamentalmente antipático. Com efeito, ela implica, como sugere a palavra empatia, sentir do interior e sentir com – porque compreender implica também a simpatia, no sentido etimológico, evidentemente, apesar de tudo. Henri-Irénée Marrou, outro resistente, escreve alguns anos mais tarde em *De la connaissance historique*:

> O termo simpatia é mesmo insuficiente aqui: entre o historiador e seu objeto é uma amizade que se deve estabelecer, se o historiador quer compreender; porque, de acordo com a bela fórmula de Santo Agostinho, não se pode conhecer ninguém, senão pela amizade[296].

---

296. H.-I. MARROU. *De la connaissance historique*. Paris: Seuil, "Points", 2016.

O historiador cristão celebra a *agapê* do pesquisador e de seu objeto: "Eu quero amar este amigo que é um Outro existente".

Eis como acionar nossa concepção tradicional da história: reconsiderar a definição de história que geralmente professamos. Na enciclopédia bem-ordenada que conhecemos, neste orbe do saber repartido em setores, o historiador tem como departamento e tarefa a exploração do passado e, na medida do possível, a elaboração de um saber verídico sobre ele.

A história, ciência do passado? Está certo, mas um pouco lacônico, porque geralmente o historiador dá à luz familiaridades, afinidades com estes "homens do passado", "nossos ancestrais", os "atores da história" que ele estuda. Neles, mesmo nos piores entre eles, o historiador encontra seres humanos, que compartilham com ele, geralmente, algumas interrogações fundamentais. Ele os vê lutando com sua finitude e com a morte que, como sábio funcionário de registro do estado civil, ele constata e registra.

E se, portanto, a história fosse esta maneira de interrogar o homem no tempo? O homem enquanto ser temporal, ou seja, mortal, e que tem consciência disso?

Marc Bloch, que faz parte daqueles a quem nada – ou quase nada – escapa, não diz outra coisa nesta *obra póstuma* (ou seja, o *opus* por excelência que enfrenta e engana a morte) que é *Apologie de l'histoire*: "'Ciência dos homens', nós dissemos. É ainda vago demais. É preciso acrescentar: 'dos homens, no tempo'. O historiador não apenas pensa 'humano'. A atmosfera em que seu pensamento respira naturalmente é a categoria da duração"[297].

A duração, ou seja, o tempo como é percebido e, às vezes, concebido pelo homem, objeto de uma apercepção e, eventualmente, de uma reflexão. Bergson passou por isso.

Podemos ir mais longe do que Marc Bloch: o humano implica o tempo, o tempo de sua vida, o tempo da vida de seus próximos. A montante de tudo isso, existe Kant, a radicalidade kantiana: o tempo não é senão esta categoria *a priori* do entendimento que nos permite construir fenômenos (situados no tempo e no espaço) a partir de númenos, de coisas em si que são, por sua vez, inapreensíveis *per se*.

A "solidariedade das épocas"[298] de que fala Marc Bloch é talvez, fundamentalmente, esta mútua participação num destino comum, o "destino de toda carne", dizia lugubremente Bossuet, mas uma carne que pensa (infelizmente!), pontuava Pascal.

Mais tecnicamente, esta solidariedade dos tempos, esta participação do sujeito do conhecimento (o homem) no objeto a conhecer (o homem, outra vez), permite ao historiador construir sua narrativa efetuando uma operação intelectual da qual geralmente ele não tem consciên-

---

297. M. BLOCH. *Apologie pour l'Histoire*. Paris: Armand Colin, 2000, p. 84.
298. Ibid., p. 95.

cia, mas sobre a qual repousa uma grande parte de seus propósitos, a retrodição: dizer, escreve Paul Veyne, que "Luís XIV se tornou impopular por causa dos impostos" constitui uma retrodição (o complementar, para o passado, da predição). Raciocínio implícito: "Temos em mente que as pessoas não gostam dos impostos. As pessoas, ou seja, o homem eterno, em outras palavras nós mesmos"[299].

Portanto, é esta pertença comum ao tempo, o tempo da finitude, que nos permite dizer e escrever os fatos e os gestos, as angústias e os risos, as esperanças e as aversões dos homens do passado, esses "irmãos humanos" que, para seguir François Villon, antes de nós, viveram.

A este tempo que é ao mesmo tempo o universo plasmático e o objeto de estudo do historiador, é preciso adaptar-se, para não ser afetado demais pelo pensamento do seu fim (o nosso), ou não ficar completamente louco. Podemos assim, observa o romancista Hermann Broch, transcender as categorias kantianas e transformar o tempo em espaço, a duração em extensão: "O que quer que o homem faça, ele o faz para aniquilar o tempo, para suprimi-lo, e esta supressão se chama espaço"[300]. O tempo foge? Congelemo-lo, mediante um artefato, mediante uma obra: edificando um muro de pedras soltas ou redigindo um livro, talvez não edifico um monumento mais

---

299. P. VEYNE. *Comment on écrit l'histoire*, op. cit., p. 101.
300. H. BROCH. *Les Somnambules*. Paris: Gallimard, 2000, p. 74.

perene do que o bronze, mas transformo o tempo, esta catábase para a morte, em espaço. Eu me objetivo, me realizo e me substancializo pela produção de um objeto capaz de durar talvez mais do que eu.

Tempo e espaço, mas também tempo e narrativa (Ricoeur): adaptar-se ao tempo implica e manda formular uma narrativa do tempo, que vem ordenar o real, pôr em sequência os acontecimentos, ou mesmo, simplesmente, produzi-los pela nominação, pelo fato de nomeá-los como tais.

O tempo que passa deve ser dito para evitar que nos ultrapasse. É a narrativa que vem lê-lo e dizê-lo, no nível individual (do álbum de família à *story* da rede social, de um "cômputo" que oferece um conto, papel brilhante do pobre, autoencenação, autopeopolização mediante a imagem sedutora e o *post* beato, discurso de casamento, restauração da decoração, aposentadoria...), como também no nível coletivo. As nações têm seu "romance", uma evidência desde que Ernest Renan mostrou que elas eram um plebiscito de cada dia, vontade renovada de viver juntos, de reunir-se com base num discurso das origens e numa formulação dos fins. Anotaram isto muito bem os historiadores, que estudaram as "comunidades imaginadas" (Benedict Anderson), consideraram as "tradições" como outras tantas "invenções" (Eric Hobsbawm) e voltaram seu olhar para os "mitos políticos" (Raoul Girardet). Procurem o intruso: a presença de Girardet nesta enumeração mostra muito bem que crítica e desconstrução não são o apanágio de uma esquerda antinacional ou niilista, mas estão no fundamento de toda iniciativa historiadora. Uma atividade perigosa, como atestam os historiadores encarcerados na Rússia de Putin ou as bombas colocadas no patamar de Zeev Sternhell em Israel.

A história parece então bem diferente de uma simples matéria que se estuda ou de uma profissão que se abraça. Ela é uma maneira de ler e viver, de habitar humanamente este tempo que nos coube. No sentido mais elementar, ela nos permite manter-nos no tempo.

Vita via, diz a bela paronomásia latina – esta figura de estilo tão corrente e apreciada entre os romanos: A vida é um caminho, um trajeto que percorremos e que consignamos, mentalmente ou por escrito, numa narrativa.

Sem estas balizas escritas ou mentais, quando o caminho se turva, a vida se eclipsa. O elo entre narrativa e identidade, entre narrativa e vida, é muito conhecido dos literatos como também dos médicos, dos historiadores como também dos psiquiatras. Tudo nos reconduz a este ponto. Desde a experiência agradável e comovente da criança que, pela enésima vez, reclama a narrativa de seu nascimento e a recitação de suas lembranças familiares, até a outra extremidade do arco ou do espectro, quando um idoso devolvido à infância, quase privado de palavras (*in-fans*), não se lembra mais de nada. Nada de lembranças, nada de narrativa, nada de palavras: é a vida que se apaga quando seu caminho se apagou. As doenças neurodegenerativas têm o efeito pungente e penoso de provocar uma dissolução do eu, uma pulverização da existência.

Narrativa, eu, identidade: o que é verdadeiro para o indivíduo é verdadeiro igualmente a nível de grupo. Existe, desde o século XIII, uma tradição cultivada pelas comunidades judaicas da Europa central, a dos *Memorbücher*, palavra composta do latim (*memoria*) e do alemão (*Buch*). As comunidades de Sacro Império Romano-Germânico os redigiam quando eram atingidas por uma catástrofe, um *pogrom* que devastava os vivos. Foi em fidelidade a esta tradição que o historiador Emmanuel Ringelblum decidiu, no momento da maior catástrofe, conservar os vestígios da vida judaica na Polônia e em Varsóvia, na forma de arquivos que foram descobertos, após a destruição do gueto e a derrota dos nazistas, nas ruínas da cidade.

Depois de 1945, os sobreviventes redigiram *Livros de memórias*, os *Yizker Bikher* (*Yizker-Bücher*), livros designados pela fórmula ritual "Possa o Eterno se lembrar" (*Yizker*). A admirável obra de Ivan Jablonka intitulada *Histoire des grands-parents que j'nai pas eus* é, além de uma reflexão sobre a pesquisa e a operação historiográfica, a herdeira adequada desta tradição. Na França, desde o dia 28 de abril de 1943, como vimos, o antigo Rabino Isaac Schneersohn e os jornalistas Léon Poliakov e Joseph

Billig fundam o Centro de Documentação judaica contemporânea (CDJC), que tem como objetivo documentar com precisão tudo o que os judeus que viviam na França sofreram por parte do ocupante alemão e do regime de Vichy. Esta fabulosa coleção de testemunhos e de arquivos se tornará em 2005 o fundo do Memorial da Shoah, enquanto Billig e Poliakov serão, desde os anos 1950, historiadores pioneiros da Shoah, do antissemitismo e do sistema dos campos de concentração.

Estes resistentes da narrativa combatiam frontalmente uma das mais radicais ambições dos nazistas: apagar a história e a memória do povo judeu, queimando e destruindo os documentos de identidade e os arquivos das vítimas, e apagar até mesmo a existência do crime que as havia erradicado mediante a prática (impossível, na realidade) do segredo, como também mediante a destruição dos lugares do crime. Um negacionista, hoje, é um nazista vitorioso. Henry Rousso captou e compreendeu perfeitamente o que se passava: negar o crime, negar a morte e, portanto, a vida da vítima, devolver sua existência ao nada.

Emmanuel Ringelblum que, paralelamente ao empreendimento de Oyneg Shabbos ("alegria do shabbat"), redigiu cuidadosamente em seu diário uma crônica da vida e da morte dos judeus de Varsóvia, observa:

> Todo mundo escrevia. Jornalistas e escritores, evidentemente, mas também os professores primários, os agentes sociais, os jovens e

até as crianças. Em sua maioria, eram diários nos quais os acontecimentos trágicos desta época se encontravam refletidos pelo prisma da experiência pessoal vivida. Os escritos eram inúmeros, mas a maioria deles foi destruída por ocasião do extermínio dos judeus de Varsóvia[301].

Ninguém contestará que, fundamento de identidade, a fábula, a história de si que as pessoas contam a si mesmas e comunicam aos outros é uma fonte de boa saúde psíquica. Pode-se facilmente definir a depressão como o momento em que não se crê mais na narrativa, em que a fábula definha e se dissipa, não necessariamente no espaço social, mas sobretudo a seus próprios olhos.

Contar para si histórias vem a ser às vezes uma questão de sobrevivência, como mostra o professor de literatura e psicanalista Pierre Bayard ao referir-se a uma das maiores fraudes da história da edição e da memória da Segunda Guerra Mundial[302]: filha de pais desaparecidos durante a guerra (seu pai havia criado uma rede de resistência na Bélgica), Monique De Wael foi não só privada de seus pais, mas também da memória deles, porque seu pai, para evitar a prisão de sua esposa, havia entregue

---

301. E. RINGELBLUM. *Chronique du ghetto de Varsovie*. Paris: Robert Laffont, 1993.
302. P. BAYARD. *Comment parler des faits qui ne sont pas produits?* Paris: Minuit, 2000.

seus camaradas aos alemães, tornando-se assim um traidor abandonado à *damnatio memoriae* e cuja história foi ocultada à própria Monique.

Nesta "situação de angústia", ela encontrou "a força de forjar uma ficção"[303], *Sobreviver com os lobos*, que conta o périplo pela Europa de uma criança escondida que se tranquiliza – e tranquiliza seus leitores – ao constatar que "existiam no fundo das florestas, muito mais acolhedores do que os habitantes das cidades, lobos benévolos e calorosos, defensores dos valores da família e protetores das crianças"[304].

Este livro comoveu milhões de leitores, antes que a revelação da trapaça provocasse um escândalo imenso. Indignação legítima, mas equívoco evidente, de acordo com Bayard, porque como compreender "as razões pelas quais gostamos de dissertar incansavelmente sobre fatos que não são produzidos"[305], como os das tragédias, dos romances, dos filmes e das séries de ficção, senão por um desejo profundo de tranquilidade e de consolo diante da violência do mundo? E pela vontade de criar sentido, uma coerência, uma ordem, uma paz da alma, apesar de tudo.

O fato de a história poder ter interesses comuns com as histórias, de ela poder ser contígua à *fábula*, pode-

---

303. Ibid., p. 25.
304. Ibid., p. 28.
305. Ibid., p. 25.

rá comover, ou mesmo irritar. No momento em que os negacionismos de todo tipo recebem o apoio técnico decisivo da Internet[306], em que os conspiracionismos se alimentam com as desordens sociais, em que o termo "pós-verdade" entra nos dicionários, pode parecer irresponsável rebaixar a história – que estabelece os fatos, que conta a verdade – à fábula cujos sinônimos (balelas, futilidades, frivolidades) são pouco lisonjeiros. Lembremos que a fábula é uma narrativa que diz a verdade: desde Esopo, na verdade, ela põe em cena animais que falam (mas animais dotados de linguagem não seriam aqui seres humanos?), para propor uma espécie de moral, ou seja, um ensinamento de valor universal. As desventuras de um célebre corvo nos advertem contra a vaidade, assim como a desventura de uma rã que não soube tomar consciência de seu ser.

São muitos os que avaliam poder tirar lições da história tal como ela aconteceu, mas também tal como ela é contada. Nossos antepassados romanos, homens de senso prático mais que quaisquer outros, arquitetos, militares, juristas de talento, preocupados com a *res* acima de tudo, praticavam a história para que ela fornecesse *exempla* a imitar e espantalhos a evitar. Colocaríamos assim Cincinato e Brutus (o antigo, o cônsul que mandou matar seus filhos por alta traição) no altar dos deu-

---

306. Cf. M. KNOBEL. *Cyberhaine. Propagande et antisémitisme sur Internet*. Paris: Hermann, 2021.

ses lares da pátria, *imagines* reverenciadas e queridas, ao passo que lançaríamos o cadáver dos outros ao Tibre da *damnatio memoriae*.

E em seguida, já que estamos falando latim, a *fábula* não tem uma etimologia desonrosa. Ela não significa nem mentira, nem delírio, mas aponta para o que é feito, construído, produzido, diríamos hoje, pela ação humana. O verbo romano *facere* teve muitos filhos: da *ficção* ao *artefato* e, portanto, à *fábula*. Tudo isto é feito (*factum*) pela arte (*ars*) do homem e não existe no estado de natureza. A natureza designa tudo o que nasceu por si mesmo, sem a ajuda ou o recurso do homem: nela encontramos muitas maravilhas, mas certamente não narrativas, mitos, crônicas, histórias, nem literatura, no sentido mais amplo. Os leões não falam senão na fábula e as letras da literatura provêm também da mão do homem.

Daquilo que é próprio do homem existe uma longa lista, cujo denominador comum é sempre a narrativa: a linguagem, o humor, o riso, a consciência, o sentimento religioso, as lágrimas, o amor... A narrativa, ou seja, a mediação pela linguagem, a inscrição no tempo, a formulação das causas e das consequências e a inferência de um sentido para tudo isso, pontuada – ou não – por um programa de ação ou pela constatação amarga de que tudo está perdido, de que era melhor antes ou de que as coisas são assim, de que não há nada a fazer.

Aliás, os historiadores podem muito bem ser também eles escritores, seja a título de passatempo, seja na própria atividade da produção de seus textos científicos. Os historiadores foram levados a isso tanto mais porque os próprios escritores apresentavam às vezes, e cada vez mais, perguntas ao historiador, contribuindo para embaralhar as fronteiras e limites que sempre se tenta tão desesperadamente erigir entre as práticas do espírito humano, para definir currículos, qualificar carreiras e tranquilizar identidades frágeis. O grandioso sucesso de Jonathan Littell, em 2006, desinibiu alguns historiadores acerca da atmosfera do "afinal de contas..." Ivan Jablonka, historiador e escritor de longa data, já havia inovado consideravelmente na forma dada à escrita científica – um risco acadêmico certo, que denotava igualmente uma coragem manifesta, visto que isso dizia respeito à sua habilitação a dirigir pesquisas. Para expor os resultados de uma pesquisa muito séria sobre o futuro de seus avós paternos, Ivan variava os registros e os tons e chegava a colocar-se em cena como sujeito investigador, à mercê do entusiasmo da descoberta, ou do abatimento diante do vaso das Danaides a ser enchido: o do silêncio que cercava as vítimas quase anônimas da Shoah.

O historiador confidenciava ter escrito algo não-verdadeiro (um romance), em seguida não ter escrito algo verdadeiro (uma tese) e que doravante ambicionava escrever algo verdadeiro. Aposta aceita.

Fazer história é, portanto, um modo de vida, uma *forma vitae* singular, motivada por uma relação com o tempo, ao mesmo tempo particular e problemática, e pela vontade de explorar esta relação a fim de crescer em humanidade. É uma bela maneira de viver aquilo que Hannah Arendt, na esteira da tradição do Antigos, denomina "vida do espírito"[307], essa *vita bona* que o mundo contemporâneo, à medida que nos dota dos instrumentos e das máquinas que a permitiriam, parece sempre mais nos recusar.

O historiador mantém uma relação distante com o tempo medido, contado, este tempo que deve ser fiscalizado de acordo com o princípio de rentabilidade, de produtividade, de performance. A esse tempo – que ele sabe ou soube praticar, mais ou menos como se pratica atletismo –, ao tempo dos concursos e das teses, ele prefere o tempo da meditação, este tempo longo, profundo e lento, do pensamento que retorna, agradece e contempla e, como dizia Nietzsche, "rumina". A temporalidade do pensamento, que é leitura, contemplação, meditação, não é a temporalidade da "ação" com a qual nos martelam os ouvidos e que, se tomarmos o tempo de observar, é uma injunção a fermentar o nada e que alguns infelizes *sem eira nem beira*, por ignorância ou cinismo, procuram introduzir na Universidade – mediante os apelos a projetos, mediante os estímulos à "produção", median-

---

307. H. ARENDT. *La Vie de l'esprit*, tr. fr. Paris: PUF, "Quadrige", 2013.

te o gerencialismo metastático: em resumo, mediante a confusão, ao mesmo tempo trágica e burlesca, entre qualitativo e quantitativo.

O tempo longo e lento da meditação era o tempo da filosofia grega, este *bios theoretikos* que consistia em olhar (*theomai*) e em ver realmente, que os romanos traduziram por *vita contemplativa*, a vida que contempla e que medita. O *bios praktikos*, a *vita activa*, a vida que parece o alfa e o ômega das nossas existências, lhe era inferior, e muito inferior. Vida servil, vida desprezível, ela era reservada aos que, por falta de alternativa, não podiam fazer outra coisa, e aos escravos. A axiologia, a hierarquia dos valores, se inverteu no século XX: o *bios theoretikos* era o apanágio do homem livre, que tinha o lazer da ociosidade, de um tempo disponível para o trabalho do espírito. A leitura, a dialética, a escrita, o diálogo lhe permitiam desprender-se do particular, do sensível, para acessar o inteligível, o geral, o conceito e realizar a essência do homem pelo trabalho da razão.

Por oposição, o *bios praktikos* é essa vida de alienação, na qual se precisa frequentar a quitanda e a oficina para satisfazer as necessidades inferiores do corpo, da simples sobrevivência, da simples perpetuação de uma atividade biológica. O *bios praktikos*, que acorrenta o homem ao trabalho e assim o priva do lazer do estudo, da atividade da razão, o afasta da humanidade completa.

O termo ociosidade, que aos nossos ouvidos conota o vício da inatividade, que entendemos como negatividade, como ausência de atividade, é, ao contrário, concebido pelos romanos como positividade, ou mesmo como plenitude: o *otium* é esse tempo livre do homem livre, livre para se entregar às *artes liberais* que vão libertá-lo de toda determinação e animalidade. Pelo contrário, é justamente o *negotium* que é revestido de negatividade, concebido e vivido como uma privação: o *negotium* é a atividade por falta de alternativa, por falta de algo melhor, da parte daquele que não desfruta o *otium* e não pode, portanto, acessar plenamente sua humanidade.

O *otium*, entre os gregos, se chama *skholê*, que resultou em *schola* em latim e, mais tarde, *school*, *Schule*, escola. O trabalho da razão como entelequia e como próprio do homem, de acordo com Aristóteles:

> O que está intimamente ligado a cada ser é naturalmente o que há de mais importante e mais agradável para ele. Portanto, para o homem é a vida intelectual, sé é verdade que é principalmente a inteligência que constitui o homem. Por conseguinte, esta vida é também a mais feliz[308].

---

308. ARISTÓTELES. *Éthique à Nicomaque*, livro CI, 1178a. Paris: Flammarion, 2014.

Para o Estagirita, e durante mais de dois milênios de cultura depois dele, não há nenhuma dúvida: "A vocação do homem é um certo gênero de vida, uma atividade da alma e das ações acompanhadas de razão"[309].

Com isso não se deve perder muito tempo, não se deve dilapidá-lo em atos inessenciais; mas deve-se manter vivo o quanto for possível de Sócrates, como imagina um apaixonado pelo Mediterrâneo antigo, Paul Valéry, neste diálogo do Sileno com Fedro:

> Sócrates: Eu te disse que nasci *muitos* e que morri *apenas um*. A criança que chega é uma multidão inumerável que a vida logo reduz a um único indivíduo, aquele que se manifesta e morre[310].

---

309. Ibid., livro I, 1098a.
310. P. VALÉRY. *Eupalinos, ou l'architecte*. Paris: Gallimard/NRF, "Poésie", 1945, reed. 1999, p. 60.

Conclusão

As letras, ou a bela fuga

"Pessoas como eu, literatos, não eram muitas. O Partido forjava seus quadros a partir de engenheiros, veterinários, pessoas especializadas nas máquinas, na carne ou no trigo, não no ser humanos[311], lemos em *O fim do homem soviético*, a investigação que Svetlana Alexievitch dedica a seus compatriotas, os soviéticos que conheceram a URSS e seu fim. Há nisso uma nostalgia, o que é bem compreensível (quem não se arrepende um pouco da sua juventude?), mas a funcionária do Partido que ela interroga não se arrepende de nada do funcionamento da máquina política: "Não encontrei ali nem poetas, nem médicos"[312]. Era necessário produzir um relatório estandardizado, um consenso hipócrita, e praticar o ritual obrigatório (levantar-se, aplaudir, uma pequena genuflexão diante do retrato de Lênin e tudo em conformidade).

---

311. S. ALEXIEVITCH. *La Fin de l'homme, ou le temps du désenchantement*, op. cit., p. 71.
312. Ibid., p. 71.

O mundo estúpido e sufocante do Partido Comunista da União Soviética, quantos dos nossos contemporâneos o reconhecerão em suas empresas ou nessas administrações que, para se "modernizarem", importam servilmente tudo quanto não funciona no "privado"? Locais de trabalho, locais de sofrimento psicossocial comprovados e maciço, locais onde, de acordo com a expressão consagrada, se perde a vida tentando ganhá-la.

Viver neste tempo curto e finito que nos cabe é um problema antigo, que está na base da filosofia grega e, indiretamente, de quase tudo o que foi criado e pensado. Em "revolta contra o tempo", Albert Camus só via salvação na multiplicação dos seres-no-mundo – sendo ator, para viver mil vidas, ou Don Juan, para conhecer *mille e tre* existências amorosas. Pode-se também ser pesquisador, escritor, leitor. Ser literato, em suma – uma viagem mais ou menos imóvel, sem dúvida mais acessível do que as peregrinações do sedutor ou do comediante.

Fernando Pessoa, que via justamente em *Le Voyageur immobile* uma bela definição do leitor, do escritor, do pesquisador, compartilhava em 1950 esta reflexão verdadeiramente espantosa: "A literatura, como toda forma de arte, é uma confissão de que a vida não basta".

Esta máxima poderia ser inscrita no frontispício da obra de Pierre Bayard, professor de literatura em Paris VIII e psicanalista, autor de livros tão divertidos e estimulantes como *Comment parler des faits qui ne sont pas produits* e *Il existe d'autres mondes*. Nesta última obra, dedicada "ao gato de Schrödinger", Pierre Bayard escreve:

> As vidas que não vivemos, os seres que não amamos, os livros que não lemos ou não escrevemos, não estão ausentes de nossa existência. Pelo contrário, eles não cessam de assombrá-la, com tanto mais força porque, longe de serem simples sonhos, como acreditam os espíritos racionalistas, dispõem de uma espécie de realidade cuja doçura ou cuja violência nos inunda nas horas dolorosas em que nos invade o pensamento de tudo aquilo que teríamos podido tornar-nos[313].

A literatura como ato e como obra (para o escritor), como recepção e participação (à semelhança da participação num banquete) para o leitor, é o lugar onde acontecem, talvez, estes possíveis.

Foi com certa coragem que dois historiadores, Quentin Deluermoz e Pierre Singaravélou, refletiram sobre a abordagem contrafactual em suas disciplinas, para a máxima surpresa, às vezes reprovadora de início, de seus colegas. O contrafactual evocava mais a ficção científica do que a ciência e parecia acantonado no domínio da ucronia, tão popular entre numerosos autores que imaginaram uma inflexão, ou uma divergência, em certas datas

---

313. P. BAYARD. *Il existe d'autres mondes*. Paris: Minuit, 2014, p. 68.

da história do século XX, como 1945: e se o III Reich tivesse ganho a guerra? Encontramos novamente esta hipótese no ponto de partida de obras de ficção como o filme *Fatherland* (*A nação do medo*) ou a série de televisão *The Man in the High Castle* (*O homem do castelo alto*), ao passo que Philip Roth optou de preferência pelas eleições presidenciais americanas de 1940.

Em *The Plot against America*[314], Roth imagina Charles Lindbergh, aviador muito popular nos Estados Unidos, nacionalista, homem de direita e de ordem, admirador dos nazistas, ganhar a eleição contra Franklin Roosevelt. Desenvolve-se então um roteiro, que revela outra face dos Estados Unidos: os que governam não são os democratas e os amigos da democracia europeia, mas republicanos isolacionistas, defensores do *America first*, do supremacismo branco e da aliança com Hitler. Os Estados Unidos, portanto, não intervêm na Europa, ao passo que, pouco a pouco, a polícia e as instituições endurecem suas relações com os judeus e os negros. Projeta-se assim um possível americano, que era de fato plausível nos anos 1930, um decênio em que o partido nazista dos Estados Unidos tinha, literalmente, boa reputação, realizava encontros em desfiles e reuniões em acampamentos de verão.

---

314. Ph. ROTH. *Le Complot contre l'Amérique*, tr. fr. Paris: Gallimard, 2006.

Compreende-se melhor, pelo exemplo de Philip Roth, o caráter fecundo desta metodologia: a reflexão sobre os possíveis não acontecidos permite estar mais atentos a certos aspectos dos objetos estudados – os Estados Unidos da Grande Depressão, em seguida os Estados Unidos dos anos 1930 e 1940, neste caso.

Deluermoz e Singaravélou interessaram-se, portanto, por esta "história de viés", mas decidem não permanecer ali: o que muitas vezes é rebaixado à categoria de "simples divertimento"[315] é na realidade uma operação intelectual e heurística corrente, embora tácita, entre os historiadores e os profissionais das ciências sociais em geral, mais ou menos como a "retrodição" em Paul Veyne. A tese dos dois historiadores é que, expondo um roteiro mediante uma narração, o historiador fez uma escolha que, implicitamente, invalida outros roteiros alternativos, considerados menos críveis. Não se trata dos fatos, mas da etiologia, da investigação das causas: valorizando as causas econômicas e sociais da Revolução Francesa, minimizam-se outros registros de causalidade, considerados menos decisivos. Do mesmo modo, a reflexão sobre os pontos de inflexão e os *turning points* implica sempre uma dimensão contrafactual: Por que este acontecimento é considerado mais decisivo do que um outro?

---

315. Q. DELUERMOZ & P. SINGARAVÉLOU. *Pour une histoire des possibles. Analyses contrefactuelles et futurs non advenus.* Paris: Seul, 2016, reed. "Points", 2019, p. 10.

Por fim, estudar os possíveis não acontecidos – essas realidades históricas que permaneceram no estado de simples potencialidade – permite desfatalizar a história, reabrir aos atores do tempo o campo dos possíveis: em vez de considerar, *a posteriori*, um desenvolvimento fechado e lacrado, rapidamente imaginado como necessário, devolve-se aos atores sua margem de indeterminação e de liberdade, de sonho e de iniciativa. Numa palavra, alguém se torna melhor historiador porque reinsere os contemporâneos no universo de apreciação e de ação que era o deles: um universo dos possíveis aberto, indefinido, onde a liberdade, a responsabilidade e a escolha têm seu lugar muito mais do que numa narrativa fechada. Ao mesmo tempo, evita-se cair na armadilha da teleologia, considerando que determinado acontecimento ou desenvolvimento era inevitável.

Este desencarceramento do passado é fecundo também para o presente. Considerar que o passado era necessário e que nele não havia nem margem, nem liberdade, nem alternativa ecoa estranhamente o famoso TINA da era neoliberal, este *"There is no alternative"* enunciado por Margareth Thatcher e que se tornou o axioma de um tempo, ao ponto de negar os princípios elementares da democracia: na qualidade de ordoliberal ortodoxo, o ministro alemão da Economia e das finanças, Wolfgang Schäuble, confrontado com o sucesso de uma coalizão de esquerda na Grécia em 2015, observou que as normas dos tratados (e da finança) eram perenes, ou seja, não suscetíveis de serem modificadas em função dos resultados dos diferentes escrutínios.

O contrafactual é assim a metodologia emancipadora para o presente e para o futuro. Medievalista, especialista da sociedade feudal, Jérôme Baschet convida assim a "demolir a tirania do presente"[316]. Seu alvo histórico e suas preocupações políticas estão aparentemente nos antípodas: Baschet foi viver em Chiapas (México) a fim de contribuir para a experiência zapatista e trabalhar para o advento de uma sociedade humana soberana e livre, sem Estado nem bancos, sem companhias de seguro nem dívidas. Professor convidado no México, Baschet constatava de fato "efeitos de medievalidade" no estatuto e na vida dos camponeses, como "a fixação dos homens no solo, a concentração do poder sobre as terras e do poder sobre os homens"[317].

Paralelamente, ele não podia deixar de reconhecer, à semelhança de Reinhart Koselleck e de François Hartog, que também o regime de historicidade dominante no Ocidente era alienante e condenava a suportar "um presente opressivo, hipertrofiado, onipresente"[318], o presente do neoliberalismo que impõe um eterno presente a ser

---
316. J. BASCHET. *Défaire la tyrannie du présent. Temporalités émergentes et futurs inédits.* Paris: La Découverte, 2018.
317. Ibid., p. 17.
318. Ibid., p. 67.

regulado pela "reforma", pela "modernização", dando algumas "ajudinhas", alguns "ajustamentos estruturais", algumas "caixas de ferramentas", alguns "kits" e alguns "process". Único lampejo, mas bem sombrio, o "ressurgimento do futuro no espaço público"[319] graças às inquietudes acerca do futuro geoclimático da humanidade. Contra a alienação e a extinção, convém romper com um presente que nos aprisiona na eterna repetição dele, suavizado com o canto das sereias do "crescimento".

Existe igualmente uma forma de contrafactual que não seria retrospectivo (retorna-se a um ponto de referência situado no passado), mas prospectivo, que consiste em projetar um roteiro no futuro (metodologia clássica da perspectiva, precisamente, ou da ficção científica), narrando ficticiamente no passado, ou seja, como um historiador do futuro que contaria, no passado, nosso presente e nosso futuro.

Dois historiadores americanos, Naomi Oreskes, historiadora das ciências, e Erik Conway, historiador das técnicas, se dedicaram a este exercício num livro que trata da catástrofe climática em curso[320]. No prólogo eles explicam que "a ficção científica constrói um futuro imaginário e a história tenta reconstruir o passado. Ambas têm como objetivo compreender o presente. Nós fundimos

---

319. Ibid., p. 81.
320. E. CONWAY & N. ORESKES. *L'Éffondrement de la civilisation occidentale. Un texte venu du futur*. Paris: Les Liens qui libèrent, 2020.

aqui os dois gêneros: um historiador futuro se debruça sobre um passado que é o nosso presente e o nosso futuro (possível)"[321]. Trata-se, neste caso, de um historiador chinês, que se torna o analista frio de dois períodos fatais para uma grande parte da humanidade: "o período da Penumbra (1988-2073)" que "levou à grande Derrocada e à Migração em massa (2073-2093)"[322].

O historiador do futuro lembra que "nos anos 1970, alguns cientistas começaram a compreender que as atividades humanas mudavam consideravelmente os processos físicos e biológicos do planeta e que haviam iniciado um novo período geológico, o antropoceno"[323]. Nada foi feito: "Aos olhos dos historiadores, 1988 marca o início do período da Penumbra, porque foi nesse ano que foi fundado, no quadro da ONU, o GIEC" – Grupo intergovernamental de peritos em evolução climática – cujos relatórios sucessivos foram uns mais alarmistas do que os outros. Paralelamente, "no fim do milênio, a negação das mudanças climáticas se havia alastrado", chegando aos mais altos responsáveis políticos de grandes países do mundo, como os Estados Unidos: "Pensa-se que foi em 2009 que o mundo ocidental teve sua última oportunidade séria de organizar sua salvação", por ocasião da COP-15 de Copenhague, onde foi posta na ordem do dia uma

---

321. Ibid., p. 7.
322. Ibid., p. 8.
323. Ibid., p. 14.

legislação internacional vinculatória, que poderia ter impedido uma mudança climática desastrosa. Mas nada aconteceu e os recordes de calor, os verões sufocantes, os anos sem inverno sucedem a acontecimentos climáticos excepcionais (tempestades, tornados, temporais violentos e destruidores, inundações...) que aos poucos se transformam em norma:

> Mais calor na atmosfera significa mais energia para dissipar, o que se manifesta por tempestades mais violentas, dilúvios mais massivos, secas mais terríveis. É simples assim. Mas a sombra da ignorância e da negação se abateu sobre os que se acreditavam os filhos das Luzes.

O historiador fictício expõe então, no modo indicativo e no tempo passado, os elementos factuais dos roteiros prospectivos alarmistas do GIEC para o século XXI: por causa da submersão ou da seca, vastas porções de terras emersas se tornam inabitáveis, o que leva a uma morte em massa ou a impressionantes jornadas de migrantes. A resolução é acompanhada de mapas dos (ex-)Países-baixos, (daquilo que resta da cidade) de Nova York como também do ex-Estado da Flórida, desaparecidos com a subida das águas: "Para o historiador que estuda este período trágico da história da humanidade, o mais espantoso é que as vítimas sabiam o que acontecia e por quê" e dispunham dos conhecimentos e das tecnologias que teriam permitido evitar o desastre.

Isto poderia ser um mistério se não se levasse em consideração os obstáculos epistemológicos, culturais ou intelectuais para uma tomada de consciência decisiva, seguida de uma ação resoluta, "o torno mecânico de duas ideologias paralisantes, o positivismo e o fundamentalismo mercado"[324]. O primeiro impediu os cientistas de intervir demais no nível da decisão política, porque seu privilégio consistia em fazer ciência, produzir conhecimentos e não confundir as arenas; e o segundo, "fundamentalismo do mercado livre, neoliberalismo, economia do *laisser-faire*, capitalismo do *laisser-faire*", equivalia a uma crença religiosa na "mão invisível", uma *emporiodiceia*, poderíamos dizer, essa teodiceia do mercado (*emporion*) que acreditava e fazia crer que o mercado era o lugar perfeito de alocação e distribuição dos recursos, através do intercâmbio e dos preços (foi criado assim um "mercado de carbono", porque o mercado era a panaceia...).

A força particular deste gênero de textos, que se poderia acreditar serem ficcionais, ao passo que são argumentativos, consiste em apresentar no modo indicativo e no passado o que é apresentado pelos cientistas do GIEC, a título de hipótese, no modo condicional ou, para os mais preocupados, no futuro.

Ler um escritor do futuro descrevendo a Penumbra e a catástrofe, e em seguida formulando sua etiologia, ou

---

324. Ibid., p. 55-56.

seja, expondo suas causas culturais, intelectuais, econômicas e técnicas, suscita no leitor uma tomada de consciência mais firme acerca de evoluções em curso que não são levadas suficientemente a sério. Aqui dois historiadores recorrem a um gênero novo e pouco familiar de uma disciplina que expõe, no indicativo passado, o que realmente aconteceu. Trata-se aqui de expor o que acontecerá mais provavelmente se seguirmos as curvas de indicadores presentes, como também os *trends* econômicos e políticos que estruturam o nosso tempo.

Um gesto corajoso para historiadores, comparável ao dos cientistas sempre mais numerosos que apelam à ação cívica e à desobediência civil diante do cinismo, da inação e da incompetência dos governos e das empresas. Na França foram mais de mil os cientistas em física, biologia, geologia, climatologia... que apelaram à desobediência civil numa conferência de imprensa no dia 20 de fevereiro de 2020:

> Sejam quais forem nossas áreas de atuação, todos nós fazemos a mesma constatação: já há décadas os sucessivos governos foram incapazes de implementar ações enérgicas e rápidas para enfrentar a crise climática e ambiental cuja urgência cresce a cada dia. Esta inércia não pode mais ser tolerada[325].

---

325. *Le Monde*, 20 de fevereiro de 2020.

Para o coletivo de juristas e de cientistas reunidos em torno de Dominique Bourg[326], trata-se de "desobedecer em favor da terra" em razão de um flagrante "estado de necessidade" – destruição em massa dos seres vivos, inabitabilidade crescente do planeta.

Entre os historiadores como também entre os cientistas da matéria e do vivente, constata-se uma mesma infração das normas da disciplina: o historiador narra o positivo, o que é consultável e comprovado; as ciências da matéria e da vida se contentam em investigar suas áreas de competência, sem passar de uma arena (a produção de conhecimentos) a uma outra (a militância). Em todo caso, eles cometem atos de *indisciplina* manifestos, que suscitam a seguinte pergunta: praticar a disciplina como uma arte pela arte enquanto as condições desta disciplina, as próprias condições da vida, se degradam ao ponto de tornar doravante duvidosa a sobrevivência e a prática da disciplina, é não somente racional, mas também razoável?

Compreende-se melhor, portanto, por que os historiadores são tentados a reencontrar seu ser literato – o ser que implica a empatia (a abordagem compreensiva, a perspectiva internalista) e que valoriza a imaginação (que reabre o universo dos possíveis).

---

326. D. BOURG (*et al.*). *Désobéir pour la terre. Défense de l'état de nécessité*. Paris: PUF, 2021.

Para além da disciplina histórica, a empatia reveste uma importância social não desprezível: digamos apenas que é a virtude que pode permitir-nos construir uma sociedade, ou uma comunidade, à escolha. Permitindo-nos acessar o outro, sua psique e suas razões, sua história e seu ser-no- -mundo, ela nos permite viver com ele ou, pelo menos, a seu lado, em família como também em sociedade. Convenhamos que esta é uma virtude muito útil. E se a empatia nos permite viver com o outro, a imaginação por sua vez nos permite adaptar-nos a nós mesmos, o que igualmente não é um mérito medíocre, da mesma forma que nos permite pensar uma outra vida e um outro mundo.

A sempiterna e cansativa questão da utilidade das letras parece, portanto, inútil, digna de pessoas boçais sem vida interior nem imaginação. Foi com argumentos ao mesmo tempo profundos e mordazes que Théophile Gautier havia, já no prefácio de *Mademoiselle de Maupin* em 1835, ajustado as contas com os pragmáticos, os gestores e os utilitaristas *lato sensu*:

> Eles merecem ser economistas neste mundo e também no próximo. Existe algo absolutamente útil nesta terra e nesta vida em que estamos? Em primeiro lugar, é muito pouco útil o fato de estarmos na terra e vivermos. [...] Em seguida, admitida *a priori* a utilidade de nossa existência, quais são as coisas realmente úteis para sustentá-la? Sopa e um pedaço de carne duas vezes ao dia é o suficiente para en-

cher o estômago, no sentido estrito da palavra. [...] Nada do que é belo é indispensável para a vida. – Se suprimíssemos as flores, o mundo não sofreria materialmente; quem, no entanto, gostaria que não houvesse mais flores? [...] O lugar mais útil de uma casa são as latrinas.

Resta que a empatia e a imaginação literárias são muito úteis para o historiador. Que a narrativa, que a contação de histórias, que a operação narrativa sejam um operador de inteligibilidade, já o sabemos há algum tempo.

Isto levou alguns historiadores a considerarem o texto literário como fonte, um gesto inaugurado há alguns decênios por Mona Ozouf, mas aprofundado por Judith Lyon-Caen, que busca, em *La Griffe du temps*, "o que a história pode dizer sobre a literatura", à semelhança de uma novela de Jules Barbey d'Aurevilly, "La vengeance d'une femme". Trata-se, para a historiadora, não só de "resgatar o valor documentário do texto", essa "leitura histórica" já clássica, mas também de propor "uma experiência de leitura historiadora: historiadora e de uma historiadora [...], porque implica singular empenho e parte interpretativa. Se a leitura histórica visa fabricar um documento", é preciso "não virar as costas àquilo que produz 'literatura'", desvendar o que "é capaz de nos afetar como leitores e penetrar o saber do historiador"[327].

---

327. J. LYON-CAEN. *La Griffe du temps. Ce que l'histoire peut dire de la littérature*. Paris: Gallimard, 2019, p. 21.

Outros historiadores, conscientes do que pode a literatura, não só reivindicaram plenamente a narração, o prazer de escrever e as alegrias da escrita, mas igualmente se decidiram pela proposta literária, conjugando escrita e ficção.

Isto pode começar pelos títulos, como em Emmanuel de Waresquiel, stendhaliano apaixonado e historiador que pratica e aprecia a história escrita. O homem gosta de narrar, os Cem Dias ou os Sete Dias, mas também vidas, como em suas belas biografias, extremamente cultas e deliciosamente literárias, de Talleyrand e de Fouché. Antes de mais nada, o título intriga: "os silêncios do polvo" são uma bela imagem, que teria valido, alguns decênios antes, uma acusação por desviacionismo literário. É que, por meio desse subtítulo, imagina-se justamente o que foi a essência deste homem, ministro da polícia de Napoleão, depois de ser um intratável membro da Convenção e um temido comissário político. O historiador aproveitou sua inspiração, sua cultura, seu imaginário, nobre (Hugo) e ignóbil, a cultura de massa, o filme *Espion, lève-toi*:

> Ali Lino Ventura encarna magnificamente um agente inativo manipulado por forças invisíveis ao ponto de perder a vida [...]. Ele diz então a seguinte frase: "Acima de mim existe uma espécie de medusa enorme e silenciosa, os serviços de informação franceses". Lembrei-me disso ao escrever minha biografia de

Fouché [...]. O polvo, chamado Victor Hugo, "se confunde com a penumbra [...]. Ele não tem ossos, não tem sangue, não tem carne [...]. É uma pele. Todo o animal é frio [...]. Quase sempre, ao vê-lo, somos apanhados"[328].

Anacronismo? Sim. O polvo fascina os naturalistas desde a Antiguidade, e Fouché foi por um tempo professor de ciências naturais no colégio.

O historiador que recorre à literatura para exprimir de forma diferente, e melhor, o que sua pesquisa expressa, cuida muito bem da adequação do texto ao tempo. Constatamos isso em Antoine de Baecque quando publica *Les Talons rouges*[329]. Antoine de Baecque é um historiador da Revolução Francesa e, mais precisamente, do corpo em revolução. Seu primeiro cargo universitário foi o de história moderna na Universidade de Versailles-Saint--Quentin. À primeira vista, *Les Talons rouges* é uma obra que surpreende e incomoda: uma história de vampiros? Uma revolução de sangue? Era de suspeitar que o sábio modernista, transformado em historiador e pensador do cinema, tenha cometido sem dúvida um excesso de filmes de série Z, entre vampiros e zumbis. Ora, o historiador culturalista presente nele tem muitas coisas apaixonantes a nos dizer sobre a distinção entre vampiros e zumbis.

---

328. E. de WARESQUIEL. *Tout est calme, seules les imaginations travaillent*. Paris: Tallandier, 2021, p. 50-51.

329. A. de BAECQUE. *Les Talons rouges*. Paris: Stock, 2017.

Em 2009 tive a oportunidade de assistir a uma conferência de Antoine de Baecque nos Encontros da História de Blois, por ocasião da edição que foi dedicada ao "corpo em todos os seus estados". Na biblioteca do Abbé Grégoire, aliás célebre revolucionário, o historiador dissertava sobre o tema dos "Monstros, zumbis e vampiros e cinema: História e telas monstruosas", para fazer uma distinção entre o cinema de vampiros, expressão de uma nostalgia aristocrática, ou quadro de uma aristocracia que agoniza, como no *Nosferatu* de Murnau (1922) que parece selar o fim do *Kaiserreich*, e o cinema de zumbis, posterior a 1945, expressão dos medos e angústias de uma época democrática massificada, marcada pela submersão do indivíduo na indiferenciação crescente de uma sociedade de consumo, que trata o grande aglomerado estatístico, mas ignora o eu sutil.

Os vampiros em seu romance são, portanto, os "fidalgos", uma família aristocrática obcecada pelo sangue, pela pureza de seu sangue, este sangue azul do qual, após o século XVI, ela tanto se orgulha porque marca a distinção histórica e ontológica entre ela e a plebe galo-romana: a nobreza provém dos conquistadores francos, germânicos, e não pode misturar-se com o sangue comum, o sangue do terceiro estado. Franca, ela é livre e escolhe seu chefe, como por ocasião dos *thing* descritos por Tácito: o rei, saído de suas fileiras, é apenas o *primus inter pares* colocado no pedestal por eleição ou aclamação, e não o príncipe absoluto que surge com contornos nítidos desde Francisco I. Por esta mitologia, a nobreza da França mata dois coelhos com uma cajadada só: lembrava-se ao rei quem o havia feito rei, e traçava-se uma linha intransponível entre o nobre e o ignóbil, entre a segunda ordem, que paga a obrigação do serviço militar no combate, e o terceiro estado.

Ora, esta casta obcecada por seu sangue era denunciada como uma vil sugadora de sangue no século XVIII: ela sangrava ao vivo o terceiro estado e se recusava a pagar o que quer que fosse porque ela pagava, precisamente, a obrigação do serviço militar. Ordem vampírica, dedicada a beber o sangue do terceiro estado ou a se alimentar com orgias endógamas, a nobreza é descrita pelo historiador escritor em todas as suas manifestações: o homem em idade muito avançada, os jovens selvagens sedentos do sangue dos pobres, os degenerados anêmicos reduzidos ao estado de quase-fantasmas pela prática, sexual e nutritiva, da consanguinidade, os jovens idealistas desejosos de se emancipar deste atroz atavismo, e que se juntam à Revolução, das Américas, das Colônias e da França.

Através da escrita literária, o historiador nos apresenta, portanto, um retrato da sociedade francesa, uma história das revoluções atlânticas e um trajeto dos acontecimentos da Revolução Francesa, ornamentado com reflexões antropológicas e culturais profundas, oriundas de seus trabalhos e de todos os que levaram a sério a metáfora do corpo, a obsessão do sangue e a vontade de regeneração do homem, ao ponto de fazer dela a porta de entrada idônea na cultura e nos acontecimentos do tempo.

Aliás – e este não é seu menor mérito – de Baecque cuida para que o próprio gênero de seu romance seja adequado: esta história de vampiros, que não poupa a violência, o macabro, o sombrio e a noite, se assemelha ao gênero do romance gótico, tão popular na Europa dos anos 1760 aos anos 1830, ou seja, em plena era das revoluções. Conclui-se essa obra dizendo que, feitas as contas, o próximo estudante em busca de uma excelente introdução ao período, ou mesmo de um manual, beberá deste conselho de leitura.

Portanto, não há tempo sem narrativa. Que o ser humano, esta singular maneira de estar no mundo, seja linguagem, palavra e sentido, não é uma descoberta completamente inédita: alguns milênios de literatura no-lo mostram, bem como essas disciplinas que, da psicanálise à psicologia clínica, lidam com a poesia do inconsciente, com esta *poiêsis* que trabalha em nós para criar sentido e uma forma de equilíbrio entre o desejo, o medo e a paz.

O historiador, dizia Ernst Cassirer, é leitor. Ele aprende, acima de tudo, a ler. É aqui, sem dúvida, que a história mais fala ao cidadão e àquele que pretende ser o mais informado e o menos alienado. A catarata de sons e de imagens que nos inunda cotidianamente, entre rádio, imprensa e telas diversas, reabilita de maneira inesperada as aptidões e as qualidades de leitor – o que poderíamos denominar os saberes (e habilidades) literários ou, para exumar uma palavra ao mesmo tempo venerável e envelhecida, as humanidades. É impossível sobreviver num ambiente cognitivo saturado de mensagens sem saber relativizar, analisar e criticar. Relativizar, ou seja, manter o domínio racional do fluxo, e saber detê-lo para pensar. Analisar é etimologicamente dissolver e isolar, recortar em unidades colocadas sobre o banco de prova da razão a fim de criticar, ou seja, etimologicamente de novo, separar o verdadeiro do falso, o enganador do adequado, o falacioso do admissível.

Praticar o francês, na escola, não pode reduzir-se a um aprendizado instrumental da língua, a redigir *curriculum vitae* e cartas de motivação. A falta de herdeiros das humanidades, dos saberes literários, é a decadência do humano em nós, daquilo que nos torna livres. Reencontrar as humanidades, no sentido pleno do termo, é reconciliar-se com esses *studia humanitatis* que nos educam para o humano, que nos fazem acessar nossa humanidade e ser plenamente humanos.

Se alguns gênios e belas inteligências, da Renascença aos nossos dias, puderam e souberam tornar sua a máxima de Terêncio – "Eu sou homem e penso que nada do que é humano me é estranho" –, não é ruim sem dúvida restabelecer mais firmemente esse fio que nos liga aos que denominamos Anciãos, mas que são simplesmente os que são mais velhos do que nós em humanidade, em saber e em sabedoria. A ambição dos humanistas medievais já consistia em estar, anões como eram, pelo menos empoleirados nos ombros de gigantes. Teríamos nós alguma dificuldade de perceber e admitir que somos anões?

Herder, no século XVIII, prevenia o Iluminismo francês contra sua *hybris*: imaginar-se na vanguarda do tempo, no topo – provisório – do vetor do progresso acarretava uma condescendência de má qualidade para com os tempos passados. Talvez ainda estejamos nesse estágio, deleitando-nos com nossos satélites e nossos motores, enquanto a Modernidade é também, e talvez sobretudo, a devastação do mundo. Engenheiros, empresários, gestores e técnicos hidropônicos, cada vez mais desconectados da realidade, e fadados à gagueira de um eterno presente – seria este o ideal do nosso tempo?

É a constatação feita por todos os que refletem sobre nossos usos da língua, como Heinz Wismann, quando opõe as "línguas de serviço" às "línguas de cultura"[330]. O inglês de aeroporto ou de elevador, o inglês internacional ou, como se diz engraçadamente em Bruxelas num trocadilho que não é involuntário, o "singlais" (o inglês de Singapura), são o epítome da "redução da língua a um simples instrumento de comunicação onde a eficácia [...]

---

330. H. WISMANN. "Langues de culture et langues de service". *Le Débat*, n. 136 (2005/4), p. 186-191.

é o que prima" e do qual "é finalmente evacuado tudo o que é um pouco complexo, evocador, e que supõe prestar atenção a uma nuança", porque é preciso andar depressa – idealmente, tão depressa como pela codificação informática binária do 1 e do 0. O inglês, língua eminentemente histórica, conotativa e rica de um vocabulário nuançado, torna-se assim o arquétipo, apesar desta herança, de uma "língua denotativa, a-histórica e desgramaticalizada".

Em outras palavras, a língua de serviço não é o inglês em si, muito pelo contrário, mas um uso específico da língua, um uso servil que visa a denotação, a imediatez e o resultado, ao passo que o uso cultural dá todo o seu lugar à conotação, ao tempo e à meditação. Uma está congelada no "presenteísmo", o de "uma certa linguística estrutural que invadiu os manuais escolares", ao passo que a outra desdobra todas as dimensões do tempo. É preciso insistir nisto: o uso cultural de línguas não é simples anamnese de seus estados passados; mas, graças à presença do passado, é abertura criativa e, portanto, futuro: "O uso cultural da língua" é "um uso inventivo, que faz a língua renascer constantemente para si mesma". Portanto, a história da língua, com sua literatura, é menos um retorno ao passado como praticaríamos uma arte pela arte, mas dilatação do tempo para além deste presente da codificação informática, da "caixa de ferramentas" política, da "caixa de ideias" (*think tank*) dos lobbies, do tuto(rial) ou do *process* administrativo. Existe o ícone no qual se clica e existe a palavra, rica de estados imaginativos, de seus sonhos e de suas promessas – em suma, de suas conotações. Em outras palavras, "uma língua só permanece viva se mantiver sua dimensão histórica", ou seja, paradoxalmente, "sua dimensão parcialmente morta para consciência imediata das jovens gerações", revivificada pela leitura e pelo ensino – das letras e das línguas antigas –, tanto é verdade que "uma língua só permanece viva, portanto, graças ao seu passado explorado pelas pessoas que inventam na literatura novas maneiras-conotações de nos sugerir o real"[331].

Conhecer as palavras e falar verdadeiramente nossa língua: para isso a história contribui indubitavelmente. Prescindamos das mil e uma razões, afetivas e metafísicas, oníricas e poéticas, que podem nos levar a interessar-nos pelo passado, pelo tempo que passa, e pelo homem preso no tempo.

Houve afeto e poesia no encontro entre o filósofo Michael Foessel e o ano de 1938. Ano curioso, e muito glacial, quando sonhamos no que ele acarretou na frente interna (o fim da Frente popular, uma espécie de reação econômica e social, um endurecimento do poder executivo) e no cenário internacional (a capitulação das democracias em Munique). Mas, pessoalmente, eu tive uma grande afeição pelos anos 1930, que foram os anos da ju-

---

331. Id.

ventude de maus avós, e tenho dificuldade de imaginar que eles tenham vivido cada dia deste decênio como um calvário; e foi numa edição de 1938 do *Petit Marseillais* que encontrei o nome de minha avó materna, devido aos seus excelentes resultados em matemática, nos exames da faculdade de ciências de Marselha. Afeto, e uma interrogação: O que é uma "crise" sem consciência de crise? É possível apreciar a primavera e os belos dias apesar do caso Stavisky ou dos ruídos de botas?

O que levou Michael Foessel a interessar-se tanto pelo ano de 1938, e até mesmo a viver nele, mergulhado na imprensa cotidiana dessa época, foram os ecos, ressonâncias e sombras deste passado lançados sobre o nosso presente. Não no sentido repetido, verdadeira castanheira e coisa sabida com a qual nos sobrecarregam regularmente, do "retorno os anos 30": nesta fórmula repisada, "a ilusão reside na palavra retorno"[332], especifica o autor, que desde as primeiras linhas de seu livro abandona esta tentação um tanto mórbida de perseguir a repetição ou a gagueira.

Não se trata de gagueira, mas de discurso, de língua, clara e distinta, quando se sabe lê-la. Evidentemente só podemos ficar pasmados pelos ecos entre 1938 e 2018, o ano em que Foessel mergulha neste ano desconcertante, marcado por uma precipitação de acontecimentos, de falsas novidades, de fatos infelizes: entre a inflexibilidade

---

332. M. FOESSEL. *Récidive. 1938*. Paris: PUF, 2019, p. 11.

autoritária do poder executivo, o destino reservado aos refugiados judeus, a regressão social, a extrema-direitização da imprensa, só temos a dificuldade de escolher. Nenhuma comparação, nenhum paralelo: o autor narra, e é o suficiente para o leitor, que pode chegar sozinho à constatação desta recidiva de que fala o título. A recidiva de que se trata nesta obra não remete aos acontecimentos, mas ao contexto ideológico dominante que preside sua interpretação. E é justamente aqui que os anos 1930 retornam:

> A França de 2018 havia chegado a um tal grau de desconfiança em relação à democracia que, independentemente do que aconteça, a interpretação majoritária do acontecimento e as medidas promovidas para enfrentá-lo serão autoritárias[333].

De maneira surpreendente, constata-se que "a língua de 1938 e a do presente se confundem ao ponto de se tornarem indiscerníveis": a mesma invocação da "República", não como cultura e como espírito, não como processo de emancipação, mas como Estado e como ordem; o mesmo apelo à fatalidade (os mercados ou Hitler) e ao sacrifício (não se trabalha bastante); a mesma inculpação de uma democracia tagarela e ineficaz (ah! a China, a Rússia, a Turquia, a Hungria); a mesma exaltação de um poder

---

333. Ibid., p. 181.

executivo livre de toda coação normativa, e de um Parlamento curto-circuitado; a mesma justificação da violência policial; a mesma rejeição do refugiado, percebido como uma carga ou um perigo, nunca como um irmão em humanidade. E o mesmo "mas..." permanente, verdadeira conjunção de subordinação que permite anular um primeiro membro de frase pelo segundo:

> Ontem como hoje, o enunciado que segue a conjunção [...] importa menos do que o efeito de anulação do segmento de frase que o precede. O conteúdo dos enunciados pode variar infinitamente: "com humanidade, mas com firmeza", "com justiça, mas com eficácia", "com discernimento, mas sem fraqueza"[334].

O balanço gramatical dá "a aparência de equilíbrio", mas expressa a realidade, mineral, metálica, da decisão, radical. Da utilidade de saber ler as palavras, mesmo as mais banais e ínfimas. Todas são parte integrante de uma língua: "Por 'língua' é preciso entender uma gramática, automatismos de pensamento e práticas"[335], ou seja, ideias, um imaginário, encadeamentos lógicos – um mundo e suas práticas.

Compreender melhor sua época e conhecer-se melhor a si mesmo: é a este melhor saber de si mesmo que

---

334. Ibid., p. 191.
335. Ibid., p. 182.

convida Pierre Bayard numa obra intitulada *Aurais-je été résistant ou bourreau?* Esta pergunta é recorrente entre aquelas e aqueles que, desde o processo de Eichmann e as interrogações de Hannah Arendt sobre a "banalidade do mal", tomaram consciência de que é talvez diminuta a distância entre si mesmo e o monstro – distância no sentido topográfico, quando se trata de um vizinho assassino, cuja revelação do crime suscita quase sempre, diante dos microfones dos jornalistas, a estupefação perplexa ("um senhor tão gentil"). Alguns poderão observar que uma pergunta destas atesta uma confusão das balizas e dos valores, um relativismo infelizmente revelador, ou denuncia um muito nefasto "fascínio do carrasco", desde que Robert Merle se interessou por Rudolf Höss (*La mort est mon métier*) e Jonathan Littell registrou por escrito as confissões imaginárias do igualmente imaginário Max Aue (*Les Bienveillantes*).

Pierre Bayard, nascido em 1954, ou seja, quase dez anos após o fim da guerra, e "educado em suas narrativas", convida a uma experiência de pensamento situada num período singular, o da Segunda Guerra Mundial, época "de uma crise geral dos valores capaz de suscitar trajetórias singulares": mais do que "as circunstâncias de tranquilidade histórica e biográfica" que conhecemos, mais ou menos, desde 1945, esses momentos podem revelar as tendências profundas de um indivíduo, exprimir as características latentes de uma "personalidade potencial" que só consegue realizar-se em períodos de crise ou de paroxismo.

Assim como a reflexão contrafactual, a reflexão de Pierre Bayard é rigorosa: "a ficção pode ser útil para a reflexão teórica"[336] na psicologia, na sociologia e na história, mas se trata de uma ficção bem-atenuada, fundamentada no verossímil do raciocínio (a partir daquilo que o autor já conhece de si mesmo), da comparação (com a biografia de seu próprio pai, nascido em 1922, e que viveu esta época) e do saber histórico que tem como objeto os que souberam não se resignar ao inelutável aparente, como Daniel Cordier (jovem de extrema-direita que se tornou secretário do chefe da resistência Jean Moulin), ou Aristides de Sousa Mendes, cônsul de Portugal em Bordéus, funcionário do ditador Salazar, que se tornou Justo entre as Nações.

Esta "exploração do campo desaparecido dos possíveis", que consistiu "em inventar, por um verdadeiro trabalho de criação, bifurcações que não surgiriam com contornos nítidos em tempo real", permitiu ao autor explorar esta "personalidade potencial" que ele hipotetiza: o tornar-se-resistente de um Cordier ou de um Sousa Mendes, improvável, ou mesmo insuspeitável em tempo ordinário, mostra que "existe, portanto, em cada um de nós, um outro eu": "Esta variabilidade da pessoa, submetida de maneira

---

336. P. BAYARD. *Aurais-je été r-esistant ou bourreau?* Paris: Minuit, 2013, p. 14.

experimental a situações inéditas que visam revelá-la a ela mesma, não deve ser negligenciada no plano científico"[337], porque, para além da injunção socrática de conhecer-se a si mesmo, ela pode ser fecunda para conhecer e compreender melhor coortes sociais mais vastas de um simples indivíduo, esses grupos sociais aos quais ele pertence.

Foessel e Bayard, um filósofo e um professor de literatura: a grande família humanista se reconstitui para nos permitir situar-nos melhor no mundo, no tempo e na língua. É assim, como observadora informada da língua, que a escritora Sandra Lucbert nos diz, de livro em livro, a verdade do nosso tempo. Ao contrário do que nos disseram os jornais, e do que ela mesma viveu, porque assistiu às audiências do processo, a escritora afirma que "o processo France Télécom não ocorreu", porque "o mundo julgado é o nosso. O mundo que julga é também o nosso" e o tribunal, apesar de todos os seus méritos, que são grandes, "é interior àquilo que ele julga. Ele fala a língua que ele acusa"[338].

A língua arquitetural, neste novo tribunal de grande instância de Paris, no distrito de Batignolles (três torres projetadas por Renzo Piano), evoca infalivelmente o centro comercial, a empresa de consultoria e o aeroporto. A língua simplesmente, aquela que a autora denomina LCN,

---

337. Todas as citações Ibid., p. 155-158.
338. S. LUCBERT. *Personne ne sort les fusils*. Paris: Seuil, 2020, p. 19.

a língua do capitalismo neoliberal, cujos administradores e administração incriminados no processo France Télécom são apenas os miseráveis auxiliares, os lacaios servis, dos quais nós somos os otários quando *gerenciamos* (nossas agendas, ou mesmo nossos amores, sem mais, porque o verbo – eu gerencio! – tornou-se intransitivo).

O que domina e o que comanda é o *flow* acionista, o da liquidez disponível (*cash flow*), mas também da liquidação (transferências, reestruturações, licenciamentos), ou mesmo da liquefação dos assalariados liquidados e suicidados. A escritora põe em evidência esta língua por meio de um "aparelho ótico", ou seja, um dispositivo que permite ver e ler o que está operando nesta língua, que nós não identificamos como língua porque estamos imersos nela: "motivos para ver em prosa", escreve Lucbert, "à maneira dos oculistas", diz Proust, por ela citado, para revelar plenamente "o que é invisível por demasiada presença". É aqui que intervém o trabalho literário, porque "divagar ao falar", como os procuradores e os magistrados do TGI, não é possível: "Carrego comigo uma quantidade de estados de linguagem, é o que a literatura faz às pessoas que a praticam", lendo e escrevendo. Entre estes estados estão as línguas de "alguns oculistas-prosadores", que permitem "ampliar a superfície visível – pensável – dos mecanismos que nos movem"[339].

---

339. Todas as citações Ibid., p. 19-20.

Recorre-se então a Kafka, o das-situações-kafkianas certamente, mas, neste caso, o que escreveu *Na colônia penal*, onde reina a ordem graças a uma máquina atroz, que mata gravando o regulamento na carne dos condenados, cuja culpa aliás se ignora. A grade grava e range, da mesma forma que a ordem neoliberal se inscreve nos corpos, devastados, mediante a administração, por "danos psicossociais".

Sandra Lucbert convoca igualmente Bartleby de Melville, o que "preferiria não", à semelhança de Rabelais que, em *Pantagruel*, sabe devolver o movimento às palavras congeladas. É seguindo estas pegadas que a autora explica, num capítulo contundente, numa língua jubilatória, como se passa do dinheiro bruto ao dinheiro líquido, da empresa localizada ao capitalismo acionista, do capital fixo e cativo ao bom dinheiro vivo: a língua, rejuvenescida pelo século XVI, nos tira de nosso torpor administrativo, das geadas das palavras robotizadas, de uma língua mecânica, em que o pensamento e a consciência não existem mais, "porque-a-dívida", onde reinam os acrônimos (os planos TOP, NeXT, ACT da France Télécom). Com Rabelais, com a literatura ou, de preferência, pelo ato literário, que consiste, no mínimo, em retomar a posse da língua, em falar a língua, o recurso humano se torna novamente ser humano, o "fator trabalho" recupera sua dignidade, a "carga social" ou "custo social" não é mais um peso:

Nos tempos do dinheiro bruto, o proprietário tem sua mina de ouro permanente: a Fábrica (ou a Empresa). Sem dúvida, está empanturrado de bens. Dinheiro, ele tem – e muito: mas aplicado numa fábrica, numa empresa. Este *mas* o impacienta. [...] O dinheiro de verdade é o que está *aí*, usufruído e tocado; à vontade. *Líquido*, mão na bolsa. Quanto ao rico, é isso que ele quer: dinheiro de verdade, que se apalpa. E nada de bens congelados. [...] Por conseguinte, a Bolsa. Que é juntar num mesmo lugar todas as fábricas e todos os vendedores e todos os compradores [...]. Alegre e permanente formigueiro de compradores e fornecedores, de fornecedores e compradores, sem dia, nem noite, nem interrupção. Pessoas entram, pessoas saem, a feira é imponente quando continua: ela torna *reversíveis* todos os movimentos; nada do que ali se faz leva alguém a comprometer-se com alguma coisa. As pessoas podem à vontade desfazer-se de tudo. Cada um encontra seu par, e paz à alma como também excitação do jogo[340].

Se falar é próprio do homem, a literatura, no sentido de consciência da língua, nos permite reapropriar-nos de nossa humanidade, de nossa dignidade, de nossa liberdade. Vemos, portanto, toda a sua importância: Rabelais,

---

340. Ibid., p. 103-107.

Proust, Kafka, mas também Lucbert ou Eric Viard... Não é floreio, bolos de chá secos, supérfluo, luxo ou inútil. É vital para ser humano. Não importa que algum boçal possa zombar de um tema de tese em letras, antes de retornar ao seu nada – logística, RH, departamento jurídico ou quotas de pesca no Mar do Norte. Os mais despertos, e eruditos, se destacarão como cavaleiros-camponeses do lago de Paladru, sem compreender exatamente a valência cômica de seu hibridismo linguístico e de seu *bullshit job*.

Não se pode negar que, num tempo conturbado, no momento das provações e das confusões da vida, é a tela das palavras que as pessoas estendem, na terapia ou redigindo um diário pessoal, para se substancializar enfim e deixar pistas, aderir totalmente, num mundo que se dissolve. Escrever palavras é uma realização de si, uma maneira de tornar-se real objetivando-se no papel. Ler romances é um exercício de aprendizado, com a palavra e a expressão exata, mas também com a realidade de uma existência, presa no devir, mas tornada consciente de si mesma pela narrativa e na narrativa.

Vocês conhecem o inventor da contabilidade por partidas dobradas ou, melhor dizendo, o que dá no mesmo, aquele que a teorizou, ensinou e popularizou no primeiro tratado de contabilidade que foi escrito? Esta invenção, já em uso no século XIII nos bancos italianos, foi formalizada por um monge franciscano, Luca Pacioli, autor em 1494 de uma *Suma* dos conhecimentos matemáticos, cujos trinta e seis capítulos expõem os princípios e os métodos da contabilidade.

Por intermédio da tipografia e do livro, este método se difundiu rapidamente no Ocidente: contabilizar no débito e no crédito, no ativo e no passivo tornou-se o fundamento da economia capitalista e da economia simplesmente, dos Estados aos trabalhos domésticos passando pelas empresas. Eis uma invenção útil e um grande inventor. Mas ninguém o conhece. Do final do século XV italiano conservamos mil outros nomes, por exemplo os de Leonardo da Vinci ou de Michelangelo, como se, como bons humanistas, estes criadores enriquecessem mais nosso ser humano do que o pai dos tabuladores.

Índice dos nomes

Adorno, Theodor W. 32, 58, 193-195
Agostinho 45, 68-69, 356
Ahmadinejad, Mahmoud 280
Alain, Émile-Auguste Chartier 33
Alexandre, rei 314
Alexievitch, Svetlana 266, 373
Alquié, Ferdinand 68
Anderson, Benedict 360
André, Jacques 36
Aníbal 159
Antelme, Robert 202
Aragon, Louis 112-114
Arendt, Hannah 369, 400
Aristóteles 17-18, 27, 52, 119, 314, 353-356, 371
Aron, Raymond 33-34, 109, 172
Augusto 163-164, 314

Balzac, Honoré de 88-90, 234-235
Bantigny, Ludivine 219-221
Barbarin, Philippe (cardeal) 38
Barbie, Klaus 282
Barrès, Maurice 86-87, 193, 321
Barruel, Augustin de 236
Barthes, Roland 201, 203, 278, 280, 283, 300
Baschet, Jérôme 379
Bataille, Georges 269

Baudelaire, Charles 73
Bayard, Pierre 364-366, 374-376, 400-402
Beaufret, Jean 67
Beaune, Colette 253
Beauvoir, Simone de 26, 93
Bento XV 50-52
Bento XVI / Ratzinger, Joseph 39-41, 70
Bergson, Henri 32, 304, 358
Berkeley, George 13
Bernanos, Georges 34
Bertone, Tarcisio 40
Bezos, Jeff 293-295
Biden, Joseph 242, 245
Billig, Joseph 363
Blanchot, Maurice 202
Bloch, Marc 355, 357-359
Bloom, Allan 248
Blum, Léon 312
Böll, Heinrich 191-193, 195, 198
Bonaparte, Louis-Napoléon, Napoleão III 168, 249
Bonaparte, Napoleão I 119, 168, 206, 303-305, 310, 332, 388
Borchert, Wolfgang 198
Bordeaux, Henry 84
Bossuet, Jacques-Bénigne 46-49, 358

409

Boudon, Jacques-Olivier 233
Bourdieu, Pierre 207
Bourg, Dominique 385
Brasillach, Roger 179-181
Braudel, Fernand 222
Brecht, Bertolt 205
Brejnev, Leonid 146
Broch, Hermann 359
Brown, Dan 247, 250
Bruner, Jerome 17
Brutus 169, 366
Bukharin, Nicolai 135-138, 140-141
Burckhardt, Jacob 278
Bush, George H. W. 283
Bush, George W. 297, 306, 323
Butor, Michel 205

Camus, Albert 25-26, 57, 90, 105-108, 202, 374
Carlos IX 342-344
Carlos X 235, 240
Caron, Louis 343
Casanova, Laurent 133
Cassirer, Ernst 339, 392
Catão 314
Cayrol, Jean 201-204
Ceaușescu, Nicolae 146
Celestino V 40
Céline, Louis-Ferdinand 90, 212, 230
César 169
Cézanne, Paul 271
Chamayou, Grégoire 262
Chamberlain, Houston Stewart 321
Chartier, Roger 349

Chateaubriand, François-René de 212
Chattam, Maxime 247
Cheney, Dick 306
Chéreau, Patrice 343
Chevalier, Maurice 95
Chevallier, Gabriel 75-79
Chirac, Jacques 310
Chostakovitch, Dimitri 143
Cincinato 366
Cipião o Africano 318-320
Clausewitz, Carl von 119
Clemenceau, Georges 306, 307
Clinton, Hillary 243
Clóvis 43, 233
Cohn-Bendit, Daniel 213
Collard, Frank 253
Compagnon, Antoine 84, 211, 218
Comte, Auguste 257
Constant, Benjamin 169
Constantino 43
Conway, Erik 380
Copérnico, Nicolau 217
Cordier, Daniel 401
Cousin, Victor 169
Crouzet, Denis 343-346

D'Albret, Jeanne (Joana III de Navarra) 343
Da Vinci, Leonardo 407
Daladier, Édouard 312
Danton, Georges Jacques 169
Dario 159
Darquier de Pellepoix, Louis 279
De Baecque, Antoine 389, 392
De Gaulle, Charles 113, 306

De Monléon, Jean 58-60
De Staël, Germaine (Madame) 335
De Villepin, Dominique 306, 310
De Wael, Monique 364
Deleuze, Gilles 269, 300
Deluermoz, Quentin 375-377
Delumeau, Jean 142
Desanti, Jean-Toussaint 132-134
Descartes, René 55, 67, 70, 233, 289, 348
Desmoulins, Camille 169
Dickens, Charles 88
Dilthey, Wilhelm 351-353
Dostoievski, Fiodor 151
Drumont, Édouard 240
Du Réau, Élisabeth 312
Duby, Georges 222
Duchamp, Marcel 76
Duhamel, Georges 89
Dumas, Alexandre 343
Duras, Marguerite 199-201, 202
Durkheim, Émile 207, 304, 393

Eco, Umberto 247, 250
Eich, Günther 190
Eliade, Mircea 166, 172
Éluard, Paul 113-114
Engels, Friedrich 109, 126-131
Enzensberger, Hans-Magnus 194-195
Epstein, Jeffrey 244
Eribon, Didier 223
Ernaux, Annie 223-224

Faurisson, Robert 279-281
Febvre, Lucien 23, 340-342

Fédier, François 67
Fichte, Johann Gottlieb 116
Flaubert, Gustave 91, 280, 313
Foessel, Michaël 68, 396-399, 402
Foucault, Michel 300, 349
Fouché, Joseph 388-390
Fouchet, Christian 212
Francisco (papa) 40
Frank, Robert 311-313
Frankfurt, Harry 296-301
Freud, Sigmund 13, 204, 269
Frick, Wilhelm 156

Galileu 217
Gates, Bill 241
Gautier, Théophile 386
Genette, Gérard 212
Gentile, Emilio 164
Gide, André 87-90
Gilson, Étienne 53
Ginzburg, Carlo 253
Giovanni Boccacio 15
Girardet, Raoul 360
Giraudoux, Jean 90
Giscard d'Estaing, Valéry 312
Gobineau, Arthur de 321
Goebbels, Joseph 155-157, 173
Goedsche, Hermann 249
Goering, Hermann 192
Goethe, Johann Wolfgang von 154, 183
Gorbatchev, Mikhail Sergueevitch 146
Gougenot des Mousseaux, Henri--Roger 240
Graco 169

Gracq, Julien 212
Grass, Günter 195-199
Guattari, Félix 269
Guderian, Heinz 355
Guizot, François 169

Habermas, Jürgen 259-262
Hallyn, Fernand 217
Hartog, François 36, 42-43, 379
Hauser, Kaspar 18
Hegel, Georg Wilhelm Friedrich 24, 27, 116-125, 126-128, 141, 257, 261-262, 275, 283, 351
Heidegger, Martin 26, 32, 58, 67-68, 98, 104-105, 154, 223
Heine, Heinrich 259
Heráclito 352
Herder, Johann Gottfried 55, 394
Herf, Jeffrey 160
Heródoto 354
Hersey, John 56
Hillesum, Etty 65-66
Himmler, Heinrich 174, 175
Hitler, Adolf 34, 155-157, 159, 163, 166, 170, 173-175, 176-183, 192, 246, 252-253, 334, 376, 398
Hobsbawm, Eric 360
Honecker, Erich 146, 149-150
Honneth, Axel 259
Horácio 314
Horkheimer, Max 32, 58
Höss, Rudolf 400
Hugo, Victor 206, 388-390
Huntington, Samuel 322
Husserl, Edmund 35, 68, 133
Huston, Nancy 16

Ionesco, Eugène 206

Jablonka, Ivan 221-225, 362, 368-369
Jacerme, Pierre 56, 67
Jakobson, Roman 212
Jentsch, Julia 172
João Paulo II 38, 52
Joly, Maurice 249
Jonas, Hans 63, 66-67
Jospin, Lionel 268
July, Serge 268

Kafka, Franz 404, 406
Kalifa, Dominique 234
Kamenev, Lev 136
Kanapa, Jean 131-134
Kant, Immanuel 13, 27, 71, 116-119, 122, 126, 261, 350-351, 358
Kauffmann, Grégoire 240
Kayserling, Meyer 183
Keats, John 73
Kennedy, John Fitzgerald 250
Kepler, Johannes 217
Keynes, John Maynard 308-309
Klemperer, Victor 190
Knight, Peter 247, 249-251
Koestler, Arthur 138
Kohl, Helmut 259
Kojève, Alexandre 122-123, 283
Koselleck, Reinhart 379
Krakovsky, Roman 142
Kreis, Emmanuel 236-240
Kremer, Henri 173
Kriegel, Annie 140
Kundera, Milan 284

La Fayette, Gilbert du Motier 307
Lacan, Jacques 122, 300
Lançon, Philippe 269-272
Lanzmann, Claude 203
Latour, Bruno 267
Lavisse, Ernest 79, 304
Leão XIII 50-52
Lenclud, Gérard 36
Lênin, Vladimir Ilitch 134-136, 147, 373
Levi, Primo 64
Lévi-Strauss, Claude 207
Lévy, Benny 269
Lichnerowicz, André 213-214
Lindbergh, Charles 376
Linhart, Robert 267-269
Linhart, Virginie 267-269
Lipovetsky, Gilles 266
Littell, Jonathan 368, 400
Lucbert, Sandra 402-404, 406
Luís XVIII 235
Lyotard, Jean-François 17-18, 265-268, 269-277, 279, 281-283

Maggiori, Robert 271
Malraux, André 90-92, 94, 96
Mandelstam, Ossip 115
Mao Zedong 113
Maquiavel, Nicolau 174
March, Wilhelm 156
Marcinkus, Paul 40
Marcuse, Herbert 269
Marion, Jean-Luc 67-70, 290-292
Maritain, Jacques 53-56
Marrou, Henri-Irénée 226, 356
Martin du Gard, Roger 89

Marx, Karl 13, 27, 54, 109, 113, 116, 123-125, 126-131, 134, 139, 159, 168-170, 204
Marx, William 206-208
Matthes, Ulrich 173
Mecenas 314
Melville, Herman 404
Menandro 73
Merkel, Angela 259, 334
Merle, Robert 400
Merleau-Ponty, Maurice 25
Michelangelo 407
Michelet, Jules 278
Mielke, Erich 146-148, 150-151
Mills, Charles Wright 223
Mitterrand, François 312
Moch, Jules 133
Moltmann, Jürgen 61
Montesquieu 335
Mosse, George 338
Moulin, Jean 401
Murat 355
Musk, Elon 295
Mussolini, Benito 161-166, 168, 176

Nachtwey, Oliver 222
Navarra, Henrique de 343
Navarra, Margarida de 343
Nemes, László 204
Nietzsche, Friedrich 13, 27, 29, 32, 42, 154, 165, 167, 177, 183, 204, 241, 272, 354, 369
Nixon, Richard 250
Nora, Pierre 14

Obama, Barack 288
Ohlendorf, Otto 185-188
Oppenheimer, Robert 58
Oreskes, Naomi 380
Ory, Pascal 23, 337-339
Ozouf, Mona 14, 387

Pacioli, Luca 406
Pascal, Blaise 30-32, 93, 358
Pastoureau, Michel 348-349
Paulo de Tarso, dito São Paulo 41, 44, 62, 159, 177
Pedro (santo) 40-42
Péguy, Charles 32
Pelosi, Nancy 242
Pence, Mike 242, 245
Pessoa, Fernando 374
Piano, Renzo 402
Pio IX 50-52
Pio X 50-52
Pio XI 40, 109
Pio XII 39
Platão 9, 119, 122, 313
Poliakov, Léon 251, 362
Políbio 314
Popper, Karl 275
Prochiantz, Alain 16
Proust, Marcel 213, 225, 243, 403, 406
Pseudo-Dionísio Areopagita 61
Publícola 169

Queneau, Raymond 122
Queuille, Henri 310

Rabelais, François 75, 340-342, 404-406
Racine, Jean 348
Ranke, Leopold von 278
Reagan, Ronald 283, 287
Reichel, Peter 338
Renan, Ernest 360
Renaut, Alain 67
Resnais, Alain 199, 201
Ricardou, Jean 205
Richard, Jean-Pierre 212
Rickert, Heinrich 352
Ricœur, Paul 12, 21-23, 258-259, 360
Riefenstahl, Leni 156
Rimbaud, Arthur 206, 210, 280
Ringelblum, Emmanuel 362-365
Riquier, Camille 32
Robbe-Grillet, Alain 205
Robespierre, Maximilien de 169, 302
Rochefort, Henri 320
Rolland, Romain 87
Romains, Jules 89, 112
Ronsard, Pierre de 343
Roosevelt, Franklin 376
Rosenberg, Alfred 153, 155-157, 176
Roth, Philip 376-377
Rousseau, Jean-Jacques 174
Rousso, Henry 363
Rowling, J. K. 247
Royer-Collard 169
Rutebeuf 210

Sachs, Nelly 194-195
Saint-Exupéry, Antoine de 90

Saint-Just 169
Salazar, António de Oliveira 401
Salmon, Christian 284-285
Salústio 314, 318
Sarraut, Albert 305
Sarraute, Nathalie 204-205
Sartre, Jean-Paul 26, 97-99, 101-104, 131, 269
Say, Jean-Baptiste 169
Schäuble, Wolfgang 378
Scheler, Max 241
Schiller, Friedrich von 151, 192
Schlöndorff, Volker 172
Schneersohn, Isaac 362
Scholl, Sophie 172-174
Schopenhauer, Arthur 13, 27-29
Schröder, Gerhard 259
Sêneca 318
Singaravélou, Pierre 375-377
Smith, Adam 118
Snyder, Timothy 244
Souiry, Pierre 267
Sousa Mendes, Aristides de 401
Souvarine, Boris 139
Speer, Albert 174, 179
Stalin, Josef 112-114, 122, 132-137, 138, 141, 266-267
Stendhal 91, 205
Stern, Fritz 175, 338
Stone, Oliver 250

Tácito 319-321, 335-337, 390
Tadié, Jean-Yves 205, 218
Taguieff, Pierre-André 229, 240, 248, 255
Talleyrand 388
Tardy, Jean-Noël 233
Thatcher, Margaret 287, 378
Thorez, Maurice 95, 113-114
Tito Lívio 319
Tito, Josip Broz 113
Tocqueville, Alexis de 278
Tomás de Aquino 51-52, 6_
Trotski, Leon 113
Trump, Donald 244-246, 248, 285, 297, 310

Urs von Balthasar, Hans 61, 64

Vacher de Lapouge, Georges 321
Valéry, Paul 72-75
Veyne, Paul 12, 21, 42-44, 111, 278-279, 281, 359, 377
Vezin, François 67
Viard, Eric 406
Vidal-Naquet, Pierre 281
Vingt-Trois, André (cardeal) 38
Voltaire 126, 285

Wackenheim, Charles 59-61
Wagner, Richard 154
Waresquiel, Emmanuel de 388-390
Watkins, Jim e Ron 242
Weber, Henri 268
Weber, Max 223
Werth, Nicolas 134, 138, 140, 264-266
White, Hayden 277-279, 281-283
Wiesel, Elie 63-65
Wilson, Woodrow 71, 308
Winckelmann, Johann Joachim 154

Wismann, Heinz 331, 333-337, 394-395
Wittgenstein, Ludwig 259
Wulf, Josef 252
Xenofonte 313
Xerxes 159

Zola, Émile 84, 91, 322
Zuckermann, Ethan 243-244
Zundel, Maurice 61